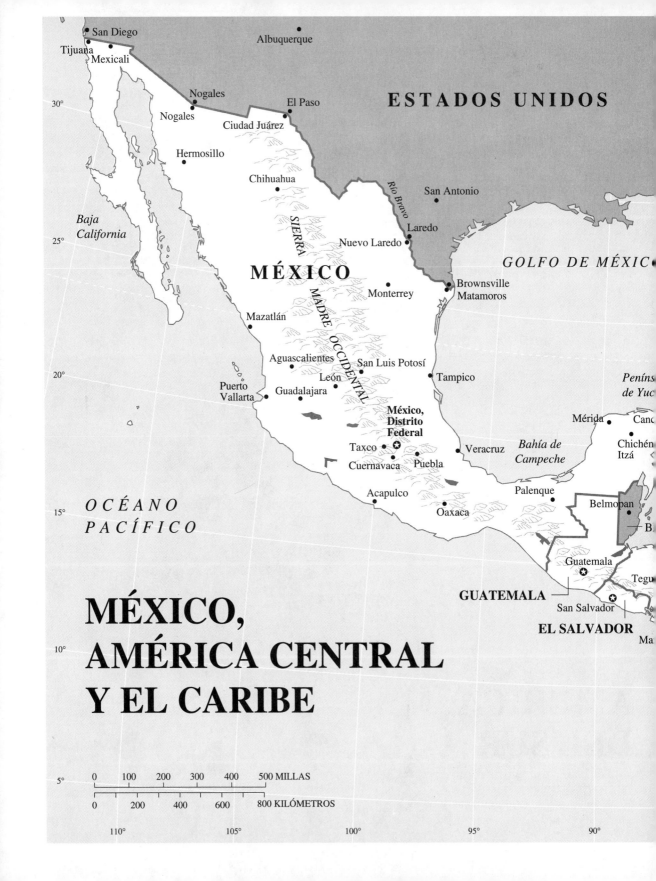

San Diego
Tijuana
Mexicali
Albuquerque
Nogales
Nogales
El Paso
Ciudad Juárez
Hermosillo
Chihuahua

ESTADOS UNIDOS

Río Bravo
San Antonio
Laredo
Nuevo Laredo

Baja California

SIERRA

MÉXICO

Monterrey
Brownsville
Matamoros

GOLFO DE MÉXICO

Mazatlán

MADRE OCCIDENTAL

Aguascalientes
San Luis Potosí
León
Tampico

Puerto Vallarta
Guadalajara

Península de Yuc

México, Distrito Federal

Taxco
Cuernavaca
Puebla

Veracruz

Bahía de Campeche

Mérida
Canc
Chichén Itzá

Acapulco

Palenque

Belmopan

B

OCÉANO PACÍFICO

Oaxaca

Guatemala
Tegu

GUATEMALA
San Salvador

EL SALVADOR
Ma

MÉXICO, AMÉRICA CENTRAL Y EL CARIBE

| 0 | 100 | 200 | 300 | 400 | 500 MILLAS |

| 0 | 200 | 400 | 600 | 800 KILÓMETROS |

110°   105°   100°   95°   90°

30°
25°
20°
15°
10°
5°

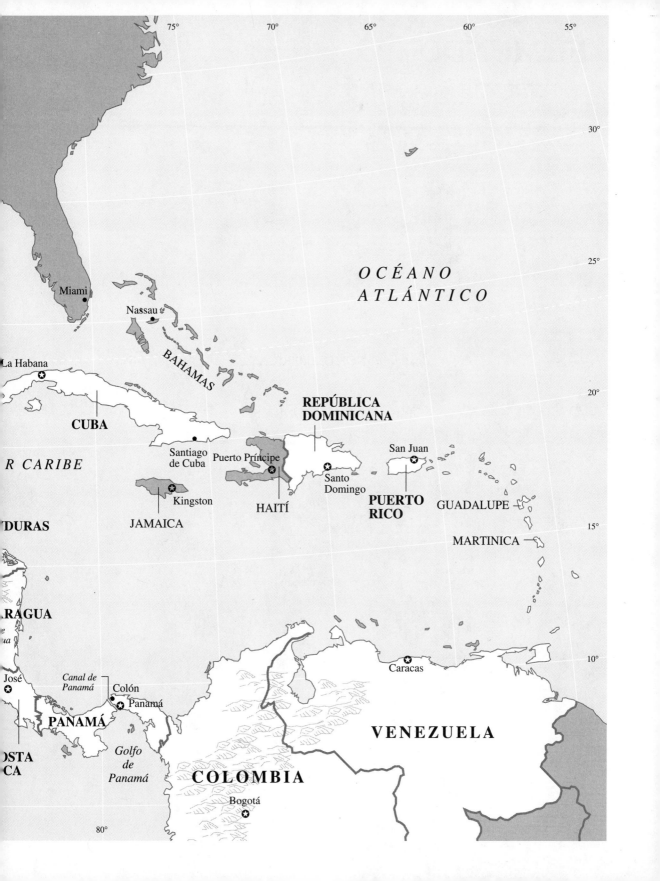

EL MUNDO

PARA EL ECUADOR

0   1,000   2,000 MILLAS

0   1,000 2,000 3,000 KILÓMETROS

RUSIA

OCÉANO
ÁRTICO

GROENLANDIA

Alaska (E.U.)

CANADÁ

NORTEAMÉRICA

ESTADOS UNIDOS

OCÉANO
ATLÁNTICO

Hawaii
(E.U.)

TRÓPICO DE CÁNCER

MÉXICO   BELICE

BAHAMAS

REPÚBLICA
DOMINICANA

CUBA   PUERTO RICO

JAMAICA

AMÉRICA
CENTRAL

GUATEMALA   COSTA   HAITÍ
EL SALVADOR   RICA
HONDURAS
NICARAGUA   VENEZUELA   GUAYANA FRANCESA
PANAMÁ
COLOMBIA

VANUATU

ISLAS   GUYANA
GALÁPAGOS   SURINAM
(ECUADOR)

ECUADOR

ECUADOR

SUDAMÉRICA

TUVALU   KIRIBATI

PERÚ

SAMOA

BOLIVIA   BRASIL

TONGA

TRÓPICO DE CAPRICORNIO

PARAGUAY

CHILE

ARGENTINA

URUGUAY

OCÉANO
PACÍFICO

NUEVA
ZELANDIA

ISLAS
MALVINAS

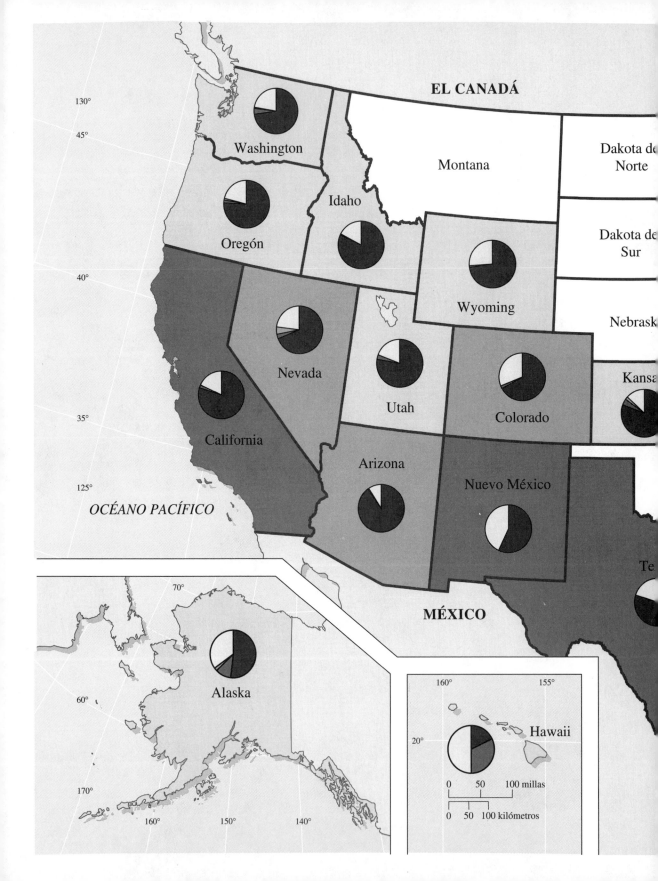

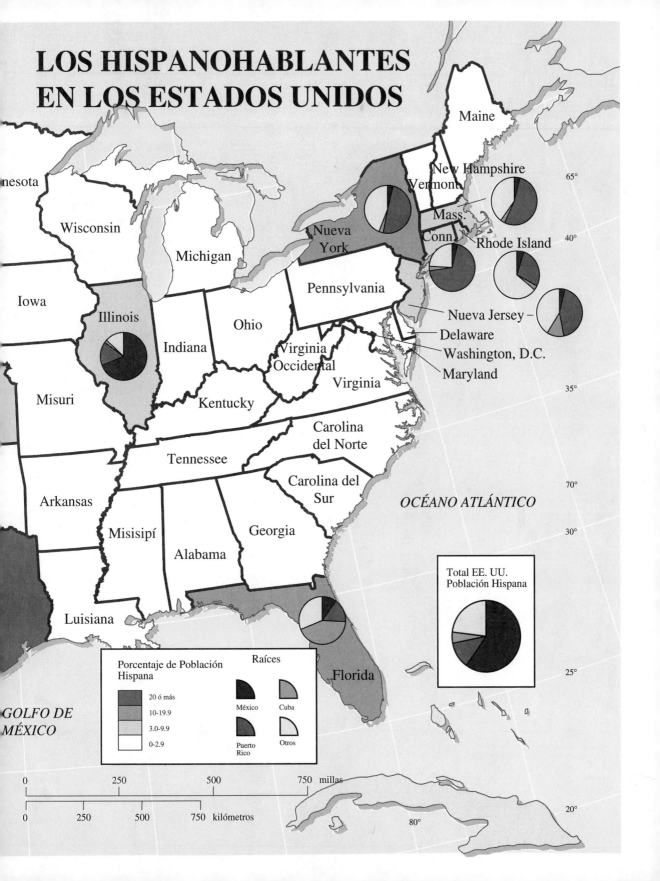

LOS HISPANOHABLANTES EN LOS ESTADOS UNIDOS

Maine

New Hampshire
Vermont
Mass.
Conn.
Rhode Island
65°
40°

nesota

Wisconsin

Michigan

Nueva York

Pennsylvania

Nueva Jersey
Delaware
Washington, D.C.
Maryland

Iowa

Illinois

Ohio

Indiana

Virginia
Occidental

Virginia

35°

Misuri

Kentucky

Carolina
del Norte

Tennessee

Carolina del
Sur

70°

Arkansas

OCÉANO ATLÁNTICO

30°

Misisipí

Georgia

Alabama

Total EE. UU.
Población Hispana

Luisiana

Florida

25°

GOLFO DE
MÉXICO

Porcentaje de Población
Hispana

Raíces

20 ó más	México	Cuba
10-19.9		
3.0-9.9	Puerto Rico	Otros
0-2.9		

| 0 | 250 | 500 | 750 | millas |

| 0 | 250 | 500 | 750 | kilómetros |

80°

20°

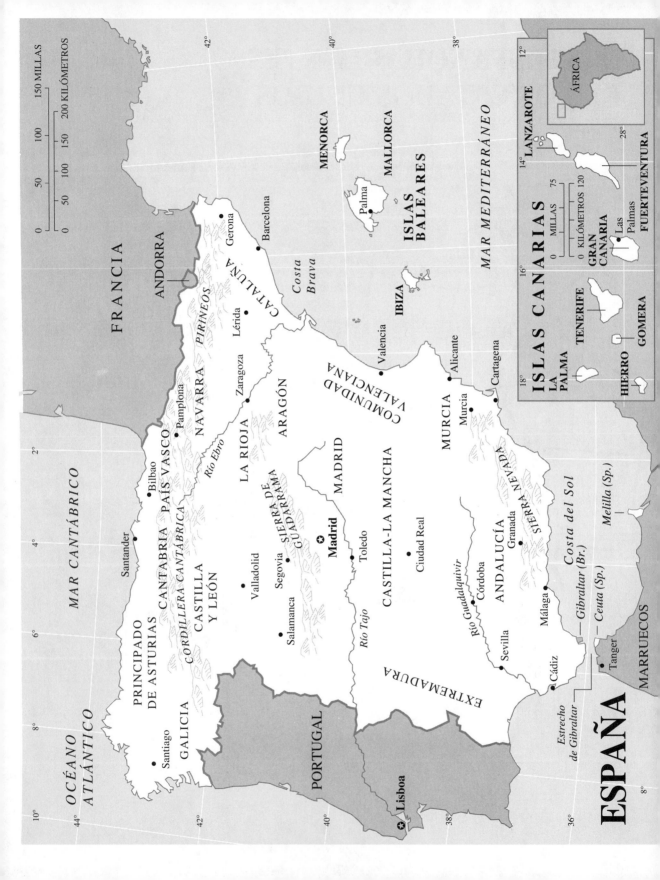

EN CONTACTO
Gramática en acción
Quinta edición

—■—

Mary McVey Gill
Brenda Wegmann
University of Alberta, Department of Extension
Teresa Méndez-Faith
Saint Anselm College

Holt, Rinehart and Winston
Harcourt Brace College Publishers

Fort Worth   Philadelphia   San Diego   New York   Orlando   Austin   San Antonio
Toronto   Montreal   London   Sydney   Tokyo

Publisher	Ted Buchholz
Senior Acquisitions Editor	Jim Harmon
Developmental Editor	John Baxter
Project Editor	Lupe Ortiz
	Elke Herbst
	Monotype Editorial Services
Production Manager	Serena Manning
Senior Art Director	David A. Day

Cover Image: Carmen Lomas Garza
La Feria en Reynosa (The Fair in Reynosa)
Gouache painting
20″ × 28″
© 1987 Carmen Lomas Garza
Wolfgang Dietze
Collection of Teofila Dane, San Francisco, California

Photo and realia credits appear at the end of the book.

(Copyright Acknowledgments begin on page 394, which constitutes a continuation of this copyright page.)

Address for Editorial Correspondence: Harcourt Brace College Publishers, 301 Commerce Street, Suite 3700, Fort Worth, TX 76102.

Address for Orders: Harcourt Brace & Company, 6277 Sea Harbor Drive, Orlando FL 32887–6777. 1–800–782–4479, or 1–800–433–0001 (in Florida).

ISBN: 0–03–004618–1

Library of Congress Catalog Number: 94–79222

Printed in the United States of America

7 8 9 0 1 2 3 4 039 9 8 7 6 5

Preface

The Program

En contacto is a complete intermediate Spanish program designed to put the English-speaking student in touch with today's Hispanic culture through its language and literature. The program includes a review grammar that stresses communicative competence *(Gramática en acción),* a reader that emphasizes the acquisition of reading skills as well as text comprehension *(Lecturas intermedias),* a workbook/lab manual *(Cuaderno de ejercicios y laboratorio),* and a tape program. Since the acquisition of vocabulary is as important to the intermediate student as the review of grammar, each of the twelve chapters of each component is coordinated with the other components by theme, grammar topic, and high-frequency core vocabulary. The program is arranged for flexibility: the grammar text (and exercise manual) can be used in courses in which reading is not emphasized, and the reader can be used independently in intermediate courses stressing reading, literature, or conversation. The twelve chapter themes were chosen to appeal to the contemporary student and to introduce cultural materials and stimulating topics for discussion or composition.

The Review Grammar: Gramática en Acción

Organization

Presentación del tema

Each chapter begins with a short presentation of the chapter theme, which is on tape. Students can listen at home, or the instructor can present this section in class. These sections are on tape in order to give students more practice in improving aural comprehension. Discussion questions follow. Next comes the **Vocabulario útil,** an active vocabulary list. The words listed are used immediately by students in the exercises and activities that follow, promoting true vocabulary acquisition. Also included in the **Presentación del tema** section is **Para escuchar,** a section of taped conversations that introduce the chapter's theme, vocabulary, grammar, and language functions in a natural context. These conversations give students practical, functional language. The listening comprehension exercises in this section can be done in class or assigned as homework. They consist of global listening first (listening for main ideas), followed by more discrete listening tasks to improve students' aural comprehension. The tape for the **Presentación del tema** is included with each grammar text; extra copies and the tapescript are available from the publisher.

Gramática y vocabulario

The grammar explanations that follow are designed to go beyond the grammar presented in a first-year text without introducing too much detail. The Spanish examples practice the chapter vocabulary and in many cases provide cultural information about the Hispanic world. The exercise sections, *Práctica*, contain a wide variety of oral and written activities arranged in order of increasing difficulty. They are based directly on the chapter theme and vocabulary. Instructors are encouraged to use these as pair and small-group activities whenever possible. One or sometimes two **Vocabulario útil** sections are included in each **Gramática y vocabulario** section, and the vocabulary is made immediately active by practice in the exercises.

En otras palabras

These sections focus on two or more language functions and provide explanations, examples, and exercises. They are based on notional-functional methodology and therefore are largely independent of the grammatical syllabus. They focus on the communicative use of language for specific purposes, or functions. Since the sections are optional, the material they contain is not "tested" in subsequent grammar sections; that is, it is not considered active knowledge essential for doing later grammatical exercises. The authors hope that these sections will be used for fun as well as to help the students achieve communicative competence. The important thing throughout the **En otras palabras** sections is that students make an effort to communicate.

Repaso

This section includes review exercises, topics for discussion and composition, games and activities related to the chapter's theme and grammar, and a **Composición estructurada** or guided composition activity.

Para escuchar: Suplemento

Following Chapter 12 is a new feature to this edition, **Para escuchar: Suplemento.** This optional supplement to the **Para escuchar** sections consists of authentic selections from **Radio Española,** shortened but unsimplified. These passages will provide students with challenging yet interesting listening-comprehension practice. The scripts are included in the tapescript.

Appendixes

Following the **Para escuchar: Suplemento** are the appendixes, which cover capitalization, punctuation, and word stress; information on numbers, dates, and time; use of prepositions after certain infinitives, answers to selected exercises, and verb charts. In addition, there is a complete Spanish-English end vocabulary.

Optional Features

The text includes many optional features, depending on what the instructor chooses to emphasize. The opening chapter activities, **Para escuchar,** the sections **En otras palabras** and **Repaso,** and also the new listening feature, **Para escuchar: Suplemento,** are optional.

Pair and Small-Group Activities

Many of the exercises and activities of this book lend themselves to pair and small-group work, and the authors encourage instructors to use them as such whenever possible. With group or pair activities, students have more opportunities to practice the language, and shy students in particular benefit tremendously. Also, the instructor has more time to answer questions and help those who need extra attention.

The authors recommend that in using group or pair activities the instructor:

1. set very clear time limits, to encourage efficient use of the time by the students

2. make sure the directions are absolutely clear to the students, which may involve explicit demonstration, and that students are convinced of the value of the activity

3. move around the room to answer questions, listen to what is happening, and occasionally participate in the work

4. follow up the activity with a meeting of the class as a whole, preferably with some of the pairs or groups reporting in some way on what they did

Workbook/Lab Manual

Each chapter of the combination workbook/lab manual contains all new exercises not found in the review grammar text. The exercises in the workbook section provide additional writing practice, while the lab section and accompanying tape program provide extra oral practice. The lab section contains listening discrimination exercises, comprehension exercises, dictations, songs, and practice of grammatical structure. The exercise manual is based on and carefully coordinated with the review grammar text.

Tapescript

A tapescript to accompany the review grammar is available from the publisher. It includes the chapter opening passages and the **Para escuchar** sections.

Spanish MicroTutor™ Software

A generic interactive microcomputer grammar tutorial for the IBM PC is available as an optional supplement for the *En Contacto,* Fifth Edition, program. It provides pre-tests, tutorials, exercises, and post-tests.

Correlation with *Cámara 1* Video

The Harcourt Brace Intermediate Spanish ***Cámara 1*** Video can function as an adjunct to this book if time and facilities are available for video use during the intermediate course. Information on how to obtain this video and the viewee's manual may be obtained from a publisher's representative.

The following list contains suggestions for correlating materials, according to theme:

Chapter 1 of *En contacto:* "Diversiones"
   Cámara 1, episodio 9: "Las diversiones"
   Cámara 1, episodio 11: "Los deportes"
   Cámara 1, episodio 17: "Fiestas y festivales"
Chapter 2 of *En contacto:* "Vejez y juventud"
   Cámara 1, episodio 2: "Dos problemas sociales"
Chapter 3 of *En contacto:* "La presencia latina"
   Cámara 1, episodio 19: "Los hispanos en los Estados Unidos"
   Cámara 1, episodio 10: "La tele"
Chapter 4 of *En contacto:* "Hombres y mujeres"
   Cámara 1, episodio 4: "La mujer contemporánea"
Chapter 5 of *En contacto:* "La vida estudiantil"
   Cámara 1, episodio 1: "La vida universitaria"
Chapter 6 of *En contacto:* "De viaje"
   Cámara 1, episodio 5: "Varios restaurantes hispánicos"
   Cámara 1, episodio 8: "El turismo"
Chapter 7 of *En contacto:* "Gustos y preferencias"
   Cámara 1, episodio 6: "La gastronomía hispánica"
   Cámara 1, episodio 7: "La moda y las compras"
Chapter 8 of *En contacto:* "Dimensiones culturales"
   Cámara 1, episodio 13: "El racismo y el clasismo"
   Cámara 1, episodio 14: "El mundo musical"
Chapter 9 of *En contacto:* "Salud y medicina"
   Cámara 1, episodio 12: "La salud"
Chapter 10 of *En contacto:* "La imagen y los negocios"
   Cámara 1, episodio 6: "La gastronomía hispánica" (Escenas 2–5)
   Cámara 1, episodio 10: "La tele" (Escenas 2–3)
   Cámara 1, episodio 15: "La economía y la política" (Escenas 4–5)
Chapter 12 of *En contacto:* "La imaginación creadora"
   Cámara 1, episodio 18: "Arte y cultura"
   Cámara 1, episodio 4: "La mujer contemporánea"
(If a complete program is desired, *Cámara 1* episodio 16, "El noticiero" may be used with Chapter 11 of *En contacto,* "Diversas caras del humor," although there is not a thematic connection.)

Features of the Fifth Edition

The basic scope and sequence of the book were maintained in the fifth edition. However, Chapters 4 and 10 have been rewritten and have new themes:

Chapter 4: **Hombres y mujeres**
Chapter 10: **La imagen y los negocios**

The book has been shortened throughout. The sections called **Desarrollo de vocabulario** have been deleted and material from them has been incorporated into the **Vocabulario útil** sections and into the **Repasos** of the workbook. There are many new illustrations and pieces of realia, and the book has a new design.

Acknowledgments

We would like to express our sincere appreciation to many people who helped with this edition. First, to Jim Harmon, Jeff Gilbreath, and John Baxter of Holt, Rinehart and Winston for their encouragement, support, and advice in the development of the manuscript, for which we are most grateful. Many thanks also to Elke Herbst and Lupe Ortiz for their competent handling of the manuscript through production. Sincere appreciation to Cristina Cantú Díaz and Ana Colom for their invaluable and insightful work and linguistic talents and to Cristina Cantú Díaz also for her work on obtaining permissions. Thanks also to our proofreader, Luz Galante, who made some excellent suggestions during the typesetting process, and to our talented artist, Axelle Fortier. Finally, we are grateful to the following reviewers, whose comments (both positive and critical) helped in the shaping of this edition: Mike Brookshaw, *Winston Salem State University;* Margaret Morris, *Hampton University;* Margarita Navarro, *Princeton University;* Elena Segovia, *Vanderbilt University;* Hubert Weller, *Hope College;* and Daniel Zalacaín, *Seton Hall University.*

M. M. G.
B. W.
T. M. F.

Materias

Materias

Materias

5   La vida estudiantil   107

6   De viaje   131

Materias

7   Gustos y preferencias   159

8   Dimensiones culturales   187

Materias

Materias

Materias

Capítulo 1

DIVERSIONES

* Presentación del tema

A los hispanos les gustan las celebraciones. Existe una tradición de fiestas religiosas, como Viernes Santo, Corpus Cristi, Todos los Santos, etcétera. Durante estos días se suspende el trabajo y mucha gente sale a la calle para bailar, cantar, saludar a los amigos o escuchar grupos que tocan música. Además, cada año hay varios días de fiesta patrióticos, y uno que se celebra en cada ciudad en honor de su santo patrón.

El calendario hispano está lleno de fechas especiales en honor de las personas que practican las distintas profesiones: los taxistas, las secretarias, los profesores y muchos otros, otro motivo para regalos y fiestas. También, cada hispano tiene dos días muy particulares al año para celebrar: su cumpleaños y el día de su santo. Así, por ejemplo, todas las personas que se llaman José o Josefina reciben regalos y atenciones el 19 de marzo (la fiesta de San José).

¿Y qué pasa durante las fiestas? La gente habla, canta, baila, toca o escucha música, bebe vino, come demasiado y disfruta del contacto social. Para muchos, las celebraciones sirven como un escape de la rutina y como una renovación espiritual.

---

* This symbol indicates that the section is on the cassette. Your instructor may ask you to listen to this section before reading it to practice listening comprehension.

Vocabulario útil: Las fiestas

Saludos y presentaciones

¡Hola! ¿Qué tal?*	*Hi! (Hello!) How are things?*
Bien, gracias. Muy (Bastante) bien.	*Fine, thanks. Very (Pretty) well.*
Más o menos. Regular.	*More or less (Fine). All right.*
Quiero presentarle(te) a...	*I want to introduce you to . . .*
Mucho (Tanto) gusto. Encantado(a).	*Pleased to meet you. Delighted to meet you.*
El gusto es mío.	*The pleasure is mine.*

Las fiestas

bailar	*to dance*
beber	*to drink*
cantar	*to sing*
charlar	*to talk, chat*
el día de fiesta	*holiday*
disfrutar (de), gozar	*to enjoy*
la fiesta	*party*
escuchar (cintas, discos, música)	*to listen to (tapes, records, music)*
saludar a los amigos (a la gente)	*to greet friends (people)*
tocar música (la guitarra, el piano)	*to play music (guitar, piano)*
tomar una copa (un vino, una cerveza)	*to have a drink (a glass of wine, a beer)*

Otras expresiones

los ratos libres	*free time*
¿Te gusta? ¿Te gustan?	*Do you like it? Do you like them?*
Me gusta(n). No me gusta(n).	*I like it (them). I don't like it (them).*
Tengo que estudiar (manejar, trabajar).	*I have to study (drive, work).*

¡Ojo!

asistir a *to attend* / **ayudar** *to help, assist*

saber *to know (facts, something memorized), to know how* / **conocer (zc)** *to know, be aquainted with (a person, place, etc.), to meet for the first time*

tocar *to play (music), to touch* / **jugar (ue) a** *to play (a sport or game, to gamble)*

---

* **¿Qué tal...?** is useful for starting conversations. Besides its general meaning of *How are things?* it can be used to ask about almost anything, singular or plural: **¿Qué tal el concierto? ¿Qué tal los estudios?**

Preguntas

1. ¿Qué hacen los hispanos para celebrar las fiestas?
2. Cada hispano tiene dos días muy particulares al año para celebrar. ¿Cuáles son?
3. ¿Qué hace usted cuando tiene un día libre?
4. ¿Hay algunas celebraciones especiales para la ciudad o la región donde usted vive?
5. ¿Qué piensa usted de la costumbre de tener días especiales en honor de ciertas profesiones?
6. ¿Qué hace usted para celebrar su cumpleaños o el de sus amigos?

Práctica

A. Sinónimos. Dé los sinónimos de las siguientes palabras o expresiones.

1. disfrutar
2. hablar
3. Regular.
4. Encantado.
5. beber

B. La respuesta apropiada. Escoja la respuesta apropiada.

1. ¿Qué tal los exámenes?
   a. No me gusta.   b. Más o menos.
2. ¿Quieres tomar una copa?
   a. Sí, gracias.   b. Sí, tengo hambre.
3. ¿Qué te gusta hacer en tus ratos libres?
   a. Me gusta tocar música.   b. Me gustan los ratos libres.
4. Silvia, quiero presentarte a Felipe.
   a. Te gusta Felipe.   b. Mucho gusto, Felipe.
5. Mañana es día de fiesta.
   a. Vamos a presentarle a María.   b. Vamos a celebrar.

C. Actividad en pareja: Entrevista. Entreviste a un(a) compañero(a), usando las preguntas que siguen. En forma alternada *(Taking turns)*, una persona hace la pregunta en español, y la otra le contesta con una oración completa.

1. Do you play the guitar?
2. Do you know Miami?
3. Do you know how to dance the **cumbia?**
4. Do you play baseball (**el béisbol**)?
5. Do you attend rock concerts (**conciertos de música rock**)?
6. Who helps you with your homework (**los deberes**)?

Para escuchar: En la fiesta

Conversación 1: Saludos y presentaciones. Mike Martin, un estudiante norteamericano, va a una fiesta en casa de un amigo colombiano.

A. Escuche la Conversación 1 y conteste las preguntas.

1. At the party, Mike meets someone for the first time. This person is . . .
   a. Ramón.   b. Ramón's mother.   c. Julia.
2. Ramón seems . . .
   a. to be a good host.
   b. not to care much about his guests.
   c. to be in love with Julia.

B. Escuche la Conversación 1 otra vez. ¿Qué cosas se mencionan (*are mentioned*)?

____ 1. un disco   ____ 3. una copa   ____ 5. un radio
____ 2. una mesa   ____ 4. una cerveza   ____ 6. un vino

C. Escuche la Conversación 1 una vez más. Escoja la mejor respuesta.

1. Ramón and Mike use the . . . form of greeting.
   a. informal   b. formal   c. military
2. Mike does not accept the wine or beer because . . .
   a. he is already drunk.
   b. he has to drive.
   c. he doesn't like alcoholic beverages.
3. Julia believes that **gringos** are . . .
   a. prudent.   b. patient.   c. practical.

Conversación 2: Para iniciar una conversación. Mike habla con Julia en la fiesta.

A. Escuche la Conversación 2 y conteste las preguntas.

1. In this conversation, the speakers are . . .
   a. bored.   b. enjoying themselves.   c. worried about their careers.
2. In general, the party seems to be . . .
   a. small and dull.   b. wild.   c. big and lively.

B. Escuche la Conversación 2 otra vez. ¿Qué personas o qué cosas se mencionan?

____ 1. los estudios   ____ 5. un amigo mutuo
____ 2. la música   ____ 6. la cumbia
____ 3. la economía   ____ 7. un programa de televisión
____ 4. el libro *Voces*   ____ 8. la película *La salsa*
        de Colombia

Gramática y vocabulario

Subject pronouns: The present indicative tense (1)

Subject pronouns

	Singular	Plural
First person	yo	nosotros(as)
Second person	tú	vosotros(as)
Third person	él, ella, usted	ellos, ellas, ustedes

> «*Quien canta, su mal espanta*
> (scares away).» — *proverbio*

1. Subject pronouns (the words corresponding to *I, we, you, he, she, they,* and *it*) are often omitted in Spanish, since the verb form also indicates person (e.g., **hablo = yo, hablamos = nosotros**). The subject pronoun **tú** is used with family members, friends whom you call by their first names, and children. **Usted** (abbreviated **Ud.** or **Vd.**) is used with strangers, people much older than you, or to express respect. Remember that **usted** and **ustedes** are always used with third-person, not second-person, verbs. In Latin America **ustedes (Uds., Vds.)** is used as the plural of either **tú** or **usted,** but in most of Spain the subject pronoun **vosotros(as)** is used as the plural of **tú.***

2. Subject pronouns are used for clarity or emphasis. They are also used after **ser** to express "It is I (you, she, etc.)."

¿Los señores Ramos? Pues, él viene a la fiesta, pero ella no.	*Mr. and Mrs. Ramos? Well, he's coming to the party but she's not.*
¿Quién es? —Soy yo.	*Who is it? —It is I.*
¿Quién estaba allí? —Nosotros.	*Who was there? —We were.*

3. The pronoun *it* is not expressed in phrases like *it is* **(es),** *it seems* **(parece),** and so forth.

Es difícil bailar la cumbia.	*It's difficult to dance the **cumbia.***
¿De veras? Parece fácil.	*Oh, really? It seems easy.*

The present indicative tense (1): Formation

Regular verbs

To form the present tense of regular verbs, the **-ar, -er,** or **-ir** ending is dropped from the infinitive, and the endings shown in bold in the following chart are added to the stem.

---

* Since the **vosotros(as)** form is not widely used except in Spain, it will not be practiced extensively in this text. However, it is important to learn to recognize it.

	Hablar		*Leer*		*Escribir*
hablo	hablamos	leo	leemos	escribo	escribimos
hablas	habláis	lees	leéis	escribes	escribís
habla	hablan	lee	leen	escribe	escriben

Spelling-changing verbs

Some verbs are regular in the present tense except for minor spelling changes (mostly in the **yo** form). Here are some of the most common ones. (For complete rules regarding spelling changes in verbs, see Appendix F.)

1. Verbs that end in **-cir** or **-cer** (preceded by a vowel) have a change from *c* to *zc* in the **yo** form.

   conducir: **conduzco**   conocer: **conozco**
   producir: **produzco**   ofrecer: **ofrezco**
   traducir: **traduzco**   parecer: **parezco**

2. Verbs that end in **-guir** have a change from *gu* to *g* in the **yo** form.

   seguir: **sigo**   conseguir: **consigo**

3. Verbs that end in **-ger** or **-gir** have a change from *g* to *j* in the **yo** form.

   escoger: **escojo**

4. Verbs that end in **-uir** have a change from *i* to *y* in all but the **nosotros** and **vosotros** forms, since an unstressed *i* between two vowels is changed to *y*.

   Construir

construyo	construimos
construyes	construís
construye	**construyen**

Use of the present indicative tense

1. The present indicative tense in Spanish normally expresses an action or situation that is happening in the present or that happens regularly. It can have several meanings in English.

   Mi compañero de cuarto juega   *My roommate plays (is playing, does*
      al tenis.   *play) tennis.*

2. The present is also frequently used to express the immediate future or a future event when the time of the future action is indicated.

   El baile empieza a las nueve.   *The dance will begin (is beginning)*
                                                   at nine.
   Comemos más tarde.   *We'll eat later.*

Vocabulario útil: Algunas actividades del fin de semana

Aprenda usted este vocabulario para usarlo en la práctica que sigue. Véase también el *Vocabulario útil* de la página 3.

caminar (una cuadra, unas millas)	*to walk (a block, a few miles)*
descansar	*to rest, relax*
echar una siesta	*to take a nap*
escribir cartas	*to write letters*
leer (el periódico, revistas)	*to read (the newspaper, magazines)*
manejar, conducir	*to drive*
mirar televisión	*to watch television*

«*No te pueden quitar lo bailado* (what has been enjoyed).» —*proverbio*

Práctica

A. ¿Quién es? Dé el pronombre personal que corresponda a los verbos. En algunos casos hay más de una posibilidad.

> **MODELO:** lee   **él (ella, Ud.)**

1. escriben 3. escojo 5. recibimos 7. construyen 9. disfrutamos
2. camináis 4. parece 6. bebemos 8. ofreces 10. conduzco

B. Preguntas. Conteste las preguntas con una oración *(sentence)* completa, usando una de las siguientes expresiones:

a menudo *(often)*   a veces *(sometimes)*
nunca *(never)*   casi nunca *(almost never)*

> **MODELO:** ¿Descansa usted los sábados?
> **Sí, a veces descanso los sábados.**
> **No, casi nunca descanso los sábados.**

1. ¿Lee usted libros o revistas en español? ¿en inglés? Dé algunos ejemplos.
2. ¿Traduce canciones del español al inglés?
3. ¿Escribe cartas a amigos latinoamericanos?
4. ¿Toca usted música?
5. ¿Escoge discos o cintas por el nombre del grupo musical?
6. ¿Charla por teléfono a larga distancia?

7. ¿Conduce usted un coche grande?
8. En momentos de tensión, ¿produce usted más en su trabajo?

C. Actividad en pareja: ¿Cómo descansas? Trabaje con un(a) compañero(a). En forma alternada *(Taking turns),* cada persona entrevista *(interviews)* a la otra. Una lee las preguntas de la columna *A* y la otra, las de la columna *B*. Esté preparado(a) para hacer un comentario informativo sobre su compañero(a). Recuerde: ¡Hable solamente en español, por favor!

MODELO: ESTUDIANTE A: **¿Caminas mucho o conduces el auto a todas partes?**
                ESTUDIANTE B: **Nunca conduzco el auto. A veces camino varias millas.**
                ESTUDIANTE A: **Roberto nunca conduce. A veces camina varias millas.**

A	*B*
1. Me llamo _____. ¿Cómo te llamas tú?	1. Me llamo _____. Mucho gusto.
2. El gusto es mío. Ahora una pregunta: ¿Qué lees generalmente los fines de semana? ¿el periódico? ¿revistas? ¿novelas?	2. Los fines de semana, ¿escuchas discos o cintas de música clásica? ¿de rock? ¿de jazz? ¿de música folklórica? ¿Escuchas la radio?
3. A veces estudias o trabajas los sábados? ¿los domingos? ¿Por la mañana or por la tarde?	3. ¿Qué bebes generalmente? ¿Café? ¿té? ¿cerveza? ¿leche? ¿Comes mucho o poco durante un fin de semana típico?
4. La última pregunta: ¿Cuántas horas de televisión miras durante el fin de semana, más o menos?	4. Ahora deseo saber la verdad: ¿echas una siesta el domingo por la tarde?

The present indicative tense (2)

Stem-changing and irregular verbs

Stem-changing verbs

Certain verbs show a change in the stem (the part that is left after dropping **-ar, -er,** or **-ir**) when the stem is stressed. These verbs have regular endings, but note the pattern of stem changes: the changes occur in all but the **nosotros** and **vosotros** forms. Read the conjugations aloud and listen to how the stem does not receive the spoken stress in these two forms. Other verbs that follow these patterns are given in vocabulary lists with the vowel change in parenthesis—for example, **doler (ue)**.

E to IE Pensar		*E to I* Pedir		*O to UE* Poder		*U to UE* Jugar	
pienso	pensamos	**pi**do	pedimos	**pue**do	podemos	**jue**go	jugamos
piensas	pensáis	**pi**des	pedís	**pue**des	podéis	**jue**gas	jugáis
piensa	**pie**nsan	**pi**de	**pi**den	**pue**de	**pue**den	**jue**ga	**jue**gan
empe**z**ar	perder	se**g**uir		contar	encontrar		
entender	preferir	servir		dormir	recordar		
	querer				volver		

> «*Dice mal de las cartas y juega a dos barajas* (decks).» —*dicho*

Mario quiere dormir, pero Elena y yo queremos charlar.	*Mario wants to sleep but Elena and I want to chat.*
Las muchachas siempre piden pizza, pero David y yo pedimos hamburguesas.	*The girls always order pizza, but David and I order hamburgers.*

Verbs that are irregular in the first-person singular only

dar: **doy**	poner: **pongo**	salir: **salgo**	ver: **veo**
hacer: **hago**	saber: **sé**	traer: **traigo**	

¿Qué haces? —Hago ejercicios y miro televisión.	*What are you doing? —I'm doing exercises and watching television.*
Conozco a la señora Salazar, pero no sé dónde vive.	*I know Mrs. Salazar, but I don't know where she lives.*

Common irregular verbs

Estar		*Ser*		*Ir*	
estoy	estamos	soy	somos	voy	vamos
estás	estáis	eres	sois	vas	vais
está	están	es	son	va	van

Decir		*Tener*		*Venir*	
digo	decimos	tengo	tenemos	vengo	venimos
dices	decís	tienes	tenéis	vienes	venís
dice	dicen	tiene	tienen	viene	vienen

Vocabulario útil: Los deportes y otras diversiones

Aprenda usted este vocabulario para usarlo en la práctica que sigue.

Cognados

el básquetbol
el béisbol
las cartas
el concierto
esquiar
el fútbol *(soccer)*
el fútbol americano
el tenis
el vólibol
el actor (la actriz)
el programa de televisión
el video

Los deportes

correr	*to run*
hacer ejercicios	*to do exercises*
el jugador (la jugadora)	*player*
jugar (ue) a	*to play*
nadar	*to swim*
el partido	*match, sports event*
patinar	*to skate*

Otras diversiones

asistir a un concierto*	*to attend a concert*
contar (ue) chistes	*to tell jokes*
dar un paseo	*to take a walk*
ir al cine	*to go to the movies, see a film*
ir de compras	*to go shopping*
jugar a las cartas	*to play cards*

> *«Aquéllos son ricos que tienen amigos.» —dicho*

---

* **Asistir** takes the preposition **a** before a noun. Other verb-preposition combinations are discussed in Appendix C.

In Appendixes E and F are conjugations for regular, stem-changing, spelling-changing, and irregular verbs.

Práctica

A. Dígame cuándo... Conteste las siguientes preguntas, usando una (o más) de las siguientes expresiones de tiempo, si quiere. Haga oraciones completas.

> todos los días / siempre / nunca / casi nunca / muchas veces
> los fines de semana / en el verano (el invierno, la primavera, el otoño)
> los lunes / los viernes / por la mañana (la tarde, la noche)

1. ¿Cuándo da usted un paseo?
2. ¿Cuándo sale usted con sus amigos?
3. ¿Cuándo está en casa?
4. ¿Cuándo hace ejercicios?
5. ¿Cuándo ve videos?
6. ¿Cuándo tiene problemas grandes?
7. ¿Cuándo estudia español?
8. ¿Cuándo juega al béisbol o al fútbol americano?
9. ¿Cuándo mira partidos de tenis en la televisión?
10. ¿Cuándo va al cine?
11. ¿Cuándo trae su libro de español?
12. ¿Cuándo está contento(a)?

B. ¿Qué hacen ustedes? Conteste las preguntas usando palabras y expresiones del *Vocabulario útil* (u otras palabras que usted sepa). Si es posible, trate de dar tres o cuatro posibilidades diferentes.

> MODELO: ¿Qué hacen ustedes en las fiestas?
> **En las fiestas jugamos a las cartas, contamos chistes, comemos y bebemos.**

Qué hacen ustedes...

1. en casa?
2. en el cine?
3. en el gimnasio?
4. en el lago (en el verano)?
5. sobre el lago (en el invierno)?
6. en las montañas?
7. en los centros comerciales?
8. en el parque?
9. en el estadio?

C. El sereno. En algunos lugares de España y Sudamérica, si usted va al cine o a cenar a un restaurante por la noche, puede estar seguro *(sure)* de que su apartamento estará bien vigilado *(guarded)*. ¿Quién lo vigila? Para saberlo, complete el párrafo siguiente con el tiempo presente de los verbos entre paréntesis, usando la tercera persona (él, ella).

En España, el sereno ____(1)____ (ser) el que vigila los apartamentos grandes de las ciudades. ____(2)____ (hacer) muchas cosas importantes. Por ejemplo, si uno ____(3)____ (perder) la llave° del edificio o ____(4)____ (volver) tarde por la noche y no ____(5)____ (traer) llave, sólo ____(6)____ (tener) que llamar al sereno, dando tres palmadas.° El sereno, que generalmente ____(7)____ (estar) afuera vigilando, ____(8)____ (contestar) con tres golpes de su bastón° en la calle y ____(9)____ (venir) a abrir la puerta. (Esta costumbre se originó en la Edad Media° cuando las llaves eran muy grandes y no se podía llevarlas en el bolsillo.°) El sereno ____(10)____ (poder) llamar a la policía o al doctor si es necesario, y en algunos casos ____(11)____ (servir) de mensajero° o ____(12)____ (llevar) cartas de amor. Aunque ahora no ____(13)____ (cantar) la hora y el tiempo que ____(14)____ (hacer), esto era común en el pasado. Por lo general, el sereno es amigo de la gente del edificio que vigila, y ellos ____(15)____ (contar) con su ayuda en las actividades de todos los días.

key

dando... *clapping three times*

cane

Edad Media *Middle Ages / pocket*

messenger

D. Puntos de vista. Complete las siguientes oraciones.

1. Cuando quieren hacer ejercicio las personas dinámicas..., pero las personas perezosas...
2. Después de un largo día de trabajo y tensiones, mucha gente...
3. Si tengo dinero durante el fin de semana, yo..., pero si no tengo dinero, yo...

4. Los días de fiesta mis amigos y yo...
5. El fútbol americano...

The personal *a*

In Spanish, the personal **a** must be used before a direct object that is a person. Compare:

¿Ves a Eduardo? ¿Ves el coche de Eduardo?	*Do you see Eduardo? Do you see Eduardo's car?*
Conozco a los músicos, pero no conozco la canción que cantan.	*I know the musicians, but I don't know the song they're singing.*

The personal **a** is used with indefinites like **alguien** and **nadie** when they are used as direct objects (to be discussed in Chapter 7).

Quiero presentarte a alguien.   *I want to introduce you to someone.*

The personal **a** is not normally used after **tener: Tengo un amigo que habla cinco lenguas**. It is not normally used to refer to nonspecific people: **Necesito una secretaria.** *But:* **Necesito a la secretaria.**

Práctica

A. El paseo. Usted vive con una familia española y ha salido *(have gone out)* con ellos a dar el paseo del domingo. ¿Qué pasa?

> MODELO: nosotros / ver / los Gómez
> **Nosotros vemos a los Gómez.**

1. yo / conocer / su hija Susana
2. mi familia / recordar / la madre de la señora Gómez
3. el señor Gómez / nos / contar / un chiste
4. mis padres españoles / invitar / los Gómez a cenar con nosotros
5. Susana / ir a traer / un amigo
6. nosotros / esperar / los Gómez a las nueve

B. Actividad en pareja: Entrevistas y presentaciones. Entreviste a un(a) compañero(a), usando las preguntas que siguen, y escriba una breve descripción de él o ella. Luego, él (ella) va a entrevistarlo(la) a usted. Después, cada persona presenta a la otra a la clase.

> MODELO: Quiero presentarles a John. John no conoce a mucha gente latina. En sus ratos libres juega al squash y al tenis y escucha música.

> Preguntas: ¿Cómo te llamas? ¿Conoces (a mucha gente latina, al presidente de la universidad, a alguna persona famosa)? ¿Qué haces en tus ratos libres? (En mis ratos libres,...)

> *En un día de verano: —«¿Qué me dice de la calor?»*
> *—«Que es masculino.» Manuel Gálvez.* **En el mundo**
> **de los seres ficticios,** *Buenos Aires 1961*

Nouns and articles

Nouns: gender and number

In Spanish, all nouns are either masculine or feminine.

1. Although most nouns ending in **-a** are feminine and most nouns ending in **-o** are masculine, here are a few important exceptions:

la mano	*hand*	el poema	*poem*
la foto(grafía)	*photo(graph)*	el poeta	*poet*
el día	*day*	el problema	*problem*
el drama*	*drama*	el programa	*program*
el idioma	*language*	el sistema	*system*
el mapa	*map*	el tema	*subject, theme*

2. Nearly all nouns that end in **-dad, -tud, -ión**, and **-umbre** are feminine:

la actividad	*activity*	la televisión	*television*
la actitud	*attitude*	la costumbre	*custom*

3. Most nouns ending in **-r** and **-l** are masculine; most nouns ending in **-z** are feminine.

el color	*color*	la paz	*peace*
el papel	*paper; role*	la voz	*voice*

4. To form the plural of a noun that ends in a vowel, add **-s**. If the singular noun ends in a consonant, add **-es**.

el disco ⟶ los discos   *records*
la cantante ⟶ las cantantes   *singers*
el rey ⟶ los reyes   *kings, king(s) and queen(s)*
el papel ⟶ los papeles   *roles*
el productor ⟶ los productores   *producers*

5. To form the plural of a noun ending in **-z**, change the **z** to **c** and add **-es**.

la actriz ⟶ las actrices   *actresses*
la voz ⟶ las voces   *voices*

> «*De músico, poeta y loco, todos*
> *tenemos un poco.*» *—proverbio*

---

* Many nouns that end in **-ma, -pa,** or **-ta** have Greek roots and are masculine.

6. Remember that in forming the plural of nouns it is sometimes necessary to add or delete an accent to maintain the stressed syllable of the singular form.

el joven ⟶ los jóvenes   *young people*
el examen ⟶ los exámenes   *exams*
la canción ⟶ las canciones   *songs*
el bailarín ⟶ los bailarines   *dancers*

Definite and indefinite articles: forms

1. Articles must agree in gender and number with the nouns they modify.

Definite articles:

el concierto   **los** conciertos
la película   **las** películas

Indefinite articles:

un amigo   **unos** amigos
una revista   **unas** revistas

2. **Unos** or **unas** can mean *some* or *several;* before a number they can mean *approximately.*

Hay unos sesenta grupos de teatro   *There are approximately sixty*
   chicano en el suroeste de   *Chicano theater groups in the*
   Estados Unidos.   *southwestern United States.*

3. The definite article **el** combines with **a** to form **al** and **de** to form **del.** (These are the only contractions used in Spanish.)

Vamos al Café del Sol.   *We're going to the Café del Sol.*

4. The masculine articles **el** and **un** are used before a feminine noun that begins with **a-** or **ha-** when the first syllable of the noun receives the stress. Here are three common examples that you should remember.

el agua *water*   el (un) alma *soul*   el (un) hambre *hunger*

If an adjective separates the article and noun, however, the feminine article is used: **el alma latina, la buena alma; un hambre feroz, una gran hambre.** The feminine article is also used in the plural.

Práctica

A. ¿De qué hablan? Mario siempre está en la luna *(is always daydreaming).* Siempre tiene que preguntarle a la gente de qué están hablando. Conteste sus preguntas de acuerdo con el modelo.

MODELO: ¿Hablan de la ópera? (drama)   **No, hablan del drama.**

1. ¿Hablan del piano? (guitarra)
2. ¿Hablan de la película? (programa)
3. ¿Hablan de los discos? (concierto)
4. ¿Hablan de la solución? (problema)
5. ¿Hablan de los cuadros? (fotos)
6. ¿Hablan de los artistas? (bailarines)

B. ¿El o la? Dé el artículo apropiado, **el** o **la,** para cada sustantivo.

> **MODELO:** poema   **el poema**

1. disco	4. idioma	7. costumbre	10. rey
2. paz	5. actitud	8. presentación	11. agua
3. ciudad	6. papel	9. necesidad	12. clima

C. Actividad en pareja: En plural, ¡por favor! Usted tiene un amigo que lo subestima todo *(who underestimates everything).* Trabaje con un(a) compañero(a). Sigan el modelo, en forma alternada *(taking turns).*

> **MODELO:** ¿Escribimos una composición sobre el tema?
> **No, escribimos unas composiciones sobre los temas**.

1. ¿Leemos el artículo en la revista?
2. ¿Saludamos a una amiga en la fiesta?
3. ¿Tomamos una copa con el profesor?
4. ¿Miramos un programa sobre el rey?
5. ¿Vamos al partido con la jugadora?
6. ¿Escuchamos la canción en la cinta?
7. ¿Vemos la foto del actor?
8. ¿Pedimos una pizza y una gaseosa *(soft drink)*?
9. ¿Modificamos el sistema de la computadora?

Definite and indefinite articles: Use and omission

Use of the definite article

The definite article is used *more* in Spanish than in English. Here are eight examples of the use of the definite article in Spanish where it would not be used in English:

1. to refer to an abstract noun or a noun used in a general sense, as a representative of the class or group to which it belongs. The noun may be singular or plural, concrete or abstract.

El fútbol es un deporte muy emocionante, ¿no?	*Soccer is a very exciting sport, isn't it?*
El amor es como **la** niebla: lo cubre todo.	*Love is like fog; it covers everything.*

2. in place of a possessive adjective for parts of the body and articles of clothing when it is obvious who the possessor is

Julio se pone **el** sombrero y **el** abrigo antes de salir para el restaurante.

Julio puts on his hat and coat before leaving for the restaurant.

3. with days of the week, when *on* can be used in English

Voy a visitar a mis padres **el** domingo.

I am going to visit my parents on Sunday.

Vamos al cine **los** viernes.

We go to the movies on Fridays.

> **«La conversación ha de ser, como la ensalada, de varias cosas, revueltas (mixed) con sal, aceite y vinagre.» —Joaquín Setanti**

4. to tell time*

¿Qué hora es? ¿Es **la** una? —¡Qué va! Son **las** tres y media.

What time is it? Is it one o'clock? —Oh, come on! It's three thirty.

5. with nouns in a series (The article is repeated.)

El tango, **la** rumba y **la** cumbia son tres bailes de origen hispánico. ¿Conoce usted otros?

The tango, rumba, and cumbia are three dances of Hispanic origin Do you know of others?

6. with titles such as **señor, señora, señorita,** or **doctor,** when *referring to* or *talking about* an individual

La señora García y **el** doctor Sánchez hacen ejercicios todos los días.

Mrs. García and Dr. Sánchez exercise every day.

However, the definite article is not used in *direct address*.

Señora García, ¿va usted a acompañarnos al cine?

Mrs. García, are you going to the movies with us?

The masculine plural article **los** is used with a surname to refer to a family.

Los Rivera juegan a las cartas.   *The Riveras play cards.*

Note that the surname is not made plural as in English.

---

* For a review of numbers, dates, and time, see Appendix C.

7. with names of languages or fields of study, except after the verbs **estudiar, aprender, enseñar, hablar, leer** (when it is usually omitted), and after the preposition **en.**

El español es la lengua materna de unos 300 millones de personas.	*Spanish is the native language of about 300 million people.*
Estudio música y química; **la** química es muy difícil.	*I'm studying music and chemistry; chemistry is very difficult.*
¿Cómo se dice «Te quiero» en inglés?	*How do you say "I love you" in English?*

8. with rates and prices

Aquí las manzanas cuestan seis pesos **el** kilo.	*Apples cost six pesos a kilo here.*
Ganamos seiscientos pesos **la** hora.	*We earn six hundred pesos an hour.*

Omission of the indefinite article

The indefinite article is used *less* in Spanish than in English. In Spanish it is omitted:

1. before an unmodified noun that indicates profession, occupation, religion, nationality, or political affiliation, following the verb **ser.** The indefinite article is used, however, if the noun is modified. Compare:

Yo soy católica. Soy una católica devota.	*I'm a Catholic. I'm a devout Catholic.*
Enrique es chileno. Es un chileno que sabe esquiar bien: vive cerca de los Andes.	*Enrique is Chilean. He's a Chilean who knows how to ski well: he lives near the Andes.*

2. before the words **medio, otro,** and, usually, **cierto** (These expressions agree with the nouns they modify in gender and number.)

Llegamos a otro concierto y media hora más tarde, él tiene ganas de salir.	*We get to another concert and a half hour later he wants to leave.*
Juanita tiene cierta tendencia a la exageración.	*Juanita has a certain tendency to exaggerate.*

3. before the numbers **cien** and **mil** (For a discussion of numbers, see Appendix B.)

Hay mil gramos en un kilogramo.	*There are a thousand grams in a kilogram.*

Práctica

A. El cine. Traduzca al español los títulos de los siguientes libros y películas. Recuerde que en español sólo llevan mayúscula la primera palabra y los nombres propios. *(Remember that in Spanish only the first word and proper nouns are capitalized.)*

1. *Another Day, Another Drama*
2. *World of Soccer*
3. *Sports and Money*
4. *The Devil* (**diablo**) *and Mrs. Rivera*
5. *How to Make* (**ganar**) *a Thousand Dollars a Week*
6. *The Latin Soul*
7. *The True Story* (**verdadera historia**) *of General Francisco Franco*

> *La película mexicana* **Como agua para chocolate** *(1993) es la película extranjera más taquillera* (**with the best box office success**) *en la historia de Estados Unidos.*

A propósito, ¿cómo se diría en español el título de uno de los libros o una de las películas populares de ahora?

B. Un productor de cine. Complete el siguiente párrafo usando el artículo definido o el indefinido cuando sea necesario *(with either the definite or indefinite article, if necessary).*

Raúl Ramírez es ____(1)____ productor de cine muy famoso. La mayoría de sus películas son en ____(2)____ español, pero también produce ____(3)____ otras en francés. «____(4)____ francés es ____(5)____ lengua muy bella,» dice ____(6)____ señor Ramírez. Durante nuestra entrevista, ____(7)____ famoso productor se sienta afuera en el balcón, con sus anteojos oscuros° en ____(8)____ mano y una boina° en ____(9)____ cabeza. «¿Cómo se siente usted siendo ____(10)____ productor de cine?» le preguntamos. «Es ____(11)____ vida difícil,» nos contesta. «Soy ____(12)____ millonario, ____(13)____ mujeres me adoran, pero no soy ____(14)____ hombre feliz. Como dice mi tercera esposa, «____(15)____ dinero, ____(16)____ amor y ____(17)____ salud no son todo en ____(18)____ vida.» «¿Qué hace usted en sus ratos libres?» le preguntamos. «Leo revistas para saber qué dicen ____(19)____ periodistas de mis obras,» nos contesta. «Gracias, ____(20)____ señor Ramírez, y adiós.»

anteojos... *dark glasses / beret*

C. Los festivales de rock. La siguiente selección es de una revista argentina. Lea la selección y conteste estas preguntas.

1. ¿Cuáles de los artículos definidos (que están en negrilla [*bold*]) no se usarían en inglés? ¿Por qué se usan en español?
2. ¿Puede usted encontrar cuatro artículos definidos que se traducirían al inglés por posesivos *(his, her, their, etc.)*?
3. ¿Qué palabra sería necesario agregar *(to add)* para traducir al inglés las palabras indicadas con asterisco (*)?

Los festivales de rock en la Argentina

Sofía Wascher

La música es **la** expresión de **los** hombres y de **los** pueblos.° En particular *cierto tipo de música, **el** rock, por ejemplo, representa **el** sentir° de **los** jóvenes. En **los** festivales de rock **los** adolescentes encuentran canales de expresión para descargar° **la** energía acumulada. Se expresan con todo **el** cuerpo, con **las** manos, con **la** voz, porque **el** rock es una música que implica un estímulo rítmico poderoso. Incita **al** movimiento, a **la** liberación psíquica y física....

El público de **los** festivales de rock argentino se caracteriza por su fidelidad° a ciertos grupos o artistas.... **El** típico cantante de rock no es *adolescente, sino *treintañero.° Es *músico y también *poeta.... **Los** temas de **las** canciones son a veces de tipo político, otras veces son tradicionales: **el** amor, **la** esperanza de un futuro mejor, **el** deseo de mantener *cierta autonomía frente a **los** problemas de **la** vida.

(De *Pájaro de fuego,* una revista argentina)

naciones

sentimiento

dar salida a

lealtad

persona de 30 años

The reflexive (1)

1. The reflexive takes its name from the fact that in most reflexive constructions the verb "reflects back to" or acts upon the subject of the sentence: Me **divierto mucho**. *I'm enjoying myself a lot.* Reflexive pronouns in English end in *-self* or *-selves*. In Spanish, the reflexive pronouns are:

me	**nos**
te	**os**
se	**se**

Se llama José.	*His name is José.*
¿Te aburres?	*Are you getting bored?*
Siempre nos divertimos mucho cuando estamos con ustedes.	*We always have a good time when we're with you.*
Se reúnen cada mes.	*They get together every month.*

2. Reflexive pronouns precede a conjugated verb or follow and are attached to an infinitive.

Nos vamos a reunir en el café.	*We're going to get together in the café.*
Vamos a reunirnos en el café.	

   The reflexive will be discussed further in Chapter 8.

—"*¿No se divierte usted?*"

Práctica

Complete la conversación usando el tiempo presente. Use los verbos siguientes: **aburrirse, divertirse, llamarse, reunirse.**

ANA: Hola, Consuelo. Quiero presentarte a una amiga mía. _____ Ramona.

CONSUELO: Encantada. ¿Qué tal, Ana? ¿Cómo estás?

ANA: Bien. Ramona está de visita sabes, y...

CONSUELO: ¿Oh sí? ¿Y qué piensas de Sevilla?

RAMONA: Es una ciudad muy linda. _____ mucho aquí con Ana.

ANA: Consuelo, Ramona y yo vamos a _____ con unos amigos en el Café Miraflores ahora. ¿Quieres acompañarnos?

CONSUELO: ¡Cómo no! _____ de trabajar.

En otras palabras

Saludos y presentaciones; Para iniciar una conversación

In Spanish, as in English, there are many ways to say the same thing, some more formal than others and some appropriate only to very specific circumstances. In the sections labeled **En otras palabras...,** we'll look at some of the functions, or uses, of language independent of grammatical structure. Many of these expressions were presented on tape in the **Para escuchar** section at the beginning of this chapter. Here are some expressions for greeting someone, making introductions, and initiating a conversation.

1. You meet a friend on the street.

   ¡Hola! ¿Qué tal? ¿Qué pasa? ¿Qué hay de nuevo? ¿Qué hay?
   ¡Qué alegría verte! ¡Cuánto gusto de verte!
   ¿Cómo estás? ¿Cómo has estado?
   (*Or, for someone older or someone to whom you do not feel close
      enough to use the **tú** form, **¿Cómo está usted? ¿Cómo ha estado?***)

   When someone says, **¿Qué tal?**, you don't always have to say **¡Muy bien, gracias!** You can say:

   Bastante bien.   (Muy) mal.
   Regular.   Estoy cansado(a). *I'm tired.*

2. You pass a stranger on the street.

   Buenos días. Buenas tardes. Buenas noches.

   From noon until about sunset, you can use **Buenas tardes.**

3. You meet someone at a party for the first time.

Hola. Me llamo...   Tanto gusto.
No he tenido el gusto.   ¡Qué gusto conocerlo(la)!
Mucho gusto.   Encantado(a).
El gusto es mío.

4. You introduce one person to another.

Ésta es..., una amiga mía.
Déjeme (Déjame) presentarle(te) a...
Quiero que conozca(s) a...   *I want you to meet . . .*

5. You welcome someone to your home.

Bienvenido(a).   Está en su casa. (Estás en tu casa.)

Práctica

Actividad: Saludos, presentaciones y para iniciar una conversación.
Mire los tres dibujos (ilustraciones). ¿En cuál(es) se necesita un saludo
informal? ¿un saludo formal? ¿la forma plural del saludo? Trabajando
solo(a) o con un compañero(a), invente usted un pequeño diálogo (de
tres o cuatro preguntas y respuestas) para cada dibujo.

1.

La señora Prieto   Candela Vargas

Eduardo
Díaz

Alonso y Estela
Benavides

2.

3.

Natalia   Teresa
Bartoli   Mendoza

Repaso

A. Primero, luego, después. Invente usted tres frases para decir qué hacemos en las siguientes situaciones. Hay muchas posibilidades.

> MODELO: Vamos a las montañas en el verano.
> **Primero damos un paseo.**
> **Luego comemos y bebemos.**
> **Después descansamos.**

1. Volvemos a la casa después de un día de trabajo.
2. Vamos a las montañas en el invierno.
3. Queremos hacer ejercicio.
4. Entramos en un restaurante.
5. Salimos con unos amigos el sábado por la noche.
6. Visitamos una nueva ciudad.
7. Llegamos a una fiesta.
8. Llegamos a la clase el lunes.

B. Veinte preguntas. Formen grupos de tres a cinco estudiantes. Un estudiante de cada grupo hace el papel de un cantante, músico o actor famoso. Los otros estudiantes tratan de adivinar *(try to guess)* qué personaje representa mediante *(by means of)* preguntas que tengan como respuesta sí o no. Si después de veinte preguntas no han adivinado, el estudiante que actúa es el ganador *(winner).*

C. Preferencias. El «panorama deportivo» (página 26) apareció en el periódico chileno *El mercurio,* el 26 de octubre de 1991. Con un(a) compañero(a) haga por lo menos cinco oraciones sobre estos deportes, expresando sus opiniones, preferencias, etc. ¿Qué deportes les gusta hacer? ¿mirar? ¿Por qué? ¿Qué deporte(s) no les gusta(n)? ¿Por qué?

D. Composición estructurada: Mis vacaciones en el campo (en la ciudad). Y usted, ¿qué piensa del campo? ¿Prefiere pasar las vacaciones en el campo o en la ciudad? Escriba un párrafo de seis a ocho oraciones sobre unas vacaciones en el campo o en la ciudad. Siga estas instrucciones:

1. Escriba una oración que comience: **Prefiero pasar las vacaciones en el campo (en la ciudad) porque...**
2. En cuatro a seis oraciones, describa varias actividades que usted hace en el campo (en la ciudad).
3. Escriba una conclusión. Por ejemplo: **En fin, creo que el campo (la ciudad) es el lugar ideal para pasar las vacaciones.**
4. Invente un título interesante y póngalo al principio de su párrafo.

PANORAMA DEPORTIVO

Ajedrez

salón de torneos de la Federación. 18 horas: ajedrez rápido abierto.

Automovilismo

Autódromo de Las Vizcachas. 14 horas: clasificaciones de F-4, F-3, Sport Prototipos, Superturismo y Sport 850 para la décima fecha "Gran Premio Cera Team".

Concepción. 9 horas: largada de la sexta y última fecha del torneo VIII Región de regularidad de ANARE, sobre trazado Concepción-Santa Juana-Concepción.

Atletismo

Pista rekortán del estadio Nacional. 10 horas: etapa final de 58° Campeonar Escolar Masculino 1991, organizado por Atlético Santiago.

Básquetbol

Gimnasios de los colegios Nuestra Señora del Carmen, Calasanz, Alonso de Ercilla, San Pedro Nolasco, Verbo Divino, SS.CC. de Manquehue y Scuola Italiana. Desde las 9 horas: séptima fecha de olimpiada rama escolar de U. Católica, infantil y mini, damas y varones.

Béisbol

Diamante del estadio Nacional. Desde las 10.30 horas: séptima fecha del torneo metropolitano de béisbol y cuarta fecha de sóftbol.

Bicicross

Pista San Carlos de Apoquindo. 10 horas: Octavo Campeonato Interescolar, organizado por la rama de bicicross de la U. Católica.

Parque Snott de Osorno. 10 horas: 15ª fecha del Campeonato X Región.

Temuco. 10 horas: campeonato abierto de la IX Región, organizado por el club Centenario.

Bowling

Delta Bowling de Renaca. 15 horas: finales del campeonato internacional, organizado por la Asociación Viña del Mar.

Boxeo

Gimnasio Regional de Coynaique. 21 horas: título continental welter U.B.A. entre el chileno Juan Carlos González y el argentino Néstor Jesús Gil.

Ciclismo

Quinta etapa de la XVI Vuelta de Chile. 8 horas: 1ª subetapa contrarreloj por equipos (35 kms.), San Javier-Colbún, salida desde Balmaceda. 10 horas: 2ª subetapa (130 kms.), salida desde Colbún a Linares, con meta en la Plaza de Armas.

Ecuestre

Escuela de Carabineros (paradero 4 1/2 de Pajaritos, Maipú). 9.30 horas: concurso hípico oficial.

Esgrima

Gimnasio de la Federación. 15 horas: Copa "Julio Moreno" todo competidor, espada varones.

Gimnasia

Colegio María Inmaculada. 15 horas: torneo regional de gimnasia rítmica infantil

Hockey-césped

Séptima fecha de los campeonatos nacionales de 1ª y 2ª divisiones. 17 horas: partidos en canchas Manquehue, Santiago College, Dunalastair y Estadio Español.

Hockey-patín

Patinódromo del parque O'Higgins. 15.30 horas: inauguración de la "Carrera Internacional Francisco Fuentes". Participan como invitados mundialistas italianos.

Judo

Gimnasio del COCh. 14 horas: campeonato universitario Copa "Universidad de Chile", damas y varones, por categorías.

Karate

Gimnasio Municipal de Buin. 19 horas: segundo torneo de full contact y lucha libre.

Mountainbike

Campus Universitario de la U. de Concepción. 15 horas: cuarta fecha del circuito internacional.

Natación

Stadio Italiano. 15 horas: torneo control aeróbico "A" y juveniles todo competidor, damas y varones.

Polo

Club San Cristóbal. 10 horas: primera fecha de la Copa "Fernando Prieto".

Rugby

Country Club. Desde las 11 horas: confrontación internacional de menores entre Country Club y Deutsche Club, de Montevideo.

Estadio Las Condes. 18 horas: segunda jornada de la Copa "10 Años de la U. Gabriela Mistral".

Tenis

Estadio Español. 13.30 horas: torneo "Carlos Ayala", categoría adultos y escalafón.

Complejo Deportivo de la Caja de Compensación La Araucana. 9.30 horas: cuarto circuito femenino Copa "Rexona".

Tiro al vuelo

Club de la FACh. 10 horas: finales del Gran Circuito '91, en fosa olímpica y skeet, 50 platillos.

Tiro con arco

Estadio San Carlos de Apoquindo. 9 horas: torneo internacional postal "Rey Pelayo", damas y varones.

Velas

Cofradía Náutica del Pacífico de Algarrobo. 12.50 horas: largada de la regata oceánica Copa Primavera, sobre un track de 7 "piernas" (10 millas) tipo Copa América.

Algarrobo. 12 horas: penúltima jornada de la Copa "Tristán Aicardi" de láser.

Algarrobo. 12.50 horas: segunda regata de la clase aventura y trailerables.

Capítulo 2

VEJEZ Y JUVENTUD

Presentación del tema*

Tradicionalmente la familia tiene una importancia especial para los españoles. Cuando los norteamericanos hablan de «su familia», generalmente mencionan a su esposo o esposa y a sus hijos, y posiblemente a sus padres o hermanos. Cuando un español piensa en «su familia», piensa también en sus abuelos, tíos, primos, sobrinos y otros parientes. En parte esta diferencia se debe a la movilidad de la familia norteamericana. En España mucha gente nace, crece y muere en la misma ciudad. Típicamente las familias son unidas. Si uno tiene un problema o necesita tomar una decisión importante, habla con un pariente. En las fiestas, muchas veces, varias generaciones están presentes, desde los bebés hasta los bisabuelos. Hay gran respeto por la gente mayor.

Naturalmente las cosas están cambiando, sobre todo en las grandes ciudades. Hasta el año 1981, no existía el divorcio en España porque la Iglesia Católica tenía mucha influencia. Hoy muchos matrimonios se divorcian. El papel de la mujer también es diferente. Antes ella trabajaba sólo en la casa como esposa y madre. Hoy muchas españolas tienen un trabajo fuera de la casa. Antes los jóvenes obtenían su primer trabajo por medio de la familia o los amigos de la familia, pero ahora no es siempre así. A pesar de estos cambios, la tradición de la familia unida todavía es un factor importante en España y en los otros países hispanos.

> «*La juventud es levadura* (yeast) *moral de los pueblos.*»
> —*José Ingenerios,* **Las fuerzas morales**

Preguntas

1. Cuando los norteamericanos piensan en su familia, ¿en quiénes piensan? ¿y los españoles? ¿Por qué hay esta diferencia?
2. ¿Cree usted que siempre va a pasar la vida en la misma ciudad donde nació?
3. Si usted tiene un problema o necesita tomar una decisión importante, ¿con quién habla primero?
4. ¿Cuándo empezó el divorcio en España? ¿y aquí?
5. ¿Cómo era el papel de la mujer española en el pasado? ¿y hoy?
6. ¿Cree usted que el nuevo papel de la mujer es causa de algunos divorcios? Explique.
7. En tiempos pasados, ¿cómo obtenían muchos jóvenes su primer trabajo? ¿Cómo obtuvo usted su primer trabajo?
8. Para usted, ¿es importante la familia o no? ¿Por qué?

---

* The voice you hear in this section of the tape is that of a Spaniard from central Spain. Notice the pronunciation of the *z* and *c* before *e* and *i* as a *th* (as in teeth). A Latin American would pronounce these as an *s*.

Vocabulario útil: La familia

Cognados

el esposo (la esposa)
divorciarse (de)
el divorcio

La familia nuclear

el hermano (la hermana)	*brother (sister)*
el hijo (la hija)	*son (daughter)*
el marido	*husband*
el padre (la madre); los padres	*father (mother); parents*
el pariente (la parienta)	*relative*

La familia extensa

el abuelo (la abuela)	*grandfather (grandmother)*
el bisabuelo (la bisabuela)	*great-grandfather (great-grandmother)*
el nieto (la nieta)	*grandson (granddaughter)*
el primo (la prima)	*cousin*
el sobrino (la sobrina)	*nephew (niece)*
el tío (la tía)	*uncle (aunt)*

Verbos

casarse (con)	*to get married (to)*
crecer (zc)	*to grow, grow up*
morir (ue)	*to die*
nacer (zc)	*to be born*

Otras palabras

casado(a)	*married*
joven	*young*
la juventud	*youth*
la muerte	*death*
el nacimiento	*birth*
la niñez	*childhood*
unido(a)	*close, united*
la vejez	*old age*
viejo(a)	*old*

¡Ojo!

la boda, el casamiento *wedding (celebration, party)* / **el matrimonio** *matrimony, marriage; married couple*

embarazada *pregnant* / **avergonzado(a)** *embarrassed*

pedir *to ask for, request (something)* / **preguntar** *to ask (a question); (with* **por***) to inquire about*

soltero(a) *single* / **solo(a)** *alone* / **sólo, solamente** *only* / **único(a)** *unique, only*

> *«Uno es tan joven como sus ilusiones y tan*
> *viejo como sus recuerdos.»* —*proverbio*

Práctica

A. Las matemáticas de la familia. Complete las oraciones con las palabras apropiadas.

+	más
−	menos
=	es/son

MODELO: Mi padre + mi madre = _____.
Mi padre más mi madre son mis padres.

1. El esposo + la esposa + los _____ = una familia nuclear.
2. Mi abuelo + mi _____ = mis abuelos.
3. Un joven + 70 años de vida = un _____.
4. El _____ + la mujer = un matrimonio.
5. Mi tío + mi tía = mis _____.
6. Un soltero + una soltera + el casamiento = un _____.
7. Una madre + el nacimiento del _____ de su hijo (o de su hija) = una abuela y su nieto.
8. Mis padres, hermanos, abuelos, primos y tíos = mis _____.
9. Mi _____ y su esposo + el nacimiento de una hija = mi sobrina.
10. El abuelo de mi papá es mi _____.

B. Antónimos. Dé el antónimo de las siguientes palabras.

1. la niñez
2. morir
3. casarse
4. viejo
5. divorciado
6. el nacimiento
7. dar
8. orgulloso *(proud)*

C. Actividad en pareja: Hablando de la familia. Entreviste a un(a) compañero(a) sobre su familia. Después, su compañero(a) le entrevista a usted. Esté preparado(a) para hacer un comentario sobre la familia de su compañero(a).

1. ¿Viven todavía tus padres? ¿tus abuelos? ¿Dónde viven?
2. ¿Tienes hermanos? ¿Cuántos? ¿Cómo se llaman? (Si no tienes hermanos, ¿tienes primos? ¿Cómo se llaman?)
3. ¿Qué hacen tus hermanos (o primos)? ¿Dónde viven?
4. ¿A qué parientes ves a menudo *(often)*? ¿Dónde?
5. ¿Crees que tu familia es una familia unida o no? ¿Son muy independientes las personas de tu familia? Explica.

Para escuchar: En el autobús

Conversación 1: Para preguntar sobre la familia de otra persona; Expresiones de cortesía. Jessica Jones, una estudiante norteamericana, viaja de Bucaramanga, Colombia, a Bogotá, la capital, en autobús. En el autobús conoce al señor Miguel Gutiérrez.

A. Escuche la Conversación 1. ¿Cómo es el señor Gutiérrez? Conteste **V** (verdad) o **F** (falso).

El señor Gutiérrez...

_____ 1. es un joven de unos treinta años.

_____ 2. vive en Bucaramanga.

_____ 3. está divorciado.

B. Escuche la Conversación 1 otra vez. Escoja la mejor respuesta.

1. La familia del señor Gutiérrez es...
    a. grande y unida.　　b. pequeña pero unida.　　c. de Bogotá.
2. La nieta del señor Gutiérrez...
    a. vive en Cartagena.　　b. vive en Bogotá.　　c. vive en Canadá.
3. Casi todos los otros familiares del señor Guiérrez...
    a. están en Bucaramanga.
    b. están en Medellín.
    c. están en Bogotá.
4. Otra expresión para **No hay de qué** es...
    a. No hay permiso.　　b. No, gracias.　　c. De nada.

Conversación 2: Para describir a su propia familia; Despedidas. Jessica habla de su familia al señor Gutiérrez.

A. Escuche la Conversación 2. ¿Cómo es Jessica? Conteste **V** (verdad) o **F** (falso).

Jessica...

_____ 1. nació en Boston pero creció en Canadá.

_____ 2. tiene varios hermanos y hermanas.

_____ 3. quiere casarse con su novio canadiense.

B. Escuche la Conversación 2 otra vez. Escoja la mejor respuesta.

1. El hermano de Jessica tiene quince años y estudia...
    a. en la escuela secundaria.
    b. en la Universidad de Alberta.
    c. en la Universidad de Bogotá.
2. Jessica opina que en tiempos pasados las familias norteamericanas eran más...
    a. independientes.　　b. ricas.　　c. grandes.
3. Para el señor Gutiérrez, es triste ver a una mujer...
    a. sin dinero.　　b. sin padres.　　c. sin hijos.
4. Según el señor Gutiérrez, en sus tiempos todo era diferente y los jóvenes...
    a. no tenían tantos problemas.
    b. no tomaban tanto alcohol.
    c. no eran corteses.

5. Al final de la conversación, el señor Gutiérrez le dice a Jessica...
   a. Hasta pronto, si Dios quiere.
   b. Hasta el viernes.
   c. Hasta mañana.

Gramática y vocabulario

The preterit tense: Regular verbs; Use of the preterit

Regular and spelling-changing verbs

Regular verbs

The following chart shows the formation of the preterit of regular verbs.

Hablar		*Comer*		*Vivir*	
hablé	hablamos	comí	comimos	viví	vivimos
hablaste	hablasteis	comiste	comisteis	viviste	vivisteis
habló	hablaron	comió	comieron	vivió	vivieron

1. Notice that the endings for regular **-er** and **-ir** verbs in the preterit are the same. Also, notice that the **nosotros** forms of **-ar** and **-ir** verbs are the same in the preterit as in the present.

2. Stem-changing **-ar** and **-er** verbs are regular (**encontrar: encontré, encontraste,** etc.; **perder: perdí, perdiste,** etc.).

3. Stem-changing **-ir** verbs show the following changes in the third-person singular and plural of the preterit. The other forms are regular.

   e to **i**: pidió, pidieron   **o** to **u**: durmió, durmieron
   prefirió, prefirieron   murió, murieron
   siguió, siguieron
   sintió, sintieron
   sirvió, sirvieron

> «*La juventud termina cuando se apaga* (is extinguished) *el entusiasmo.*» —*José Ingenerios,* **Las fuerzas morales**

Spelling-changing verbs

Some verbs have spelling changes in the preterit.*

1. Changes in the first-person singular only (to preserve the sound of the infinitive), for verbs ending in **-gar, -car, -zar.**

   g to **gu**:   lle**gu**é, pa**gu**é, ju**gu**é
   c to **qu**:   to**qu**é, bus**qu**é, expli**qu**é
   z to **c**:   empe**c**é, go**c**é, comen**c**é

---

* For more information on spelling-changing verbs, see Appendix F.

2. Changes in the third-person singular and plural (for verbs that have stems ending in vowels):

a. a *y* is inserted between two vowels

le**y**ó, le**y**eron	cre**y**ó, cre**y**eron
o**y**ó, o**y**eron	constru**y**ó, constru**y**eron

b. the stem *e* is dropped, as in the verbs **reír** *(to laugh)* and **sonreír** *(to smile)*

rió, rieron	sonrió, sonrieron

Use of the preterit

The preterit is used for completed past actions, in general. It expresses a past act, state, or series of acts viewed as a completed unit of time.

Mi mamá nació y creció en Guatemala. Pero pasó la mayor parte de su vida en El Salvador.	*My mother was born and grew up in Guatemala. But she spent most of her life in El Salvador.*
El año pasado mi bisabuelo cumplió ochenta años y tuvimos una gran celebración.	*Last year my great-grandfather was eighty years old (turned eighty) and we had a big celebration.*

The preterit can also be used to focus on the beginning of an action, when the speaker or writer sees it as completed. This will be discussed further in the next section.

Ernesto habló a la edad de tres años.	*Ernesto talked (started talking) at three years of age.*

Práctica

A. Personas y acciones. Complete las oraciones con el pretérito de los verbos entre paréntesis.

1. Ayer (yo) _____ (recibir) dinero de mis papás, _____ (salir) de la casa y _____ (pagar) la cuenta.
2. Después (yo) _____ (volver) a casa, _____ (tocar) la guitarra y _____ (dormir) dos horas.
3. El lunes tú _____ (leer) un libro cómico y te _____ (reír) mucho.
4. El martes Elena _____ (escribir) una carta, _____ (comenzar) una novela y se _____ (dormir) temprano.
5. La semana pasada mis tíos les _____ (servir) una cena a sus amigos, _____ (beber) vino y se _____ (reír) mucho.
6. Anoche Chela y yo _____ (llegar) tarde al restaurante, _____ (tomar) una copa y _____ (pedir) enchiladas.
7. El año pasado mi amigo Gustavo _____ (encontrar) al amor de su vida y se _____ (casar) con ella.

B. Actividad en pareja: ¿Qué hiciste el verano pasado? Entreviste a un(a) compañero(a) sobre sus actividades del verano pasado, usando las frases que siguen. Después, su compañero(a) lo (la) entrevista a usted. Pase la información a la clase.

> MODELO: trabajar (¿dónde?)
> ESTUDIANTE 1: **El verano pasado, ¿trabajaste?**
> ESTUDIANTE 2: **Sí, trabajé.**
> ESTUDIANTE 1: **¿Dónde trabajaste?**
> ESTUDIANTE 2: **Trabajé en un banco.**
> ESTUDIANTE 1: **El verano pasado, Jason trabajó en un banco.**

El verano pasado...

1. estudiar (¿dónde? ¿mucho o poco?)
2. visitar a amigos o parientes
3. dormir ocho horas todas las noches
4. jugar (¿a qué deporte o juego?)
5. nadar (¿dónde?)
6. leer (¿qué?)
7. escuchar música (¿qué clase: folklórica, rock, country, jazz, clásica?)
8. encontrar al amor de su vida (¿cómo?, ¿dónde?)

The preterit tense: Irregular verbs

The following verbs are irregular; they all take the same endings, however.

andar:	anduv-	
estar:	estuv-	
haber:	hub-	
poder:	pud-	
poner:	pus-	**-e**
saber:	sup-	**-iste**
tener:	tuv-	**-o**
		-imos
hacer:	hic-	**-isteis**
querer:	quis-	**-(i)eron**
venir:	vin-	
conducir:	conduj-	
decir:	dij-	
traer:	traj-	

«*En el año 2040 España tendrá los mismos habitantes que un siglo antes—27 millones de personas—, pero un 30 por ciento será mayor de 65 años.*» Muy interesante, *marzo, 1993. La población de España está envejeciendo.*

The irregular form **hay** is from the verb **haber** and becomes **hubo** in the preterit.

Hay muchos accidentes en esa calle.	*There are many accidents on that street.*
Hubo un accidente grave ayer.	*There was a serious accident yesterday.*

Conducir, decir, and **traer** have an additional irregularity: in the third-person plural, the ending is **-eron** rather than **-ieron** (since the stem ends in **j**). The third-person singular of hacer is **hizo. Ser, ir,** and **dar** are also irregular. Notice that **ser** and **ir** have exactly the same forms in the preterit.

Ser, Ir		*Dar*	
fui	fuimos	di	dimos
fuiste	fuisteis	diste	disteis
fue	fueron	dio	dieron

Vocabulario útil: La vida y la muerte

La edad de las personas

anciano(a)	*elderly*
cumplir (veinte) años	*to turn (twenty) years old*
entrado(a) en años	*getting on in years*
la gente mayor	*older people*
¿Qué edad tienes (tiene usted)?	*What is your age?*
tener (veinte) años	*to be (twenty) years old*
¿Cuántos años tienes (tiene usted)?	*How old are you?*

La muerte

el antepasado (la antepasada)	*ancestor*
el cementerio	*cemetery*
la memoria, el recuerdo	*memory*
el velorio	*wake, vigil*
el viudo (la viuda)	*widower (widow)*

Otras palabras

aconsejar	*to advise*
el compadre, la comadre	*close friend who is expected to help in times of trouble*
llorar	*to cry*
reír(se)	*to laugh*
rezar	*to pray*
el vecino, la vecina	*neighbor*

Práctica

A. ¿Qué hicieron? La mayor parte de los estudiantes de América del Norte y del Sur conocen la historia de los siguientes personajes famosos. Haga oraciones acerca de ellos, usando el pretérito.

> **MODELO:** Atahualpa, el Inca: darles mucho oro y plata a los españoles
> **Atahualpa, el Inca, les dio mucho oro y plata a los españoles.**

1. Cristóbal Colón: crecer en Italia; ir a las Américas en 1492
2. El Greco: nacer en Grecia; morir en Toledo; pintar la *Vista de Toledo*
3. Hernán Cortés: conducir once naves *(ships)* con quinientos soldados a México; hacer prisionero a Moctezuma y conquistar a los aztecas
4. Vasco Núñez de Balboa: hacer un viaje a través del Istmo de Panamá y descubrir el Océano Pacífico
5. Isabel I (la Católica): querer convertir a sus súbditos *(subjects)* a la religión católica
6. José de San Martín, el Libertador: viajar a través de los Andes y libertar a Chile
7. Miguel de Cervantes: escribir *Don Quijote*

B. Las posadas.* Ayer fue el último día de las posadas. Para saber qué hicimos, cambie las oraciones al pasado, usando el pretérito.

1. Hay una procesión.
2. Llevamos velas, o candelas.
3. Un señor hace el papel de José, y una señora hace el papel de María.
4. Llegamos a la puerta de los padrinos (los que pagan la fiesta).
5. «José» y «María» tocan a la puerta.
6. Piden alojamiento *(lodging)* en la «posada».
7. El padrino acepta.
8. Entramos todos.
9. Sirven una gran cena; ponen tamales y un gran pavo *(turkey)* en la mesa.
10. Yo como mucho; por fin, no puedo comer más.
11. El tío Rodolfo trae una piñata para los niños.
12. Mucha gente va a misa *(mass)*, reza y canta canciones religiosas.

C. De la cuna a la tumba *(From cradle to grave)*. El autor mexicano Octavio Paz observa que mientras el tema de la muerte «quema los la-

---

* In Mexico, the **posadas** (literally, inns) is a celebration that lasts for nine consecutive nights, beginning on December 16. People take the roles of Joseph and Mary and go from house to house singing songs and asking for lodging for the Christ child. On the last night, Christmas Eve, there is a big celebration.

bios *(burns the lips)*» del norteamericano, es un tema frecuente entre los hispanoamericanos: «... [la vida y la muerte] son inseparables. La civilización que niega *(denies)* a la muerte niega a la vida.» Complete las siguientes oraciones, usando los verbos entre paréntesis en el pretérito.

Cuando ____(1)____ (morir) don Esteban, padre de mi mejor amiga, ____(2)____ (ir/nosotros) a su casa por la noche para el velorio. ____(3)____ (tener/yo) que ayudar a mi amiga a servir café y dulces a los amigos. Todos ____(4)____ (hablar/ellos) y ____(5)____ (recordar) bien a don Esteban pues «____(6)____ (ser/él) un hombre que jamás ____(7)____ (hacer) mal a nadie.» Al amanecer,° la gente ____(8)____ (empezar) a irse; al día siguiente, los amigos ____(9)____ (volver) a reunirse para ir al cementerio...

Al... *At dawn*

Al día siguiente del entierro° ____(10)____ (comenzar) el novenario. Durante nueve días nos reunimos en casa de doña Esperanza, la viuda, y ____(11)____ (rezar) por el alma° de su marido. Al noveno día, fin del novenario, ____(12)____ (hacer/nosotros) una gran cena y ____(14)____ (venir) vecinos y amigos. Algunos ____(13)____ (traer) a sus hijos, a quienes—como es costumbre en los novenarios—doña Esperanza ____(15)____ (dar) dulces y caramelos.

funeral

soul

Ayer ____(16)____ (ser) el 2 de noviembre, Día de los Muertos. Yo ____(17)____ (ir) con mi familia a visitar a una tía que había pasado a mejor vida° y allí ____(18)____ (ver/nosotros) a doña Esperanza y su familia. Ellos, como nosotros, ____(19)____ (llegar) al cementerio muy temprano, ____(20)____ (llevar) flores para sus muertos, ____(21)____ (estar) allí todo el día, ____(22)____ (hablar), ____(23)____ (recordar) a sus muertos y, después de un día con ellos, ____(24)____ (volver) a sus casas contentos y consolados.°

que... *who had "gone to a better life"*

consoled

The imperfect tense

Formation of the imperfect

Regular verbs

To form the imperfect of regular verbs, the **-ar, -er,** or **-ir** is dropped from the infinitive, and the endings shown in bold in the following chart are added to the stem.

Hablar		*Comer*		*Vivir*	
habl**aba**	habl**ábamos**	com**ía**	com**íamos**	viv**ía**	viv**íamos**
hablabas	hablabais	comías	comíais	vivías	vivíais
hablaba	hablaban	comía	comían	vivía	vivían

Notice that the irregular form **hay** (from the verb **haber**) is regular in the imperfect:

Había muchos jóvenes en la fiesta.	*There were many young people at the party.*

Irregular verbs

There are only three irregular verbs in the imperfect: **ser, ir,** and **ver.**

Ser		*Ir*		*Ver*	
era	éramos	iba	íbamos	veía	veíamos
eras	erais	ibas	ibais	veías	veíais
era	eran	iba	iban	veía	veían

Use of the imperfect

1. The imperfect is used to describe a state of events that existed for some time in the past—or for actions that occurred repeatedly over a given time frame, habitual past actions. Duration of time is emphasized with the imperfect.

Mi papá y mi abuelo siempre me decían que la vida era dura.	*My father and grandfather always told me that life was hard.*

2. The imperfect is used to tell that something *used to happen* or *was happening* (even though the action may have ended later).

Íbamos a la casa de mis primos todos los veranos.	*We would (used to) go to my cousins' house every summer.*
Mi padrino trabajaba solo en la casa ayer.	*My godfather was working home alone yesterday.*

3. The imperfect, rather than the preterit, is generally used to describe mental or emotional states, including plans or intentions.

Isabel no estaba contenta porque su primita, que era muy mal educada, iba a visitarlos.

Isabel was not happy because her little cousin, who was very spoiled, was going to visit them.

Eva pensaba en su novio, José, cuando él la llamó.

Eva was thinking about her boyfriend, José, when he called her.

4. The imperfect is also used to describe what was going on when another action occurred; the latter action is usually in the preterit.

Mirábamos televisión cuando llegó el tío Jorge.

We were watching television when Uncle Jorge arrived.

5. The imperfect is used to tell time in the past, or the age of a person.

Eran las nueve de la mañana cuando me dieron la noticia del nacimiento de mi hija.

It was nine o'clock in the morning when they gave me the news of my daughter's birth.

Matilde, tenías dieciocho años cuando te conocí, ¿no?

Matilde, you were eighteen years old when I met you, right?

Práctica

A. Historia verdadera de un anciano. Hace varios años *(Several years ago)*, la Prensa Asociada *(Associated Press)* publicó una entrevista con un mexicano de noventa años de edad que estaba a punto de *(on the point of)* casarse con una mujer de veinticinco años. Era su esposa número treinta y uno. Cuando le preguntaron cuál era el secreto de su

> «*En 1930 un varón recién nacido en México tenía una probabilidad del 22 por ciento de llegar a los 65 años de edad, mientras que para 1990 esa probabilidad era del 67 por ciento . . .*» —**El observador**, *el 4 de octubre, 1993. Y para una niña, la probabilidad era del 80 por ciento.*

longevidad, dio las repuestas que siguen. Cambie los verbos al tiempo pasado, usando el imperfecto.

1. Tomo coñac todos los días.
2. Como carne y pescado crudos *(raw)*.
3. No fumo cigarrillos; prefiero cigarros.
4. Paseo una hora todos los días.
5. Trabajo mucho.
6. En general, estoy contento.
7. Uso miel *(honey)* en vez de azúcar.
8. Vivo bien; no vegeto *(vegetar)*.
9. De vez en cuando voy al hospital y veo al médico.

¿Cree que su médico le aconsejaba vivir así? ¿Vivió alguno de los antepasados de usted más de noventa años? ¿Cuál era el secreto de su vitalidad?

> «*Locos y niños dicen la verdad.*» —*proverbio*

 B. Actividad en pareja: ¿Qué hacías en tu niñez? Entreviste a un(a) compañero(a). Su compañero(a) lo (la) entrevista a usted. En forma alternada, una persona lee las preguntas de la columna A y la otra persona las de la columna B. Después de unos minutos, escriba un breve resumen de la información recibida.

MODELO: ESTUDIANTE 1: En tu niñez, ¿con quiénes jugabas? ¿con tus primos? ¿con los otros niños que vivían cerca? ¿Dónde jugaban generalmente?

ESTUDIANTE 2: **No tengo primos. En mi niñez, jugaba mucho con mi hermana Judy. Jugábamos en el parque.**

ESTUDIANTE 1: **Amy no tiene primas. Cuando era niña jugaba mucho con su hermana Judy en el parque.**

A	*B*
1. En tu niñez, ¿con quiénes jugabas? ¿Con tus primos? ¿Dónde jugaban generalmente?	1. ¿Vivías en un pueblo o en una ciudad? ¿Cómo se llamaba? ¿Te gustaba?

2. ¿Qué parientes considerabas interesantes o importantes? ¿Por qué? ¿Cuántos años tenían?

3. ¿Qué edad tenías cuando saliste por primera vez con un(a) muchacho(a)? ¿Adónde fueron? ¿al cine?

2. ¿Tenías contacto con personas entradas en años? ¿Qué pensabas de ellas?

3. ¿Adónde ibas generalmente los sábados por la tarde cuando tenías diez u once años? ¿Con quiénes? ¿Qué hacían allí?

The preterit versus the imperfect

Contrast between the preterit and the imperfect

1. The choice between the preterit and the imperfect depends upon how the speaker or writer views the situation. If he or she is focusing on just the beginning or end of an action or sees it as definitely completed, the preterit is used. But to emphasize its duration, the imperfect is used. Compare:

Vio a Juana y empezó a decir algo.

He saw Juana and began to say something. (beginning of an action that is viewed as completed)

Vio a Juana y empezaba a decir algo (cuando entré).	*He saw Juana and was beginning to say something (when I came in). (incomplete action; something else is going to happen)*
¿Qué hizo usted ayer a la una?	*What did you do yesterday at one o'clock? (emphasizing completion of action)*
¿Qué hacía usted ayer a la una?	*What were you doing yesterday at one o'clock? (emphasizing duration of action)*

2. In general, the preterit is used to narrate and the imperfect to describe. Often when telling a story, the speaker or writer sets the stage with the imperfect, describing what was going on, then switches to the preterit to relate the action. For example:

Había mucha gente en la fiesta. Gustavo y sus amigos **estaban** contentos. **Bailaban** y **tomaban** cerveza. De repente *(Suddenly),* **se abrió** la puerta y **entraron** los padres de Gustavo, furiosos.

Even though two of the first four verbs are action verbs, they are all in the imperfect because the intention of the writer is obviously to describe the scene. Why are the last two verbs in the preterit? How would you translate the passage?

Now you can see why the imperfect is always used to tell time or the age of a person in the past (and usually to express emotional or mental states), since these are description, not narration of action:

Eran las tres en punto cuando salimos.	*It was exactly three o'clock when we left.*
Abuelita tenía quince años cuando se casó.	*Grandma was fifteen when she got married.*
Marta salía con José pero realmente quería a Adolfo.	*Marta was dating José, but really loved Adolfo.*

3. To express a repeated or habitual action in the past, the imperfect is generally used.

Visitábamos a mis abuelos todos los veranos.	*We visited my grandparents every summer.*

However, when there is a reference to a specific number of times, the preterit is used since it is clear that the action is completed. Compare:

Cuando vivía en Santiago, iba al centro (todos los días, mucho).	*When I was living in Santiago, I used to go downtown (every day, a lot).*

Cuando vivía en Santiago, fui al centro tres veces.	*When I lived in Santiago, I went downtown three times.*

It is possible, however, to use the preterit in the first example if the context is one that implies viewing the repeated action as complete: **¿Fuiste al centro el mes pasado? —Sí, fui al centro muchas veces.**

Verbs with different meanings in the preterit and imperfect

Some verbs have distinct differences in meaning depending upon whether they are used in the preterit or imperfect. The meaning intended determines which of the two tenses must be used.

Verb	*Preterit*	*Imperfect*
conocer	*to meet for the first time*	*to know, be acquainted with*
saber	*to find out*	*to know (facts or procedures)*
querer	*to try;* in the negative, *to refuse*	*to love, want*
poder	*to manage* or *succeed in;* in the negative, *to try and fail*	*to be able*

Conocíamos a la familia Toruño.	*We were acquainted with the Toruño family.*
Conocimos a la familia Toruño (el mes pasado).	*We met the Toruño family (last month).*
Sabía que mi esposa estaba embarazada—¡era obvio!	*I knew my wife was pregnant—it was obvious!*
Supe que mi esposa estaba embarazada—¡qué buena noticia!	*I found out my wife was pregnant—what good news!*
Querían adoptar a un niño.	*They wanted to adopt a child.*
Querían adoptar a un niño (pero no pudieron).	*They tried to adopt a child (but they weren't able to).*
No quisieron adoptar al niño.	*They refused to adopt the child.*
Cuando era joven, tío Pepe podía correr cuatro kilómetros sin problemas.	*When he was young, Uncle Pepe could (was able to) run four kilometers without any trouble.*
Después de mucha práctica, tío Pepe pudo correr cuatro kilómetros.	*After a lot of practice, Uncle Pepe managed to (succeeded in, was able to) run four kilometers.*
El pobre tío Pepe no pudo correr cuatro kilómetros.	*Poor Uncle Pepe wasn't able to run four kilometers (he tried and failed).*

Notice that in these examples the preterit refers to a specific, limited time in the past, while the imperfect refers to a general time frame in the past. Learn the meanings of **saber, conocer, querer,** and **poder** in the preterit and imperfect—the distinctions can be very important!

Práctica

A. **Buenas intenciones.** La semana pasada Maribel tenía la buena intención de hacer muchas cosas, pero por algún motivo *(reason)* no las hizo. Diga cuál fue la causa, de acuerdo con el modelo. (En algunas oraciones puede usar el pretérito o el imperfecto en la cláusula *[clause]* con **pero.**)

> MODELOS: pensar terminar una composición, pero no tener su máquina de escribir
> **Pensaba terminar una composición, pero no tenía su máquina de escribir.**
>
> querer empezar una clase de ejercicios, pero perder el horario *(schedule)*
> **Quería empezar una clase de ejercicios, pero perdió el horario.**

1. querer hablar con su profesor de historia, pero él no estar en su oficina
2. pensar almorzar con una amiga, pero la amiga tener que trabajar ese día
3. pensar visitar a una amiga en el hospital, pero no saber a qué hora ir
4. pensar ayudar a su amiga a pintar, pero olvidar llamarla
5. ir a estudiar para el examen de inglés, pero salir tres noches seguidas con sus amigos y no hacerlo
6. pensar hacerles una cena a unos amigos, pero ellos no poder venir

A propósito, ¿tenía usted la intención de hacer algo que no hizo la semana pasada? ¿Qué? ¿Por qué no lo hizo?

> «*Los niños son la esperanza del mundo.*» —*José Martí*

B. **Recuerdo de la niñez.** Complete el siguiente párrafo, usando el pretérito o el imperfecto de los verbos entre paréntesis.

Cuando yo ___(1)___ (ser) pequeña, frecuentemente ___(2)___ (pasar) los fines de semana con mis abuelos. Generalmente los domingos nosotros ___(3)___ (ir) a una plaza y allí ellos siempre me ___(4)___

(contar) historias acerca de su juventud. Un día mi abuela me
___(5)___ (decir) que ellos prácticamente ___(6)___ (crecer) juntos,
porque sus padres ___(7)___ (ser) vecinos y compadres. Ella sólo
___(8)___ (tener) dieciocho años cuando se ___(9)___ (casar), pero
ya ___(10)___ (saber) cocinar muy bien. Me ___(11)___ (explicar) que
en aquellos días muy pocas mujeres ___(12)___ (ir) a la universidad o
___(13)___ (trabajar) fuera de casa. Las mujeres casi no ___(14)___
(salir) excepto para ir al mercado o a la iglesia. ¡Qué suerte que yo
___(15)___ (nacer) cuarenta años más tarde!

C. Traducción

1. I knew Manuel.
2. I met Manuel.
3. We found out that the old man was ninety.
4. They managed to go to the wedding *(la boda)*.
5. My aunt and uncle refused to go.
6. We couldn't find the married couple.
7. María knew that my cousin had a boyfriend *(novio)*.
8. I tried to run two kilometers.
9. They wanted to help Alfredo.

> «*Yo no creo en la edad.*
> *Todos los viejos*
> *llevan*
> *en los ojos*
> *un niño,*
> *y los niños*
> *a veces*
> *nos observan*
> *como ancianos profundos.*»
> —*Pablo Neruda, "Oda a la edad"*

D. Sor Juana. Cambie al pasado el siguiente párrafo sobre la vida de la poeta Sor Juana Inés de la Cruz. (Cambie solamente los verbos en bastardilla.)

Sor Juana Inés de la Cruz, la gran poeta mexicana, (1) *nace* en 1651 cerca de la ciudad de México. (2) *Es* hija natural,° de padres españoles. (3) *Aprende* a leer a los tres años. A los siete años (4) *quiere* ir a la universidad vestida de muchacho porque las muchachas no (5) *pueden* entrar, pero su mamá no le (6) *da* permiso y no (7) *puede* hacerlo. Poco después (8) *va* a la capital a vivir con unos parientes, y a los catorce años éstos la (9) *hacen* dama de compañía° en la corte del virrey.° En esa época, las mujeres (10) *tienen* dos opciones: casarse o entrar en el convento. Aunque (11) *es* brillante, hermosa y muy popular

illegitimate

dama... *lady in waiting* / **corte...** *viceroy's court*

por su personalidad carismática, Juana (12) *decide* dejar la vida social y entrar en un convento. Allí (13) *escribe* prosa y poesía, y su fama de intelectual (14) *crece* por el mundo entero. Cuando el obispo° de Puebla la (15) *critica* porque (16) *pasa* mucho tiempo estudiando y escribiendo, Sor Juana (17) *escribe* una brillante defensa del derecho° de la mujer a participar en actividades intelectuales y culturales. Sin embargo,° pocos años antes de su muerte Sor Juana (18) *tiene* una profunda crisis espiritual. Entonces (19) *abandona* sus estudios, (20) *vende* su biblioteca de cuatro mil libros y (21) *empieza* su dedicación a los estudios religiosos. (22) *Muere* en 1695 durante una epidemia, pero sus obras siguen viviendo y proclamando su imaginación, su valentía° y su brillantez.

bishop

right

However

courage

E. Una abuela cuenta la historia de su vida. Escoja el pretérito o el imperfecto de los verbos. Lea el párrafo primero para comprender el contexto general.

Soy Victoria González, del Paraguay, y tengo ochenta u ochenta y un años. No sé exactamente en qué año (1) nací / nacía, pero (2) tuve / tenía unos quince años cuando (3) tuve / tenía mi primera hija en 1928. Mi niñez fue muy triste. Mi mamá (4) murió / moría cuando yo (5) tuve / tenía unos cuatro años, y mi hermano y yo (6) fuimos / íbamos a vivir con una comadre de ella. (7) Fuimos / Éramos muy pobres. (8) Supimos / Sabíamos que (9) hubo / había una escuela cerca

de la casa, pero no (10) podíamos / pudimos ir porque (11) tuvimos / teníamos que trabajar. Cuando yo (12) tuve / tenía unos once o doce años (13) trabajé / trabajaba en casa de unos señores ricos. Me (14) trataron / trataban muy mal. Recuerdo que todas las noches lloraba y pedía consuelo a Dios. Un día (15) conocí / conocía a José, un joven alegre y muy bueno. Yo sólo (16) tuve / tenía catorce años pero (17) decidí / decidía dejar la casa donde (18) viví / vivía y me (19) escapé / escapaba con él. (20) Quise / Quería mucho a José. (21) Tuvimos / Teníamos tres hijos y ésos (22) fueron / eran los años más felices de mi vida. Mis hijos y nietos (23) pudieron / podían estudiar en la universidad y todos lo (24) hacían / hicieron. Ahora tengo un bisnieto *(great-grandson)* que algún día me va a enseñar a leer y a escribir.

Hacer + time expressions

1. To indicate that an action began in the past and continues into the present, the following construction is used:

> **hace** + time period + **que** + clause in present tense
> or
> clause in present tense + **(desde) hace** + time period

Hace muchos años que gozan de buena salud.
Gozan de buena salud desde hace muchos años.

They have been enjoying good health for many years (they still are).

Hace seis meses que no como carne.
No como carne desde hace seis meses.

I haven't eaten meat for six months (and do not eat meat now).

> **Un chiste:**
> —*¿Qué tal tu hijo, Ana?*
> —*Está grande. Hace tres meses que camina.*
> —*¡Oh! ¡Debe estar bien lejos!*

2. To indicate that an action began in the past and continued until some later time in the past, this construcion is used:

> **hacía** + time period + **que** + clause in imperfect tense
> or
> clause in imperfect tense + **(desde) hacía** + time period

Hacía diez años que mis padres
   estaban casados cuando yo
   nací.
Mis padres estaban casados
   (desde) hacía diez años
   cuando yo nací.

*My parents had been married for
ten years when I was born.*

This construcion generally implies that the action or event was inter-
rupted by something else (that it had been going on when . . .). The
later event (in the clause with *when*) is usually in the preterit.

3. To ask how long an action or situation has (had) been going on, use:

> ¿Cuánto tiempo hace (hacía) que (no)...?
> or
> ¿Hace (Hacía) mucho tiempo que (no)...?

¿Cuánto tiempo hace que está
   casado?

How long has he been married?

¿Hace mucho tiempo (unos
   años) que está casado?

*Has he been married for a long time
(for a few years)?*

¿Cuánto tiempo hacía que
   vivías en Santiago cuando
   entraste a la universidad?

*How long had you been living in
Santiago when you went to the
university?*

¿Hacía mucho tiempo que vivías en Santiago cuando entraste a la universidad?	*Had you been living in Santiago for a long time when you went to the university?*
¿Cuánto tiempo hace que no miras televisión?	*How long have you not been watching television?*
¿Cuánto tiempo hace que no vas al teatro?	*How long has it been since you went to the theater?*

4. **Hace** can also mean *ago* when the main verb is in the past tense.

Se casaron hace dos semanas. Hace dos semanas que se casaron.	*They got married two weeks ago.*
Don Ernesto nació hace 107 años. Hace 107 años que don Ernesto nació.	*Don Ernesto was born 107 years ago.*
¿Cuánto tiempo hace que le escribió a su abuelo?	*How long ago did he write to his grandfather?*

Práctica

A. Un esclavo (slave) de la rutina. Fernando nunca hace nada fuera de lo común. De acuerdo con el modelo, conteste las preguntas que le hace su amigo Juan.

> MODELO: JUAN: ¿Juegas al fútbol?
> FERNANDO: **No, hace mucho tiempo que no juego al fútbol.**

1. ¿Juegas al tenis?
2. ¿Vas al cine?
3. ¿Tocas el piano?
4. ¿Bailas?
5. ¿Visitas a tu amigo Raúl?
6. ¿Vas de vacaciones?

Complete esta oración: **Hace mucho tiempo que yo no...**

B. Hace... Siga los modelos.

> MODELOS: Hoy es... No toco la guitarra desde *(since)* el lunes.
> **Hoy es miércoles. Hace dos días que no toco la guitarra.**
>
> Estamos en... Se casaron en julio.
> **Estamos en enero. Hace seis meses que se casaron.**

1. Ahora estamos en... No nado desde agosto.
2. Ahora estamos en... Vivo en esta ciudad desde julio.
3. Ahora son las... Vine a clase a las diez.

4. Hoy es... Mi novio(a) no me llama desde el martes.
5. Ahora estamos en... Salieron para España en octubre.
6. Ahora es el... del mes. No hago ejercicios desde el 2.
7. Ahora estamos en... No veo a mi mejor amigo desde abril.
8. Hoy es el... del mes. El veinte tuvimos examen.

C. Actividad en pareja: Entrevista. Entreviste a un(a) compañero(a), usando las preguntas que siguen. En forma alternada, una persona hace la pregunta en español y la otra persona le contesta con una oración completa. Esté preparado(a) para hacer un comentario sobre las respuestas que su compañero(a) le dé.

> MODELO: How long have you known your best friend?
> **¿Cuánto tiempo hace que conoces a tu mejor amigo(a)?**
> **Lo (La) conozco desde hace seis años. (Hace seis años que lo [la] conozco.)**

1. How long have you known your Spanish teacher?
2. How long have you lived in this city?
3. How long have you been studying at this university?
4. How long ago did you learn to talk? To read?
5. What were you doing a year ago? Six hours ago? An hour ago?
6. How long ago did you write to your parents? How long ago did you talk to them?
7. What was your earliest memory? How long ago did it (that) happen?

> «*Sólo los padres dominan el arte de enseñar mal a sus hijos.*» —*E. Jardiel Poncela*

En otras palabras...

Para hablar de la familia; Expresiones de cortesía; Despedidas

Para hablar de la familia

In both conversations of the **Para escuchar** section, you heard a variety of ways to ask about someone else's family and describe your own.

Expresiones de cortesía

In Hispanic society, it is important to show respect for someone older than oneself. The forms **don** and **doña,** used with a first name, indicate respect; they are generally used with people you know well. The words **señor, señora,** and **señorita** are used in direct address to show respect or deference, and the **usted** form is normally used with these titles. (You would not use a first name with someone older unless you knew them quite well and used **don** or **doña** plus the first name; you would instead address them as **señor** or **señora.**) Another very important way to indicate respect is to use polite expressions. Here are a few very common polite expressions useful in interaction with people of all ages:

Con permiso. *(when passing in front of someone, breaking away from a conversation temporarily, eating something in front of someone, and so forth; used when asking someone's permission to do something)*

Perdón. Perdóneme. Discúlpeme. *(when you've said or done something for which you are apologizing)*

¡Salud! ¡Buen provecho! *Cheers! Enjoy your meal!*

Por favor. Gracias. Mil (Muchas) gracias. De nada. No hay de qué.

Despedidas

Here are some ways to end a conversation; as you will see, some are more polite, or formal, than others.

1. on the street, at school, and so forth

   Adiós. Hasta luego. Hasta la vista. Hasta mañana (otro día, el viernes, la semana que viene, etcétera).
   ¡Chau! *(used mainly in the Southern Cone of South America)*
   Bueno, nos vemos. *Well, see you (informal).*
   Feliz fin de semana.
   Tengo que irme, pero te llamo mañana (la semana que viene, etcétera).
   ¡Que le (te) vaya bien!

2. at a party

   Fue un gusto conocerlo(la). Fue un gusto hablar con usted. *(formal)*
   Gracias por venir.
   Con permiso, necesito tomar algo (tengo que ir a preparar el café, etcétera).

Práctica

A. ¿Qué se dice? ¿Qué diría usted *(would you say)* en las siguientes situaciones?

1. Usted conoce al Padre Alfonso, un sacerdote *(priest)* colombiano, en el tren que va de Bogotá, Colombia a Quito, Ecuador. Ustedes charlan durante varias horas. Luego el tren llega a Quito.
2. Corre por la calle porque quiere volver a casa a ver un partido de fútbol americano que empieza pronto. Ve a su amiga Alicia que también pasa por la calle en este momento.
3. Usted está con unos amigos. El teléfono suena *(rings)*. Necesita ir a contestarlo.

B. Situaciones. ¿Qué cree usted que están diciendo las personas que están en los siguientes dibujos?

1.
2.
3.
4.
5.
6.

Repaso

A. El misterio de la vida. Complete el siguiente párrafo con las formas apropiadas de los verbos entre paréntesis.

Tres ancianos _____(1)_____ (hablar) y filosofaban sobre el misterio de la vida. Dijo el primero, «Habla más fuerte; hace dos años que ____(2)____ (estar) casi sordo.°» «Yo ____(3)____ (perder) la vista° hace seis meses,» ____(4)____ (gritar°) el segundo. Contó el tercero, «Yo ____(5)____ (te-

deaf / vision
shout

ner) un accidente de automóvil hace tres años. Hacía un mes que
____(6)____ (estar) en el hospital cuando ____(7)____ (saber) que mi esposa estaba enferma. Ahora nosotros ____(8)____ (gozar) de buena salud, pero no sé por qué quiere Dios que sigamos viviendo.» «No debes decir eso, Paco,» ____(9)____ (decir) el segundo. «El Señor tiene sus motivos, y si todavía te tiene aquí es porque te ha reservado alguna tarea.° » Paco se quedó en silencio por espacio de un minuto y al fin ____(10)____ (declarar), «Pues, no la voy a hacer.»

task

B. Traducción.

1. I was embarrassed.
2. My grandfather used to swim with me on Saturdays.
3. Was she laughing or crying?
4. He was unmarried last year, but he has been married for six months.
5. Did you (**tú**) know he has a cousin here? I found out yesterday.
6. Miguelito started to talk a week ago.

C. Composición estructurada: *Los buenos tiempos pasados.* Mucha gente dice que hace una o dos generaciones la vida era mejor. Hablan de los «buenos tiempos pasados» *(good old days)*. ¿Es mito o realidad este concepto? Escriba un párrafo sobre este tema, según las siguientes instrucciones.

1. En la primera oración, diga si usted está de acuerdo o no con la idea de los «buenos tiempos pasados» cuando, según dicen, la vida era mejor.
2. Describa cinco o seis aspectos de la vida de hoy y compárelos con la vida de sus padres o abuelos. Por ejemplo:

   Mis abuelos no fueron a la universidad pero yo sí voy.
   No había muchos crímenes cuando mis padres eran niños, pero ahora hay muchos.

3. Exprese su propia opinión sobre las diferencias principales entre la vida de ahora y la vida de aquel entonces *(back then)* en una o dos oraciones de conclusión.
4. Invente un título interesante para su párrafo.

Capítulo 3

LA PRESENCIA LATINA

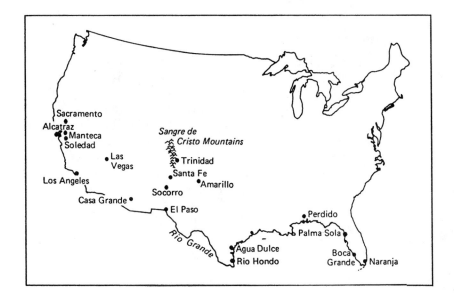

Presentación del tema

Cuando llegaron los angloamericanos al suroeste de Estados Unidos en el siglo XVIII, encontraron una cultura hispana* ya bien establecida. Como los españoles llegaron antes que los anglos a estas regiones, muchos de los nombres geográficos de allí son españoles.

Hoy en día unos 20 millones de latinos son ciudadanos o residentes legales de Estados Unidos. El 62 por ciento es de ascendencia mexicana; 2.4 millones son puertorriqueños. Puerto Rico es un «estado libre asociado» y todos los puertorriqueños son ciudadanos estadounidenses. En 1959, Fidel Castro subió al poder en Cuba y, como consecuencia, mucha gente salió de la isla y vino a Estados Unidos. La mayor parte de los cubanos vive en la Florida y, en particular, en Miami, donde establecieron una comunidad muy próspera. Muchos expertos predicen que para el año 2010 habrá unos 30 millones de hispanos en el país, es decir un 11 por ciento de la población de Estados Unidos.

Es imposible saber cuántos latinos indocumentados viven en Estados Unidos, pero hay millones. En 1986, el Congreso aprobó una ley para legalizar a los indocumentados que llegaron antes de 1982. La gran mayoría es de México y Centroamérica. Estos inmigrantes cruzan el Río Bravo (*Río Grande,* en inglés) o entran por los estados del suroeste de Estados Unidos en busca de una vida mejor o para escapar de la persecución política.

Hay gente que cree que la presencia del inmigrante latino representa una amenaza *(threat)*. Pero, como dice David Hayes-Bautista (un profesor famoso por sus estudios de los latinos en Estados Unidos):

«... Los latinos aportan *(bring)* mucho a la nación.... Los latinos son mucho más activos en la fuerza laboral que cualquier otro grupo. Al latino le agrada *(enjoys, likes)* trabajar, y trabaja con gusto. La familia es de gran importancia para el latino.... Se preocupa mucho por la vida espiritual de sus hijos. Es importante que sus hijos sepan llevar una vida sana, respetuosa, honrada y trabajadora. Además, el latino siente gran patriotismo hacia Estados Unidos. En una gran desproporción, considerables latinos han ganado la Medalla de Honor del Congreso.»

—*Más,* enero-febrero, 1991, página 49

---

* There is disagreement about the terms **latino** and **hispano** among people of Spanish or Latin American descent in the United States and Canada today. Most prefer being identified by their country of origin (e.g., **méxico-americano, cubano-americano,** or **puertorriqueño-americano**). Some prefer **latino;** others prefer **hispano.** Both **latino** and **hispano** will be used in this chapter instead of the rather long term **"español o latinoamericano,"** with apologies.

Vocabulario útil: inmigrantes y viajeros

La inmigración

la adaptación	adjustment
la ascendencia	ancestry, descent
el barrio, el vecindario	neighborhood
el ciudadano (la ciudadana)	citizen
extrañar	to miss, feel nostalgia for
salir adelante (con)	to get ahead, to cope (with)

El trabajo

el (des)empleo	(un)employment
el éxito	success
tener éxito	to be successful
la fábrica	factory
el, la jefe (also, la jefa)	boss
el puesto	job

Palabras descriptivas (Antónimos)

agradable	pleasant	**desagradable**	unpleasant
extraño(a)	strange	**típico(a)**	typical
lindo(a), hermoso(a)	lovely	**feo(a)**	ugly
pintoresco(a)	picturesque		
maravilloso(a)	marvelous	**insoportable**	unbearable
estupendo(a)	great	**horrible**	horrible
moderno(a)	modern	**antiguo(a)**	old, ancient; former

Cognados

adaptarse (a)
escapar (de)
indocumentado(a)
la oportunidad
la persecución
sufrir discriminación

¡Ojo!

bajo(a) short (not tall) / **corto(a)** short (not long) / **breve** short, brief
largo(a) long / **grande** large, great
la mayoría majority / **la mayor parte** most
la minoría minority / **el grupo minoritario** minority (group)

Preguntas

1. ¿Quiénes llegaron primero al suroeste de Estados Unidos, los angloamericanos o los españoles?
2. ¿Sabe usted traducir al inglés las palabras españolas que están en el mapa en la página 57? (Las respuestas están en el vocabulario al final del libro.)
3. ¿Qué otros nombres geográficos de origen español conoce usted?
4. ¿De qué ascendencia es la mayoría de los latinos que viven en Estados Unidos?
5. ¿Por qué hay muchos puertorriqueños en Estados Unidos?
6. ¿Dónde vive la mayor parte de los cubanos que salieron de Cuba, y qué se establecieron allí?
7. En su opinión, ¿sufren mucha o poca discriminación los hispanos que viven en Estados Unidos? ¿Por qué?
8. ¿Por qué entran ilegalmente muchos inmigrantes latinos? ¿Qué piensa usted de ellos?
9. ¿Qué hizo el Congreso en 1986? ¿Fue una solución al problema de los indocumentados o no? Explique.

Práctica

A. Antónimos. Dé el antónimo de cada palabra o expresión.

1. lindo	4. la menor parte	7. típico	10. pequeño
2. el empleo	5. el indocumentado	8. olvidar	11. alto
3. breve	6. el empleado	9. horrible	12. la minoría

B. Sinónimos o expresiones similares. Dé el sinónimo de cada palabra o expresión.

1. el vecindario	5. un inmigrante «ilegal»
2. un empleo particular	6. salir de un peligro
3. muy viejo	7. hacer progresos
4. lindo	8. la mayoría

C. Definiciones. Diga la palabra del **Vocabulario útil** que corresponda a cada definición.

1. establecimiento en el que se transforman materias en productos industriales
2. tratamiento denigrante *(denigrating)* que se da a una persona o grupo por su ascendencia, raza, sexo o religión
3. modificarse a nuevas circunstancias o condiciones
4. superior o director de un lugar de trabajo
5. acción de atormentar y perseguir a una persona

D. Factores positivos y negativos. Usando el **Vocabulario útil** como base, dé por lo menos cuatro factores positivos y cuatro negativos para la adaptación de un inmigrante.

1. Factores que generalmente contribuyen al éxito de un inmigrante:

   MODELO: **un puesto estupendo**

2. Factores que generalmente **no** contribuyen al éxito de un inmigrante:

   MODELO: **vivir en un vecindario feo**

Para escuchar: Conversaciones con inmigrantes

Conversación 1: Para expresar desaprobación. Antes de ir a Colombia, Mike entrevistó a tres inmigrantes hispanoamericanos. Les preguntó por qué vinieron a Estados Unidos, qué extrañaban de sus países y qué pensaban de la vida en Estados Unidos. En la primera conversación, habla Roberto Barragán.

A. Escuche la Conversación 1 y conteste las siguientes preguntas.

   1. ¿De dónde es Roberto?
   2. ¿Por qué vino a Estados Unidos?

B. Escuche la Conversación 1 otra vez. Escoja la mejor respuesta.

   1. Roberto es...
      a. ingeniero.   b. estudiante.   c. médico.
   2. Cuando Mike le pregunta, «¿Qué extraña de su país?», Roberto dice que...
      a. extraña a su familia y el clima.
      b. extraña las fábricas.
      c. no extraña nada.

3. Para Roberto, las universidades en su país son...
   a. fábricas de desempleo.   b. fuentes de trabajo.
   c. muy pequeñas.
4. Para Roberto, la vida en Estados Unidos es...
   a. más difícil que la vida en su país.
   b. más fácil que la vida en su país.
   c. más aburrida que la vida en su país.
5. Roberto...
   a. viaja a menudo a su país.
   b. nunca regresa a su país.
   c. viaja mucho a Canadá.

Conversación 2: Para expresar admiración.

A. En la segunda conversación, habla Carla Fernández. Escuche la Conversación 2 y conteste las siguientes preguntas.

1. ¿De dónde es Carla?
2. ¿Por qué vino a Estados Unidos?

B. Escuche la Conversación 2 otra vez. Escoja la mejor respuesta.

1. Carla extraña...
   a. el clima y la naturaleza de su país.
   b. la libertad allí.
   c. la forma de gobierno allí.
2. Para Carla, lo mejor de la vida en Estados Unidos son...
   a. las oportunidades económicas.
   b. los medios de comunicación.
   c. las actividades culturales.

3. Para Carla, lo negativo de la vida en Estados Unidos es el abuso de la libertad, que degenera en formas diversas de...
   a. pereza *(laziness)*.   b. ignorancia.   c. delincuencia.

Conversación 3: Para expresar sorpresa.

A. En la tercera conversación, habla Prudencio Méndez. Escuche la Conversación 3 y conteste las siguientes preguntas.

1. ¿De dónde es Prudencio?
2. ¿Por qué vino a Estados Unidos?

B. Escuche la Conversación 3 otra vez. Escoja la mejor respuesta.

1. ¿Qué extraña Prudencio de su país?
   a. las costumbres en general
   b. la organización laboral
   c. el sistema legal
2. Para Prudencio, el ritmo de la vida en Estados Unidos es más...
   a. tranquilo.   b. personal.   c. acelerado.
3. Dice Prudencio, «El latino en general no interrumpe su sociabilidad ni en el trabajo.» Quiere decir que...
   a. a los latinos no les gusta trabajar.
   b. las relaciones personales son muy importantes para los latinos.
   c. a los latinos no les gustan las interrupciones.
4. No sólo Prudencio, sino también Roberto y Carla, creen que en Estados Unidos hay más...
   a. universidades.   b. oportunidades.   c. crímenes.

> «*No soy hispano; soy cubano.*» —*letrero en un auto en Miami,*
> *Florida. En general, los grupos "hispanos" de Estados Unidos*
> *prefieren ser identificados por su país de origen.*

Gramática y vocabulario

Agreement of adjectives

1. Adjectives agree with the nouns they modify in gender and number. Most adjectives end in **-o** in the masculine and **-a** in the feminine. If they do not end in **-o** in the masculine singular, the form is usually the same for both genders.

un camino típic**o**, una calle típic**a**	*a typical road, a typical street*
un vecindario idea**l**, una ciudad idea**l**	*an ideal neighborhood, an ideal city*
un niño corté**s**, una niña corté**s**	*a polite boy, a polite girl*

2. Adjectives of nationality that end in consonants and adjectives that end in **-or, -ín, -án,** or **-ón** require an **-a** in the feminine. The feminine form does not normally require a written accent.

de origen español (inglés, alemán), de ascendencia españ**ola** (ingles**a**, aleman**a**)	*of Spanish (English, German) origin, of Spanish (English, German) descent*
un hombre hablador, una mujer hablador**a**	*a talkative man, a talkative woman*

3. The plurals of adjectives are formed in the same way as the plurals of nouns: add **-s** to an adjective that ends in a vowel or **-es** to an adjective that ends in a consonant (if the final consonant is **z,** change it to **c** first).

feo, feo**s** *ugly*	insoportable, insoportable**s** *unbearable*
difícil, difícil**es** *difficult*	feliz, feli**ces** *happy*

   The masculine plural adjective is used to modify two or more nouns if one of them is masculine.

queridos muchachos y muchachas	*(my) dear boys and girls*

4. Adjectives are often used with articles as nouns.

¿Qué regalo abro? ¿El grande o el pequeño? —El pequeño, amor.	*Which present should I open? The big one or the small one? —The small one, love.*

| ¿Qué camino seguimos? ¿El corto o el pintoresco? | *What road shall we take (follow)? The short one or the picturesque one?* |
| ¿Cómo se llama la salvadoreña? | *What is the Salvadoran woman's name?* |

Práctica

A. La ciudad ideal. Muchos inmigrantes van a otro país en busca del lugar ideal para vivir. El señor Alegría cree que ha encontrado su ciudad ideal. De acuerdo con el modelo, descríbala.

> **MODELO:** EL SEÑOR ALEGRÍA: Esta ciudad es ideal. Tiene...
> gente / trabajador y amable
> **Tiene gente trabajadora y amable.**

1. aire y agua / puro
2. un clima / agradable
3. barrios / hispano
4. restaurantes / francés, italiano y alemán
5. hospitales y escuelas / moderno y bueno
6. teatros y óperas / magnífico
7. trenes y autobuses / rápido y cómodo
8. una playa / lindo
9. fábricas / moderno

B. Plurales. Forme primero el plural de los siguientes sustantivos y adjetivos. Después, dé la forma femenina y su plural.

> **MODELO:** un chico español
> **unos chicos españoles; unas chicas españolas**

1. un señor egoísta
2. un niño hablador
3. un inglés amable
4. un extranjero cortés
5. un artista magnífico
6. un español famoso

C. Descripciones. Dé un adjetivo que describa cada uno de los siguientes sustantivos.

> **MODELO:** esta universidad   **linda, grande, única, buena, etcétera**

1. la ciudad donde usted creció
2. el papá de usted
3. la mamá de usted
4. su compañero(a) de cuarto
5. la comida de la cafetería universitaria
6. las vacaciones más recientes de usted
7. una cita *(date)* con Jon Secada o Brooke Shields

> «*La economía americana tiene sus altas y bajas. Cada vez que sube,*
> *los inmigrantes son bienvenidos; cada vez que baja, hay problemas.*»
> —*Rodolfo Casparius*, La opinión, *el 15 de agosto de 1993*

Position of adjectives

1. In general, descriptive adjectives (which specify size, shape, color, and so forth) follow the nouns they modify, while adjectives that specify quantity precede.

mucha gente extranjera	*many foreign people*
dos personas trabajadoras	*two hard-working people*

2. When two adjectives follow a noun, they are joined by **y.**

tres hombres altos y guapos	*three tall, handsome men*

3. When two adjectives are used to modify a noun, the shorter of the two or the one considered less distinguishing or important often precedes the noun.

un famoso cuadro moderno	*a famous modern painting*
una joven inmigrante puerto-rriqueña	*a young Puerto Rican immigrant*
un típico barrio antiguo	*a typical old neighborhood (district)* *

4. Cardinal numbers (**dos, tres, cuatro,** etc.) do not agree with the nouns they modify. Exceptions to this rule are **uno** and those ending in **-ciento** and **-uno** (see Appendix B). Ordinal numbers (**primero, se-gundo, tercero,** etc.), however, do agree with the nouns they modify. All numbers normally precede the nouns they modify, since they specify quantity.

cuatro ciudades y cinco pueblos	*four cities and five towns*
veintiún países (veintiuna naciones)	*twenty-one countries (twenty-one nations)*
ciento un hombres (ciento una mujeres)	*one hundred and one men (one hundred and one women)*
doscientas palabras	*two hundred words*
los primeros viajeros a América	*the first travelers to America*
mi segundo viaje a Colombia	*my second trip to Colombia*

5. Some adjectives are shortened when placed immediately before a noun: **un, buen, mal, primer,** and **tercer** are used instead of **uno, bueno, malo, primero,** and **tercero** before masculine singular nouns;

---

* A descriptive adjective can precede a noun when it is not used to differentiate the noun from others, but rather to emphasize a special quality of the noun. There is sometimes an implication that the quality is understood, taken for granted, inherent: **la inconstante luna, un breve segundo.**

gran is used instead of **grande** before either a masculine or a feminine singular noun.

¿Conoce usted un buen hotel aquí cerca? —Sí, ¡cómo no! · *Do you know of a good hotel nearby? —Yes, of course!*

Es el primer (tercer) vuelo a México hoy. · *It's the first (third) flight to Mexico today.*

Fue un gran éxito. —¡Qué emocionante! · *It was a great success.—How exciting!*

6. Some adjectives have different meanings depending on whether they precede or follow a noun. The following chart gives the most common ones.

adjetivo	antes del sustantivo	después del sustantivo
antiguo	*former:* la antigua capital	*ancient:* la capital antigua
gran, grande	*great:* una gran nación	*large:* una nación grande
pobre	*deserving of pity:* el pobre hombre	*needy:* el hombre pobre
nuevo	*new to owner:* el nuevo coche	*brand new:* el coche nuevo
único	*only:* la única oportunidad	*unique:* la oportunidad única
viejo	*old, long-time:* una vieja amiga	*elderly:* una amiga vieja

Práctica

A. Palabras descriptivas. Complete las siguientes oraciones aplicando (*applying*) los adjetivos de la lista a los sustantivos que están en negrilla.

MODELO: grande, internacional
Ezeiza, que está cerca de Buenos Aires, es un **aeropuerto.**
Ezeiza, que está cerca de Buenos Aires, es un gran aeropuerto internacional.

1. lindo, italiano · La Boca es un **barrio** de Buenos Aires.
2. nuevo · ¿Cómo se llama el **presidente** de Bolivia?
3. bueno · ¿Conoce usted un **restaurante** aquí cerca?
4. uno, famoso, español · García Lorca era **poeta.**
5. antiguo, azteca · La ciudad de México era la **capital** de Tenochtitlán.
6. pobre · La **mujer** perdió el avión.
7. varios, joven · (Los) **pasajeros** decidieron caminar.

B. Traducción

1. several undocumented persons
2. the third flight to Caracas
3. twenty-one new hotels
4. an ancient city
5. a big man
6. a great Cuban man
7. many extraordinary opportunities
8. two old cars
9. an ideal and unique neighborhood
10. twenty Chicano students

C. Viajes. Describa un viaje que usted haya hecho *(have taken)*.

¿Adónde fue y cómo viajó? ¿Fue su primer viaje allí? ¿Se quedó con amigos o parientes o se quedó en un hotel? (Me quedé...) ¿Era un buen hotel o un hotel may barato? ¿Hacía buen tiempo? ¿Cómo era la comida? Y en general, ¿cómo fue el viaje?

D. Entrevista. Si es posible, entreviste a una persona hispana. Vaya al departamento de inglés como lengua extranjera de su universidad o visite una clase de inglés para inmigrantes de su comunidad. Pídale a la persona que entreviste que describa las siguientes cosas en una o dos palabras:

1. la comida de su país / la comida de aquí
2. el trabajo que tenía en su país (si tenía trabajo) / el trabajo que tiene aquí (si tiene trabajo)
3. el sistema de transporte público de su país / el sistema de transporte público de aquí
4. el clima de su país / el clima de aquí
5. el lugar donde vivía en su país / el lugar donde vive aquí

> *Para el año 2010, aproximadamente uno de cada seis jóvenes*
> *estadounidenses entre 18 y 21 años será de ascendencia latina.*
> *—Oficina del censo de Estados Unidos*

Ser versus *estar; Ser* and *estar* with adjectives

Ser *versus* estar

Ser is used:

1. to link the subject to a noun

Yo soy mexicano (un amigo de Enrique, demócrata*, un hombre sincero).	*I am Mexican (a friend of Enrique, a Democrat, a sincere man).*
Caracas es la capital de Venezuela.	*Caracas is the capital of Venezuela.*

2. with **de** to indicate origin

¿De dónde era Simón Bolívar? —Era de Venezuela.	*Where was Simón Bolívar from? —He was from Venezuela.*
Esta tarjeta postal es de Puerto Rico.	*This postcard is from Puerto Rico.*

3. with **de** to tell what something is made of

¿Son de maíz estas tortillas?	*Are these tortillas made of corn?*
Este reloj es de plata.	*This watch is made of silver.*

4. with **de** to indicate possession

El coche nuevo es de mi primo. —¡Qué cómodo es!	*The new car is my cousin's.—How comfortable it is!*

5. to express time of day† or date of the month

¿Son las dos? —No, es la una y media.	*Is it two o'clock? —No, it's one-thirty.*
¿Qué fecha es hoy?	*What is the date today?*

6. to indicate where an event takes place

La boda fue en la catedral de Guadalupe.	*The wedding was in the Cathedral of Guadalupe.*
La fiesta será en casa de Ana.	*The party will be at Ana's house.*

---

* Remember that if the noun is unmodified and indicates a religion, occupation, nationality, or political affiliation, the indefinite article is omitted, as discussed in Chapter 1, page 20.

† For a review of how to tell time in Spanish, see Appendix B.

Estar is used:

1. to show location or position (permanent or temporary) of people, places or objects (but not of events)

Mis padres están en el extranjero.	*My parents are abroad.*
Cuzco, la antigua capital inca, está en el Perú.	*Cuzco, the former Inca capital, is in Peru.*
¿En qué calle está el Teatro Colón?	*What street is Colón Theater on?*

2. with certain weather expressions*

Está nublado (claro).	*It's cloudy (clear).*

3. with a present participle (**-ando** or **-iendo**) to form the progressive tenses

¡Hola, Ricardo! ¿Qué estás haciendo en este momento?	*Hi, Ricardo! What are you doing at this moment?*
Ayer a la una mis padres estaban trabajando en el jardín.	*Yesterday at one o'clock my parents were working in the garden.*

The progressive tenses are used in Spanish only when the speaker wishes to emphasize that the action is continuing or in progress at a specifc time.†

Ser *and* estar *with adjectives*

1. **Ser** is used with an adjective when the speaker wishes to express a quality that he or she considers normal to, or characteristic of, the subject.

¿Cómo es mi abuelo? Es amable y trabajador.	*What's my grandfather like? He's kind and hard-working.*
El agua de este río es fría.	*The water in this river is (usually) cold.*
Mi hijo es alto.	*My son is tall.*

2. **Estar** is used with an adjective when the speaker wishes to express the state or condition that the subject is in.

¿Cómo está mi abuelo? Está deprimido.	*How's my grandfather? He's depressed.*
¡Huy! El agua del baño está fría.	*Wow! The bathwater is cold (now).*
Mi hijo está enfermo.	*My son is sick.*

---

* Most weather expressions use **hacer;** many of them are reviewed in Chapter 9.

† The present participle and the progressive tenses are discussed further in Chapter 12.

3. Often the use of **estar** emphasizes that the state or condition is different from the normal or expected. So it sometimes means *to have become* or *to look, appear, feel* or *taste* and frequently implies an emotional reaction. Compare:

Los García son pobres.	*The Garcías are poor.*
Vi a los Álvarez ayer. ¡Qué pobres están!	*I saw the Alvarezes yesterday. How poor they are (have become)!*
Mi abuela es vieja; tiene noventa años.	*My grandmother is old; she's ninety.*
¡Qué vieja está abuela!	*How old grandmother is (looks)! (She looks older than usual.)*
La paella es deliciosa.	*Paella is delicious (in general).*
¡Felicitaciones! Esta paella está deliciosa.	*Congratulations! This paella is (tastes) delicious.*

Práctica

A. **¿Ser o estar?** Complete las siguientes oraciones con la forma apropiada de **ser** o **estar.**

1. La casa _____ verde y _____ en el barrio antiguo.
2. La mesa que quiero _____ de madera y de vidrio.
3. ¡Qué horror! _____ las cinco y media y ya _____ oscuro.
4. En este momento los niños _____ jugando en el parque.

Vocabulario útil: adjectivos que cambian de significado

Aquí están algunos adjectivos que tienen un significado cuando se usan con **ser** y otro significado cuando se usan con **estar.**

	con **ser**	con **estar**
aburrido	boring	bored
bueno	good	well, in good health
despierto	bright, alert	awake
divertido	amusing	amused
listo	smart, clever	ready
loco	silly, crazy (by nature)	insane, crazy (by illness)
malo	bad, evil	sick, in poor health
nuevo	newly made, brand new	unused, like new
verde	green (color)	green (unripe)
vivo	lively, quick-witted, keen	alive

5. El libro que _____ en la mesa _____ de José.
6. La exposición _____ en el museo de arte.
7. Mi profesor de biología _____ insoportable.
8. ¡Cuidado! Los platos _____ calientes.
9. ¿ _____ (tú) nerviosa a causa de los exámenes?
10. ¿Ves a Elena? ¡Qué bonita _____ esta noche!
11. Siempre invitamos a Elena porque ella _____ cortés y simpática.
12. El aire _____ contaminado hoy.
13. Miguelito, (tú) _____ muy descortés con doña Ramona ayer. (Use el pretérito.)
14. Si usted no toma su café ahora, va a _____ frío.

B. En una fiesta. Hay mucho ruido y por esa razón usted no puede oír bien lo que le dicen. De acuerdo con el modelo, haga oraciones para completar lo que usted parcialmente oye.

MODELO: el esposo de Mónica... de Chile
**El esposo de Mónica es de Chile,
¿verdad?**

1. Raimundo... enfermo hoy
2. los Marino... aquí de visita
3. el novio de Sandra... Pablo
4. Jorge... bailando con Emilia
5. la fiesta de cumpleaños... en casa de Susana
6. el padre de Marta... abogado
7. Maribel... de Colombia
8. el hombre alto... muy rico
9. ahora... las dos de la mañana

C. Cualidades con ser. Usando la lista del **Vocabulario útil,** complete las oraciones.

1. Mi amiga María tiene muchas buenas cualidades; ella es...
2. Pero su prima Ana tiene muchos defectos; ella es...

D. Condiciones con estar. Usando la lista del **Vocabulario útil,** complete las oraciones.

1. Ese auto era de una señora mayor que sólo lo usaba para ir a la iglesia; está _____.
2. ¿Todavía viven tus abuelos? —Sí, éstan _____, ¡gracias a Dios!
3. Ya es hora de partir para la reunión. ¿Estás _____?
4. ¡Pobre Daniel! Tiene dolor de cabeza y de estómago. Está _____.
5. Son las siete de la mañana, hombre. No estamos realmente _____.
6. Ese hombre que mató a cinco personas tiene que estar _____.
7. Estas manzanas (apples) son rojas, pero _____ verdes.
8. Julio _____ aburrido hoy; no tiene nada que hacer.

> *En un sondeo nacional de gente hispana en Estados Unidos,*
> *la gran mayoría se opuso a más inmigración a este país.*
> *La oposición fue más fuerte entre los méxico-americanos.*
> *—Latino National Political Survey, diciembre de 1992*

Demonstratives

Adjectives

Singular			Plural		
Masculine	*Feminine*		*Masculine*	*Feminine*	
este	esta	*this*	estos	estas	*these*
ese	esa	*that*	esos	esas	*those*
aquel	aquella	*that...*	aquellos	aquellas	*those...*
		over			*over*
		there			*there*

Pronouns

Singular			Plural		
Masculine	*Feminine*		*Masculine*	*Feminine*	
éste	ésta	*this (one)*	éstos	éstas	*these*
ése	ésa	*that (one)*	ésos	ésas	*those*
aquél	aquélla	*that (one...)*	aquéllos	aquéllas	*those...*
		over			*over*
		there			*there*

1. Demonstratives are words that point out persons and objects. English divides the world into *this* and *that, these* and *those,* distinguishing between things close to and things far away from the speaker. In Spanish, **este, ese,** and **aquel** divide the world into things close to the speaker, things close (or relating) to the person spoken to, and things far away from both. The demonstrative pronouns have the same forms as the adjectives but require accents.

¿Cuánto cuesta esta bicicleta?
 —¿Ésa? Es vieja. Trescientos pesos.

How much does this bicycle cost? —That one? It's old. Three hundred pesos.

¿Esos pasajes son de ida y vuelta? —Sí, ¡pero éste es a Monterey en California, y no a Monterrey en México!

Are those tickets round-trip? —Yes, but this one is to Monterey, California, not to Monterrey, Mexico!

¿Quiere usted comprar esa tarjeta postal? —Sí, y déme aquélla también.

Do you want to buy that postcard? —Yes, and give me that one over there, too.

As you can see, demonstrative adjectives generally precede the nouns they modify and agree with them in gender and number. Demonstrative pronouns agree with the nouns they replace in gender and number.

2. **Esto, eso** and **aquello** are used to refer to statements, abstract ideas, or something that has not been identified. They are neuter forms; there are no plurals or accented forms.

¿Qué es esto?   *What is this?*
¿Cómo puede usted decir eso?   *How can you say that?*

Práctica

A. Situaciones. Sustitución.

1. —Enrique, pásame *ese plato,* por favor. (taza, vasos, cucharas)
   —*¿Cuál? ¿Éste?*

2. José, *ésta es mi amiga Ana. Es* de Madrid. (padrinos, primas Juana y Silvia, amigo Pablo)
   —Mucho gusto.

3. Felipe, dame *ese libro,* por favor. (cintas, lápices, revista)
   —¿*Éste?* Cómo no.

B. Consejos a un inmigrante de El Salvador. *Complete las oraciones con el demostrativo apropiado.*

1. La ropa en _____ tienda de aquí es muy cara, pero en _____ *(that one)* de al lado los precios son buenos.
2. ¿No le gustan las hamburguesas? ¿Cómo puede decir _____? Bueno, _____ restaurante de aquí tiene comida salvadoreña, y _____ que vemos allí en la esquina *(corner)* tiene comida mexicana.
3. ¿Le gusta la idea de trabajar en _____ compañía que está allí enfrente? Si no, puede ir a _____ agencia de empleos que está más lejos.
4. Déme, por favor, _____ lápiz que tiene en la mano y le daré la dirección de un buen mecánico.

C. ¿Qué prefieres? Exprese sus preferencias usando pronombres demostrativos.

| | **MODELO:** discos (de Julio Iglesias) | **Prefiero éstos.** |
| | (de Gloria Estefan) | **Prefiero aquéllos.** |

		éste (ésta, éstos, éstas)	**aquél (aquélla, aquéllos, aquéllas)**
1.	poemas	de Emily Dickinson	de Robert Frost
2.	tira cómica *(comic strip)*	de Doonesbury	de Cathy
3.	calendario	del club Sierra	de Gary Larson *(Far Side)*
4.	videos	de películas cómicas	de películas de ciencia ficción
5.	cuadro	de Picasso	de Monet

Possessives

Adjectives: Short forms

mi(s)	*my*	nuestro(a, os, as)	*our*
tu(s)	*your*	vuestro(a, os, as)	*your*
su(s)	*his, her, its, their, your*		

Possessive adjectives in Spanish agree with the nouns they modify, not with the possessor. Short forms precede the nouns they modify.

mi casa	*my house*
sus llaves	*his keys*
nuestra maleta	*our suitcase*

Adjectives: Long forms; pronouns

mío(a, os, as)	*my, of mine*	nuestro(a, os, as)	*our, of ours*
tuyo(a, os, as)	*your, of yours*	vuestro(a, os, as)	*your, of yours*
suyo(a, os, as)	*his, of his; her, of hers;* *their, of theirs; your, of yours*		

1. When the speaker or writer wishes to emphasize the possessor, rather than the thing possessed, long forms of the possessive adjectives are used. These are called "stressed forms" and are emphasized in speech. They follow the nouns they modify.

Yo manejo un coche grande, pero el coche tuyo es pequeño y eficiente.	*I drive a big car, but your car is small and efficient.*
Tengo una bicicleta muy vieja. Las bicicletas suyas son muy buenas.	*I have a very old bicycle. Their bicycles are very good.*

The long forms are used much less frequently than the short forms.

2. Since both **su(s)** and **suyo(a, os, as)** can have several meanings, depending on the possessor, a prepositional phrase with **de** may be used for clarification instead of the possessive adjective.

Es su cámara. Es la cámara suya.	Es la cámara de él (ella, ellos, ellas, usted, ustedes).

3. The long forms of the possessive adjectives can be used as pronouns. They take the place of a noun and are normally preceded by a definite article.

Extraño a mi familia. ¿Tú también extrañas a la tuya?	*I miss my family. Do you miss yours too?*

After the verb **ser,** the definite article is usually omitted.

Estas maletas no son mías. ¡Qué barbaridad!

These suitcases aren't mine. Good grief!

¿Es tuyo? No es nuestro. Tal vez es suyo.

Is it yours? It's not ours. Maybe it's his (hers, theirs).

Práctica

A. ¿Qué extrañan? La familia Ibáñez ha emigrado del Uruguay a la Argentina. De acuerdo con el modelo, diga qué es lo que cada uno de ellos extraña más. (Acuérdese de usar la **a** personal cuando lo que extrañan es una persona.)

> **MODELO:** José / amigos
> **José extraña a sus amigos.**

1. la señora Ibáñez / casa
2. Paco y Julio / tíos
3. los abuelos / compañeros
4. el señor Ibáñez / restaurantes favoritos
5. Adela / novio

A propósito, ¿qué extraña usted cuando no está en esta ciudad?

B. Historias verdaderas. Dos salvadoreños hablan de cómo llegaron a Estados Unidos y de lo que extrañan de El Salvador. Complete las oraciones con los posesivos apropiados.

CORALIA A., 28 AÑOS: Extraño a ___(1)___ hijos. Todavía están en El Salvador, con ___(2)___ hermana y ___(3)___ familia (de ella). ___(4)___ papá (mi esposo) era estudiante en la universidad. Desapareció hace tres años. Después de eso, no pude mantener a la familia y vine aquí, aunque ilegalmente. Mando dinero a casa todos los meses. Algún día, voy a regresar a ver a ___(5)___ hijos y a ___(6)___ pobre país, que antes era tan bonito.

JESÚS M., 33 AÑOS: Extraño ___(7)___ pueblo (de nosotros) y a la gente de allí. En El Salvador, nunca me metí *(I never got involved)* en la política. Pero los escuadrones de la muerte mataron a unos vecinos ___(8)___ (de nosotros), y fui a ___(9)___ casa a enterrarlos *(bury them)*. Desde ese día en adelante, ___10)___ vida no valía nada allí. Me acusaron de ser comunista. Trataron de matarme dos veces. Me escapé y fui a México con ___(11)___ familia. Allí nos pusieron en un campamento para refugiados, donde no había qué comer y donde la vida era prácticamente imposible. Allí ___(12)___ esposa tuvo ___(13)___ tercer hijo, y casi se murió. Por fin alguien nos ayudó a venir aquí. Algún día, si Dios quiere, vamos a poder regresar a ___(14)___ tierra, que tanto extrañamos.

C. Preguntas. Conteste las siguientes preguntas, usando un pronombre posesivo.

> MODELO: Mi bicicleta es muy vieja. ¿Y la tuya?
> **La mía es nueva.**
>
> Nuestros discos son todos de música clásica. ¿Y los suyos?
> **Los nuestros son de música «rock».**

1. Mis padres son franceses. ¿Y los tuyos?
2. Mi actor favorito es Emilio Estévez. ¿Y el tuyo?
3. Nuestras vacaciones de verano fueron magníficas. ¿Y las suyas?
4. Mi coche es un Plymouth. ¿Y el suyo?
5. Nuestro apartamento es muy pequeño. ¿Y el suyo?
6. Mi reloj anda bien. ¿Y el tuyo?
7. Mi cantante favorita es Mercedes Sosa. ¿Y la tuya?
8. Mi ropa es muy elegante. ¿Y la tuya?
9. Nuestro televisor es japonés. ¿Y el suyo?

Trabajando con un(a) compañero(a), siga con las descripciones, nombrando sus propios sustantivos o escogiendo *(choosing)* de los siguientes: **libros, radio, computadora, compañero(a)(s) de cuarto, hermano(s).** Siga los modelos del ejercicio C.

> *«Por mucho tiempo, en las pantallas (screens) de Hollywood, los hispanos eran bandidos o amantes. Luego nos ignoraron. Hoy nos representan poco y a menudo falsamente. Pero gracias a nuestra población que está creciendo, nos ignoran menos y menos.»*
> *—Ricardo Montalbán, en Univisión, 1988*

En otras palabras...

Para expresar admiración, desaprobación, sorpresa

When you travel to another country, there are always some things you admire, some things you dislike, and some things that surprise you. Even if you are not immigrating to the foreign country, just traveling or living there temporarily, it's important to be able to express your feelings about the things you see around you, about gifts you are given, things you buy that don't work, etc. Here are some ways to express them.

Admiración

¡Qué interesante (impresionante, hermoso, precioso)!
¡Qué ciudad más bonita! ¡Qué niños más simpáticos!

¡Es estupendo (formidable, magnífico, maravilloso)!
¡Esto es perfecto! ¡Es un sueño! ¡Es lo que quería (lo que necesitaba)!

Desaprobación

¡Esto es terrible (feo, injusto, insoportable, ridículo)!
Esto no es aceptable.
Es demasiado...
Esto no funciona (*doesn't work*).

Sorpresa

¡Qué sorpresa! ¡Qué maravilla!
¡Hombre! ¡Caramba! ¡Díos mío!
¡Qué increíble! ¡No esperaba esto!

Práctica

A. Reacciones. Usted acaba de llegar *(have just arrived)* a otro país como estudiante extranjero(a). Le hacen una fiesta y recibe muchos regalos. Después de la fiesta, usted abre los regalos y describe lo que recibió.

> **MODELO:** una camiseta *(T-shirt)*, color pulga *(puce)*
> **¡Qué fea!**

1. una cartera *(small purse)*
2. una taza que lleva el nombre de la universidad
3. un bolígrafo *(pen)* que no funciona
4. un disco de una ópera de Wagner
5. un disco de música de Julio Iglesias
6. un libro de Charles Dickens
7. un libro de chistes
8. un libro sobre el arte español
9. un cenicero *(ashtray)* gris de plástico
10. un calendario con arte folklórico de Latinoamérica

B. ¿Qué dicen? ¿Qué cree usted que las personas que están en los siguientes dibujos *(drawings)* están diciendo?

Repaso

A. Juegos de descripciones

1. In groups of four to six people, play the following game. One person in the group leaves the room while the others choose a noun. The person who left the room is then asked to return and ask the question **¿Cómo te gusta?** to each of the people in the group. The people in the group take turns giving descriptions until the person chosen has guessed the noun. For instance, if the noun is **el auto,** people might say **grande, con radio, nuevo, rojo, cómodo, japonés, con motor eléctrico, etcétera.** Three guesses are allowed.

2. In pairs, one person names a noun that can be modified: **novio, ciudad, profesor, lugar, amiga, restaurante,** or the like. The sec- ond person names three adjectives that could modify the noun; for example, if the noun is **novio,** the adjectives could be **joven, inteligente, rico.** The first person then arranges the adjectives in order of his or her preference **(inteligente, joven, rico).** Another example would be **lugar: tranquilo, emocionante, cómodo.** Write down each of the responses made. Play as many rounds of the game as you have time for (taking turns choosing the nouns), then compose a sentence about your partner, such as **Juanita prefiere un novio rico, un lugar emocionante, etcétera.**

B. Traducción

1. Mexican people were living in the Southwest of the United States before the arrival **(llegada)** of the Anglos.
2. These people were not immigrants who came to learn English and find work in an Anglo country.
3. They had an established **(establecida)** culture.
4. For them, the Anglos were foreigners in a Hispanic region.
5. Many Mexicans who were in the Southwest lost their lands **(terrenos).**
6. Discrimination was a great problem; they could not enter (into) certain restaurants or live in certain neighborhoods.
7. It was a difficult situation.

C. Temas

1. Describa la ciudad, real o imaginada, que usted considera como lugar perfecto para vivir. ¿De qué tamaño *(size)* es? ¿Qué tipo de actividades culturales tiene? ¿Cómo es el clima: frío, tropical, árido? ¿Cómo son las oportunidades de trabajo? ¿Es bajo o alto el costo de la vida? ¿Qué servicios sociales tiene?

2. Si es posible, consiga la película *El norte* (en una tienda donde tengan videos o en una biblioteca). Después de verla, haga un breve reportaje, contestando las siguientes preguntas: ¿De qué trata la

película? ¿Quiénes son los personajes principales? ¿Qué problemas tienen? ¿Le gustó la película? ¿Por qué sí o por qué no?

3. En Centroamérica ahora, hay violencia política, una inflación tremenda y mucho desempleo; en México, gran parte de la población no tiene trabajo. ¿Qué piensa usted de la situación de los inmigrantes indocumentados en Estados Unidos? ¿Qué podemos—o debemos—hacer para cambiarla?

D. Composición estructurada: Mis antepasados. Escriba una breve descripción de sus antepasados (o de los antepasados de un[a] amigo[a]), que llegaron como inmigrantes al país donde ahora viven, según las siguientes instrucciones.

1. En dos o tres oraciones, explique donde vivían estos inmigrantes antes y cómo era su situación allí (con la familia, el trabajo, la política, etcétera).

2. Escriba dos o tres oraciones sobre su viaje del antiguo país al nuevo país (por qué vinieron, cómo viajaron, los problemas que tuvieron).

3. Escriba dos o tres oraciones de conclusión (qué pasó después o cómo están ahora).

4. Invente un título interesante para su descripción.

Capítulo 4

━━■━━

HOMBRES Y MUJERES

ESTE HOMBRE NO HA ROTO UN PLATO EN SU VIDA.

Este hombre es un profesicnal activo y liberal, un padre moderno y responsable. Un buen compañero.

Además, no ha roto un plato en su vida. Claro, porque al llegar a casa, como la mayoría de los hombres, está acostumbrado a no hacer nada.

Ponte una nueva meta y empieza a compartir el trabajo de casa.

Rompe con la desiguaidad.

Campaña Mujer y Sociedad
en solidaridad con el Instituto de la Mujer de España

Presentación del tema

Es difícil generalizar sobre el papel del hombre y la mujer en los países de habla hispana porque hay muchas diferencias culturales y económicas entre estos países. Sin embargo (*However*), podemos afirmar que el papel de la mujer ha cambiado considerablemente en las últimas décadas. El mito de que la mujer debe ser educada exclusivamente para hacer las tareas del hogar, cuidar a los hijos y atender a su marido es parte del pasado. Hoy las mujeres prefieren tomar sus propias decisiones. Muchas quieren trabajar para no tener que depender de un hombre económicamente. En general, las mujeres han demostrado que pueden hacer los mismos trabajos que los hombres, aunque todavía existe discriminación an algunos sectores. Las profesiones tradicionalmente femeninas tienen menor prestigio y se pagan (*are paid*) peor.

En la vida familiar, sin embargo, el papel de la mujer no ha cambiado. Muchas mujeres se quejan de tener ahora dos trabajos. Cuando llegan a casa después de ocho horas de trabajo, tienen que hacer las tareas del hogar. Hay muchos hombres que no quieren compartir esas tareas porque las consideran femeninas.

Los cambios que el papel de la mujer ha experimentado también afectan a las relaciones amorosas. El romance hispano, tradicionalmente asociado al sentimiento y a la pasión, siempre se ha caracterizado por el papel activo del hombre: en el juego del galanteo, él es el galán (*lover, wooer*); en el juego de la seducción, él es el seductor. Este dominio masculino en la relación amorosa choca (*clashes*) con el papel activo de la mujer en la sociedad actual. ¿Qué pasará con el romance en el futuro? Algunas personas opinan que la liberación femenina convertirá a la mujer en un ser completamente pragmático y que las relaciones amorosas perderán romanticismo. Otras personas afirman que será necesario una redefinición de la noción de romance. Opinan que los hombres tendrán que aceptar el papel activo de la mujer en la relación amorosa. Como dijo una mujer latina: «No hay nada más romántico que el hombre quiera tu independencia, apoye tu crecimiento (*growth*) y que además ¡le guste lavar los platos!» *

Preguntas

1. ¿Para qué tipo de tareas era la mujer exclusivamente educada en el pasado?
2. ¿Existe una total igualdad profesional entre hombres y mujeres ahora en España y Latinoamérica? ¿en Estados Unidos o Canadá?

---

*Susana Tubert, «Romance y realidad,» *Más*, septiembre-octubre, 1991, página 76.

Vocabulario útil: Hombres y mujeres

Cognados

amoroso(a)
la liberación
liberado(a)
el movimiento
romántico(a)
la seducción

Verbos

acompañar	*to accompany, go with*
amar	*to love*
apoyar	*to support*
cambiar	*to change*
compartir	*to share*
cuidar	*to take care*
evitar	*to avoid*
romper con	*to break (up) with*
prometer	*to promise*

Adjetivos

débil	*weak*
dominador(a)	*dominating*
enamorado(a) (de)	*in love (with)*
fuerte	*strong, intense*

Otras palabras

el cuidado	*care*
el derecho	*right*
el galanteo	*courting, wooing*
la igualdad	*equality*
el papel	*role*
las tareas (del hogar)	*(house)work*

¡Ojo!

actual present, current; **actualmente** currently / **verdadero(a)** true, actual

los celos jealousy; **tener celos** to be jealous; **celoso(a)** jealous

la cita date, appointment / **la fecha** date (calendar)

tomar una decisión to make a decision

3. ¿Ha cambiado el papel de la mujer latina en la vida familiar? ¿De qué se quejan muchas mujeres latinas ahora? ¿Pasa lo mismo en Estados Unidos?

4. ¿Deben los hombres y las mujeres compartir las tareas del hogar? ¿Por qué sí o por qué no?

5. ¿Por qué piensan algunas personas que las relaciones amorosas perderán romanticismo? ¿Está usted de acuerdo?

6. ¿Han cambiado las relaciones amorosas en la sociedad estadounidense en las últimas décadas?

> «*La mujer actual tiene una obsesión por ser igual que el hombre, y no sé por qué, si el hombre es un pobre diablo desorientado.*» —*Antonio López, pintor español*

Práctica

A. Antónimos. Dé antónimos de la lista para las siguientes palabras o frases.

1. dependencia
2. quedar lo mismo
3. débil
4. desigualdad
5. realista
6. falso
7. pasado o futuro

B. El día de San Valentín. Escoja la palabra apropiada para completar las frases.

Ayer fue el Día de San Valentín. Tenía una ___(1)___ (fecha / cita) con mi novio Enrique. Él me invitó a ___(2)___ (acompañarlo / apoyarlo) a cenar. Me trajo unas flores muy bonitas; es muy ___(3)___ (romántico / débil). Fuimos a un restaurante, donde ___(4)___ (prometimos / compartimos) una paella. Después fuimos a bailar. Enrique es muy inteligente y sociable, y lo ___(5)___ (cuido / amo) mucho. Su único defecto es que es ___(6)___ (celoso / amoroso) y no quiere que hable con otros chicos. Para ___(7)___ (evitar / romper) problemas, no le digo nada si otro chico me invita a salir. Estoy muy ___(8)___ (enamorada / liberada) de Enrique y quiero casarme con él algún día.

C. ¿Masculino o femenino? ¿Cuáles de los adjetivos siguientes asocia usted con los hombres? ¿con las mujeres? ¿Por qué?

1. fuerte
2. débil
3. pragmático(a)
4. dominador(a)
5. puntual
6. celoso(a)
7. hablador(a)
8. sentimental

> «*El primer amor que entra en el corazón es el último que sale de la memoria.*» —*dicho*

Para esuchar: Dos invitaciones

Conversación 1: Para hacer una invitación; para rehusar *(decline)* **una invitación.** Julia está en casa cuando recibe una llamada de Alberto, un amigo.

A. Escuche la Conversación 1. Conteste esta pregunta: ¿Cree usted que Julia va a llamar a Alberto después de las vacaciones? ¿Por qué sí o por qué no?

B. Escuche la Conversación 1 otra vez. ¿Qué expresiones para hacer una invitación se usan?

____ 1. ¿Te gustaría ir a...?
____ 2. ¿Qué te parece si vamos a...?
____ 3. Si estás libre hoy...
____ 4. ¿Quieres ir a...?
____ 5. ¿Quisieras ir a...?
____ 6. ¿Me querrías acompañar a...?

C. Escuche la Conversación 1 una vez más. Escoja la mejor respuesta.

1. Alberto quiere...
   a. ir al cine. b. ir al teatro. c. ir a una ópera.
2. *El día que me quieras* es...
   a. una película con Carlos Gardel
   b. una película con música rock
   c. una ópera
3. El mes que viene Julia va a...
   a. seguir con los exámenes. b. ir a la playa. c. visitar a sus papás.
4. Una manera cortés de rehusar una invitación es...
   a. Otro día, quizás. b. No tengo tiempo para ti. c. No quiero ir.

> **«Donde hay amor, no hay temor (fear).» —proverbio**

Conversación 2: Para aceptar una invitación. Julia recibe otra llamada telefónica.

A. Escuche la Conversación 2. Conteste esta pregunta: ¿Está contenta Julia por la llamada?

B. Escuche la Conversación 2 otra vez. ¿Qué cosas o qué personas se mencionan?

____ 1. Cantinflas   ____ 5. Carlos Saura
____ 2. *Camila*   ____ 6. *El norte*
____ 3. María Luisa Bemberg   ____ 7. *Los olvidados*
____ 4. *Bodas de sangre*   ____ 8. *La vida sigue igual*

C. Escuche la Conversación 2 una vez más. ¿Qué expresiones para aceptar una invitación se usan?

_____ 1. Sí, con mucho gusto.   _____ 4. Encantado.
_____ 2. Sí, me encantaría.   _____ 5. De acuerdo. Tengo todo el
                                            día libre.
_____ 3. ¡Qué buena idea!   _____ 6. No veo la hora.

Gramática y vocabulario

The future tense

Formation of the future tense

Regular verbs

To form the future tense of regular verbs, the endings shown in bold in the following chart are added to the infinitive.

Hablar		*Comer*		*Vivir*	
hablar**é**	hablar**emos**	comer**é**	comer**emos**	vivir**é**	vivir**emos**
hablar**ás**	hablar**éis**	comer**ás**	comer**éis**	vivir**ás**	vivir**éis**
hablar**á**	hablar**án**	comer**á**	comer**án**	vivir**á**	vivir**án**

Irregular verbs

The regular endings **-é, -ás, -á, -emos, -éis,** and **-án** are added to the following verb stems to form the future tense.

caber	cabr-		querer	querr-	**é**
decir	dir-		saber	sabr-	**ás**
haber	habr-		salir	saldr- →	**á**
hacer	har-		tener	tendr-	**emos**
poder	podr-		valer	valdr-	**éis**
poner	pondr-		venir	vendr-	**án**

Use of the future tense

1. The future tense refers to an action that *will, shall,* or *is going to* take place.

   ¿Crees que Alberto cambiará?   *Do you think Alberto will change?*
   «Hijo eres y padre serás.»   *"A son you are and a father you will be."*
     —proverbio   *—proverb (i.e., be kind to your*
                                        parents)
   ¿Saldrás con Felipe?   *Will you go out with Felipe?*

2. The future tense is also used to express possibility or probability in the present. Look at some of the different ways this translates into English.

| El esposo de Gloria tendrá unos cincuenta años, ¿verdad? | *Gloria's husband must be (probably is) about fifty years old, isn't he?* |
| ¿Dónde estarán mis llaves? | *Where are my keys? (Where can they be?)* |

> **«Ocurre a veces que la virtud de una mujer debe ser muy grande, pues tiene que servir para dos.» —Carmen Silva**

Práctica

A. La mujer del futuro. Complete los párrafos con el tiempo futuro de los verbos entre paréntesis. Después, conteste las preguntas que siguen.

¿Cómo ____(1)____ (ser) la mujer del futuro? Según un artículo de la revista *Hombre internacional,** los futurólogos (*futurologists*) dicen que en el año 2043, el hombre ____(2)____ (estar) en un segundo plano (*place*). La mujer ____(3)____ (tener) más capacidad intuitiva y ____(4)____ (estar) más preparada psicológicamente para soportar el dolor físico y emocional. La mujer ____(5)____ (poner) fin a su condición de sexo débil y ____(6)____ (gobernar) el mundo.

Según el artículo, los futurólogos describen a una Eva fría y sin sentimientos. Ella ____(7)____ (querer) seleccionar a su esposo, y si no encuentra su hombre ideal ____(8)____ (haber) otras alternativas, como los robots. Estos robots ____(9)____ (venir) con garantía y ____(10)____ (valer) poco dinero.

Los hombres ____(11)____ (organizar) un movimiento de Liberación Machista. ____(12)____ (salir) a la calle y ____(13)____ (hacer) manifestaciones (*demonstrations*). Pero no ____(14)____ (poder) conseguir nada porque ¡hasta (*even*) la justicia ____(15)____ (estar) en manos de las mujeres!

Preguntas

1. Según el artículo, ¿quién tendrá más poder en el futuro: el hombre o la mujer?
2. ¿Cómo será la Eva del futuro, según el artículo?
3. ¿Qué harán los hombres del futuro? ¿Podrán cambiar su situación? ¿Por qué sí o por qué no?
4. ¿Qué piensa usted de estas ideas? ¿Por qué estarán en un artículo de una revista para hombres?

---

*Armando Suárez, «La mujer del año 2043», *Hombre internacional*, agosto, 1993, páginas 86–89.

> «*El hombre tiene miedo a la pérdida del poder, le asustan* **(frighten)** *las mujeres que saben lo que quieren y están seguras de sí mismas.*» —*Amparo Larrañaga, actriz española*

B. Probablemente... Después de cada oración, haga una conjetura *(conjecture)* para indicar posibilidad o probabilidad.

> MODELO: Felipe siempre le trae rosas rojas a su novia. (ser muy romántico.)
> **Será muy romántico.**

1. Felipe cree que su novia sale con otro chico. (tener celos)
2. Ana trabaja y tiene tres hijos. (estar muy ocupada)
3. Fernando lee el periódico todos los días. (saber lo que pasa en el mundo)
4. Carmen y Miguel salen juntos casi todos los días. (estar enamorados)
5. Van a Bogotá para las Navidades. (tener familia allí)

Ahora haga sus propias conjeturas.

> MODELO: Ramón toma todas las decisiones importantes sin hablar con su esposa.
> **Será muy dominador.**

1. Raúl está esperando a Yolanda. Tiene en la mano unos boletos para un concierto.
2. Juan y Marta hacen todas las cosas juntos. Comparten las tareas del hogar y tienen una relación muy buena.
3. Compraron una casa muy grande.
4. Elena tiene muchos novios.
5. Es estudiante de esta universidad.

C. Planes futuros. Diga tres cosas que va a hacer esta semana. Use el tiempo futuro.

> MODELOS: **Iré a la biblioteca mañana. Saldré a cenar el viernes. Después veré** *Como agua para chocolate.*

> «*Sólo hay un amor hasta la muerte: el último.*» —*Jacinto Miquelarena, novelista español*

The conditional

Formation of the conditional

Regular verbs

To form the conditional of regular verbs, the endings shown in bold in the following chart are added to the infinitive.

Hablar		*Comer*		*Vivir*	
hablaría	hablaríamos	comería	comeríamos	viviría	viviríamos
hablarías	hablaríais	comerías	comeríais	vivirías	viviríais
hablaría	hablarían	comería	comerían	viviría	vivirían

Irregular verbs

The regular endings **-ía, -ías, -ía, -íamos, -íais,** and **-ían** are added to the stems of the same verbs that are irregular in the future tense (see p. 88).

Use of the conditional

1. The conditional usually conveys the meaning *would* in English.

Pues, yo haría lo mismo.	*Well, I would do the same thing.*
¿Te gustaría ir al cine?	*Would you like to go to the movies?*
—Sí, me gustaría ver la nueva película de Almodóvar.*	*—Yes, I'd like to see the new film by Almodóvar.*

Remember, however, that the imperfect can also convey the idea of *would,* but in the sense of *used to.* With this use it describes repeated action in the past.

Cuando éramos jóvenes, íbamos al cine todos los domingos.	*When we were young, we would go to the movies every Sunday.*

2. The conditional often refers to a projected action in the future, viewed or thought of from a time in the past.

Juan dijo que me llamaría mañana.	*Juan said he would call me tomorrow.*
Ella prometió que iría conmigo al baile.	*She promised she'd go to the dance with me.*

Notice that if the present tense had been used in the first clauses of the preceding examples, the future would probably have been used in the second clauses:

Juan dice que me llamará mañana.	*Juan says he will call me tomorrow.*
Ella promete que irá conmigo al baile.	*She promises she'll go to the dance with me.*

---

* The verb **gustar** will be practiced in Chapter 7. Its use in the conditional with an infinitive is very common: **Nos gustaría comer en ese restaurante. ¿Les gustaría acompañarnos?**

> «*Cuando dos se quieren bien, con uno*
> *que coma basta.*» —*proverbio*

3. The conditional can express possibility or probability in the past.

¿Qué hora sería cuando entraron? —Serían por lo menos las cuatro de la mañana.	*What time was it (probably, could it have been) when they came in? —It must have been (was probably) at least four in the morning.*
Habría mucha gente en la plaza cuando llegaste, ¿no?	*There must have been (probably were) a lot of people in the plaza when you arrived, right?*

4. The conditional is sometimes used to show politeness or deference.

¿Podrían ustedes ayudarme, señores?	*Could you help me, gentlemen?*
Señora, ¿sabría usted dónde está el correo?	*Ma'am, would you know where the post office is?*
¿Nos podría traer dos cafés?	*Could you bring us two cups of coffee?*

5. The conditional is used with *if*-clauses, which will be discussed in Chapters 9 and 11.

Práctica

A. ¡De manera más cortés, por favor! Siga los modelos.

> **MODELOS:** Quiero un vaso de vino. (Déme un vaso de vino.)
> **¿Me podría traer (dar) un vaso de vino, por favor?**
>
> ¿Qué hora es?
> **¿Sabría usted qué hora es? (¿Me podría decir qué hora es?)**

1. Quiero más pan.	4. ¿Está Anita en casa?
2. ¿Dónde está el baño?	5. Quiero un vaso de agua.
3. Páseme el agua mineral.	6. ¿Podemos pasar?

B. La mujer de hoy. ¿Qué le prometieron?

> **MODELO:** su jefe / darle un día de descanso
> **Su jefe le prometió que le daría un día de descanso.**

1. su esposo / llamar a las seis
2. su padre / venir a cuidar a los niños

3. su madre / limpiar la cocina
4. su secretaria / hacerle reservaciones para un viaje de negocios
5. su vecina / traerle estampillas del correo

C. Actividad en pareja: ¿Todo bajo control? Mire otra vez el dibujo de la mujer que tiene todo «bajo control» (ejercicio B). Entreviste a un(a) compañero(a) usando las siguientes preguntas. Después, su compañero(a) lo (la) entrevista a usted.

1. ¿Le gustaría ser hijo(a) de esta mujer (o de una mujer como ella)? ¿Por qué sí o por qué no? ¿Le gustaría ser su esposo? ¿Por qué sí o por qué no?
2. Imagínese que usted es la mujer del dibujo. ¿Qué haría con sus niños? ¿Los llevaría a una guardería infantil (*day-care center*)? ¿Contrataría a una niñera (*babysitter*) para estar con ellos en la casa? ¿Dejaría de trabajar? (*Would you stop working?*)
3. Imagínese que los padres de la mujer del dibujo vienen de visita. ¿Qué pensarían ellos de la situación? ¿Qué le dirían a su hija?
4. Imagínese que usted es el esposo de la mujer y que quiere el divorcio. ¿Querría la custodia de sus hijos? ¿Los vería sólo los fines de semana? ¿Los dejaría completamente bajo el cuidado de su madre?

5. ¿Debería el gobierno tener un sistema de guarderías infantiles para cuidar a los niños de las personas que trabajan? ¿Debería ser gratuito *(free)*?

6. ¿Debería haber un servicio médico gratuito para todos los niños? ¿Por qué sí o por qué no?

7. Muchas personas critican a las madres que trabajan, diciendo que no son buenas mamás. Pero si no trabajan, dicen que son muy pasivas y que pasan todo el día mirando televisión. Y si se casan pero no tienen niños son «yuppies egoístas». Para la mujer moderna, ¿cuál es la solución?

> **«*El amor hace que el tiempo vuele y el tiempo hace que el amor vuele.*» —E. Jardiel Poncela**

D. Actividad en grupo: «Pequeño test del sexo opuesto.»* El siguiente «test» apareció en la revista *Vanidades*. Llene los espacios en blanco con *más* o *menos,* según su opinión. Las respuestas están en el apéndice D.

1. En un grupo de personas, las mujeres hablan _____ que los hombres.

2. Los hombres son _____ abiertos que las mujeres cuando conocen a alguien.

3. Las mujeres elogian *(praise)* _____ que los hombres.

4. Las mujeres tienden a tocar a los demás *(other people)* mucho _____ que los hombres.

5. Los hombres interrumpen _____ que las mujeres y tienden a contestar preguntas que no están dirigidas *(directed)* a ellos.

Vocabulario útil: Comparaciones

El siguiente cuadro ilustrativo apareció en la revista peruana *Debate.*† Está basado en una encuesta *(survey)* de 401 amas de casa de Lima, Perú. Los números representan porcentajes del total. Nota: **optimista, pesimista** y **moralista** se usan con sustantivos *(nouns)* masculinos o femeninos: **un hombre optimista/una mujer optimista.**

---

* *Vanidades,* el 8 de diciembre de 1992, página 138.

† Abelardo Sánchez-León, «Perfil del ama de casa limeña,» *Debate,* marzo-mayo, 1993, página 33.

AUTOPERCEPCION DEL AMA DE CASA %

Comparisons of equality

1. **Tan** + adjective (adverb) + **como** means *as . . . as.*

Uno es tan joven como sus ilusiones y tan viejo como sus recuerdos.	*One is as young as one's illusions and as old as one's memories.*
Eva traerá la sopa tan pronto como sea posible, señor.*	*Eva will bring the soup as soon as possible, Sir.*

Notice the agreement of the adjective with the noun(s) before **tan;** the adjective agrees with the first noun(s) mentioned:

Marisa es tan extrovertida como Eduardo. Eduardo y Paco son tan optimistas como Marisa.	*Marisa is as extroverted as Eduardo. Eduardo and Paco are as optimistic as Marisa.*

2. **Tanto(a, os, as)** before a noun means *as much (many)* or *so much (many);* it agrees with the noun it modifies. **Tanto como** means *as much as* and does not show agreement.

¡Tantas preguntas!	*So many questions!*
Nadie habla tanto como él.	*No one talks as much as he does.*

3. **Tan** can also mean *so:* ¡**Es tan cariñosa!**

Práctica

A. **«Compañía de admiración mutua».** Cecilia y Ramón han formado una compañía de admiración mutua *(mutual admiration society).* ¿Qué dirá Cecilia?

> **MODELOS:** RAMÓN: Sabes mucho de música.
> CECILIA: **Tú sabes tanto como yo.**
>
> RAMÓN: Tienes muchos amigos.
> CECILIA: **Tú tienes tantos amigos como yo.**

1. Conoces a mucha gente.
2. Sales mucho.
3. Tienes mucha paciencia.
4. Lees muchos libros interesantes.
5. Bailas bien.

B. **Comparaciones tradicionales.** Complete las oraciones con las palabras que faltan.

---

* Adverbs, such as **pronto,** are words that tell when, where, how, etc. Many Spanish adverbs end in **-mente,** equivalent to *-ly* in English. These will be discussed in Chapter 9. Note that adverbs do not show agreement with the subject.

MODELO: Es **tan** americano **como** un pastel de manzana.

1. Tiene _____ fuerza _____ Hércules.
2. Es _____ hermosa _____ Cleopatra.
3. Es _____ viejo _____ Matusalén.
4. Es _____ rápida _____ Mercurio, el mensajero de los dioses.
5. Tiene _____ dinero _____ el rey Midas.
6. Tiene _____ hijos _____ la viejita que vivía en un zapato.
7. Tiene pies _____ pequeños _____ los pies de Cenicienta (*Cinderella*).

Comparisons of inequality

1. **Más** + adjective or adverb + **que:**

   Es más claro que el agua, señores.   *It's crystal clear (clearer than water), gentlemen.*

   Matilde sale más a menudo que su hermana.   *Matilde goes out more often than her sister.*

2. **Menos** + adjective or adverb + **que:**

   Soy menos alegre que tú.   *I am less happy than you.*

3. **Más** (+ noun +) **que** for *more* (+ noun +) *than;* **menos** (+ noun +) **que** for *less* (+ noun +) *than:*

   Ella gana más (menos) dinero que él.   *She earns more (less) money than he does.*

4. Before a number, **de** is used instead of **que** to mean *than:*

   Hay más de dos libras en un kilogramo.*   *There are more than two pounds in a kilogram.*

5. Negatives (not affirmatives as in English) are used after **que** in comparisons:

   Necesitamos igualdad ahora más que nunca.   *We need equality now more than ever.*

   Lo admiro más que a nadie.   *I admire him more than anyone.*

«*El amor es el egoísmo entre dos personas.*» —*proverbio*

Práctica

A. Según su opinión... Haga oraciones, usando **más, menos** o **tan.**

---

*However, **no... más que** before a number means *only:* **¿No tienes más que cincuenta pesos?**

> **MODELO:** romántico: ir a un baile / ir a caminar en la playa
> **Es más (menos) romántico ir a un baile que ir a caminar en la playa.**

1. feliz: los solteros / los casados
2. popular: los coches grandes / los coches pequeños
3. fácil: tocar la guitarra / tocar el violín
4. contento: los pobres / los ricos
5. emocionante: ver a los reyes de España / ver al presidente de Estados Unidos
6. más: un galón / dos litros
7. insoportable: una persona muy egoísta / una persona muy dominadora

B. **¿Más o menos?** Haga oraciones, usando **más** o **menos.**

1. Simón Bolívar / fue / famoso / Tomás Godoy Cruz
2. Un kilogramo / es / dos libras
3. Es / importante / divertirse / trabajar
4. Un día / tiene / veintiocho horas
5. Una semana / tiene / dos días
6. Buenos Aires / es / grande / San Salvador

C. **Comparaciones.** De acuerdo con el modelo, haga oraciones comparativas.

> **MODELO:** hombres / mujeres
> **Los hombres son más (menos) fuertes que las mujeres.**

1. rey / presidente
2. estudiante / capitalista
3. jóvenes / ancianos
4. aviones / coches
5. México / Estados Unidos

Irregular comparative forms; The superlative

Irregular comparative forms

Adjectives	Adverbs	Comparatives
bueno *good*	bien *well*	mejor *better*
malo *bad*	mal *badly*	peor *worse*
mucho *much, many*	mucho *much, a lot*	más *more*
poco *few*	poco *a little*	menos *less*
grande *large, great*		mayor *older;* más grande *bigger*
pequeño *small, little*		menor *younger;* más pequeño *smaller*

The feminine forms of **mejor, peor, mayor,** and **menor** are the same as the masculine forms; the plurals are formed by adding **-es. Mayor** and **menor** are often used to modify people to mean *older* and *younger,* respectively; **más grande (pequeño)** refers to size rather than age. **Mejor** and **peor** generally precede, rather than follow, the nouns they modify.

Catita es mayor que su hermano pero es más pequeña.	*Catita is older than her brother but she's smaller.*
¡Mis hermanas menores ya son más grandes que mi mamá!	*My younger sisters are already bigger than my mother!*
«No hay mejor maestra que la pobreza.» —proverbio	*"There is no better teacher than poverty." —proverb*

> «Es mejor ser hombre que mujer, porque hasta el hombre
> más miserable tiene una mujer a la cual mandar.»
> —Isabel Allende, novelista chilena

The superlative

Adjective	Comparative	Superlative
bonito	más bonito	el más bonito
inteligentes	más inteligentes	las más inteligentes

1. To form the superlative of adjectives, place the definite article before the comparative.* If a noun is mentioned, it generally follows the definite article.

Definite Article	Noun	más	Adjective
el	hombre	más	rico
la	mujer	más	famosa

Chile tiene la región más seca y la ciudad más alta del mundo. (Son el Desierto de Atacama y Aucanquilcha a 17.500 pies de altura.)	*Chile has the driest region and the highest city in the world. (They are the Desert of Atacama and Aucanquilcha, 17,500 feet high.)*
Los años que pasé en Buenos Aires fueron los mejores de mi vida.	*The years I spent in Buenos Aires were the best of my life.*

---

* Sometimes a possessive is used instead of a definite article: **Ésa es mi menor preocupación.** *That's my least concern.*

2. **De** is used to express English *in* or *of* after a superlative.

Es la decisión más importante de todas.	*It's the most important decision of all.*
Ella es la más simpática de todos.	*She's the nicest one of all.*
Juan es el menos ambicioso de la familia.	*Juan is the least ambitious (one) in the family.*

Notice that in the preceding two examples the noun is not expressed.

3. The definite article is not used with superlative adverbs.

¿Quién nos escribe más a menudo?	*Who writes to us the most often?*

The neuter **lo** precedes a superlative adverb followed by a phrase expressing possibility.

$$\text{lo} + \left\{ \begin{array}{c} \textbf{más} \\ \textbf{menos} \end{array} \right\} + \text{adverb} + \left\{ \begin{array}{c} \textbf{posible} \\ \textbf{que + poder} \end{array} \right\}$$

Te llamaré lo más pronto posible.	*I'll call you as soon as possible.*
Llegamos lo más temprano que pudimos.	*We arrived as early as we could.*

4. The absolute superlative can be formed with **muy** + adjective (adverb) or with the ending **-ísimo(a, os, as).**

¿Llegaron muy tarde? —Tardísimo.	*Did they arrive very late? —Very late indeed.*
Esas rosas fueron carísimas.	*Those roses were very expensive.*

Note that if the **-ísimo** ending is added to a word ending in a vowel, the final vowel is dropped. If the word ends in **z,** change the **z** to **c;** change a final **co** to **qu** and a final **go** to **gu:**

feliz   **felicísimo** (z→c)
poco   **poquísimo** (co→qu)
largo   **larguísimo** (go→gu)

Práctica

A. **Superlativos.** De acuerdo con el modelo, haga superlativas las oraciones siguientes.

MODELO: Él es muy joven.
Es el menor de todos.

1. Elena es muy responsable.
2. Tú eres muy simpática.
3. Ese señor es muy viejo.
4. Somos muy alegres.
5. Ese futbolista es muy bueno.
6. Son muy pequeños.
7. Mi hermana es muy joven.
8. Ese músico es muy malo.

B. Deducciones. Haga sus propias deducciones, usando las terminaciones **-ísimo(a, os, as).**

> **MODELO:** Ella tiene siete pies de altura.
> **¡Es altísima!**

1. Él no tiene ni un centavo.
2. Este libro cuesta cincuenta dólares.
3. Esta ópera nunca va a terminar.
4. Tiene un millón de dólares.
5. Él puede levantar 200 kilo(gramo)s.

C. Según Guinness. La siguiente información se encuentra en el *Guinness Book of World Records* y está basada en hechos históricos documentados. Complete las oraciones.

1. La Paz, Bolivia es _____ *(the highest capital city in the world).*
2. Jericó *(Jericho)* es _____ *(the oldest city in the world).*
3. Shigechiyo Izumi, de Japón, tenía 120 años cuando murió; era _____ *(the oldest person in human history).*
4. Robert Wadlow, de Illinois, Estados Unidos, tenía casi nueve pies de altura; era _____ *(the tallest person in human history).*
5. Lucía Zárate de México era _____ *(the smallest person in human history).* *
6. El azafrán *(saffron)* de España es _____ *(the most expensive food in the world).*
7. Octavio Guillén y Adriana Martínez tuvieron _____ *(the longest engagement* **[noviazgo]** *in history):* 67 años. Se casaron a la edad de 82 años.
8. Gibraltar es _____ *(the smallest colony* **[colonia]** *in the world).*
9. La frontera que se cruza _____ *(most often)* es la frontera entre Estados Unidos y México.

D. Comparaciones. Comparen las siguientes personas o cosas.

> **MODELO:** tu madre, tu padre y otro pariente
> **Mi madre es más moralista que mi padre. Mi padre tiene menos prejuicios. Mi abuelo es el más moralista de todos.**

1. los Volkswagens, los Jaguares, los Toyotas, (los _____)
2. el fútbol americano, el béisbol, el golf, (el _____)

---

*A la edad de diecisiete años, pesaba 4,7 libras.

3. *Lo que el viento se llevó (Gone with the Wind), La guerra de las galaxias (Star Wars), Como agua para chocolate, (_____)*
4. un viaje a Europa, un viaje a Hawaii, un viaje al Gran Cañón, (un viaje a _____)

E. Actividad en grupo: Las personas más importantes del siglo. Primero, escriba los nombres de dos hombres y de dos mujeres de este siglo que le parecen muy importantes. Explique por qué los escogió.

MODELOS:

Nombre	Explicación
1. **Martin Luther King**	**Fue líder del movimiento de derechos civiles en Estados Unidos. Protestó contra la discriminación racial.**
2. **Margaret Mead**	**Fue antropóloga y estudió por primera vez las costumbres de los niños y las mujeres. Mostró los diferentes conceptos morales que existen en diferentes sociedades.**

En grupos de tres o cuatro personas, hablen de las personas que escogieron, comparándolas. (Por ejemplo, **Jonas Salk era más [o menos] importante que Mohandas Gandhi porque....**) Luego, decidan a favor de un hombre y de una mujer. Al final, cada grupo leerá sus opiniones y toda la clase votará por el hombre más importante y la mujer más importante del siglo veinte.

En otras palabras...

Invitaciones

Everyone has different tastes and preferences, so when you invite someone to do something with you, sometimes they accept and sometimes not. How would you extend an invitation to a friend to do something with you? How would you accept or decline an invitation from someone else? There are many possible ways, and here are some of them:

Para hacer una invitación

¿Le (te) gustaría ir a... (conmigo)?
¿Qué le (te) parece si vamos a...?
Si está(s) libre hoy, vamos a...

¿Quiere(s) ir a...?
¿Quisiera(s) ir a...? *(slightly formal)**
¿Me querría acompañar a...? *(formal)*

Para aceptar una invitación

Sí, ¡con mucho gusto!
Sí, me encantaría.
Encantado(a).   *I'd be delighted.*
¡Cómo no! ¿A qué hora?
¡Listo(a)! ¡Gracias por la invitación!
Oh sí, ¡qué buena idea!
¡No veo la hora!   *I can't wait.*
De acuerdo, ¡tengo todo el día libre!

Para rehusar (decline) una invitación

Lo siento, pero tengo mucho que hacer esta semana. La semana que
   viene, tal vez.
¡Qué lástima! Ya tengo otros planes.
Me encantaría (gustaría), pero no voy a poder ir.
¡Qué pena! *(What a shame!)* Esta tarde tengo que estudiar (ir de com-
   pras, etcétera).
Otro día tal vez; estoy muy ocupado(a) hoy.

Práctica

A. Entre amigos. Escoja a un(a) compañero(a) de clase e invítelo(la) a
hacer las siguientes cosas. Su compañero(a) debe aceptar o rehusar
como lo haría cualquier amigo(a).

1. ¿Te gustaría ir a jugar al tenis esta tarde?
2. ¿Quieres acompañarme a ver la película *El norte*?
3. ¿Te interesaría ir a una fiesta de «Tupperware»?
4. ¿Quisieras ir a un concierto de Brahms el viernes?
5. ¿Quieres ir a Acapulco en el verano?

B. Breves encuentros. Inicie breves conversaciones relacionadas con
cada una de las siguientes situaciones.

1. Usted invita a un(a) amigo(a) hispano(a) a tomar una copa en un
   café. Su amigo(a) acepta.
2. El presidente de Estados Unidos llama a su esposa para invitarla a
   salir; quiere que salgan solos. Ella dice que tiene dolor de cabeza.
3. Unos amigos latinos lo (la) invitan a una fiesta que empieza a las
   diez de la noche. Usted quiere ir pero tiene que trabajar al día siguiente y no acepta su invitación.

---

*This is an imperfect subjunctive form of **querer,** to be discussed in Chapter 9.

Repaso

A. Comparaciones y superlativos. Mire las siguientes fotos y haga por lo menos tres oraciones comparativas y tres oraciones superlativas sobre estas personas. Use el vocabulario útil de la página 95 o algunos de estos adjetivos: **joven, viejo(a), rico(a), conservador(a), radical, famoso(a).**

1. Gloria Estefan

2. Fidel Castro

3. Julio Iglesias

4. el rey Juan Carlos de Borbón y la reina Sofía

5. Raquel Welch

B. Predicciones. Complete el párrafo con las formas correctas de los verbos entre paréntesis. Use el tiempo futuro.

Según el artículo: «El futuro: ¿para bien o para mal?»* ___(1)___ (haber) muchos cambios en nuestras vidas en los próximos años. La mujer ___(2)___ (recuperar) su interés por la comunidad y ___(3)___ (trabajar) para mejorar el planeta. ___(4)___ (Llegar) tiempos muy feministas, en todos los aspectos. «La orientación social ___(5)___ (estar) más dirigida hacia la mujer. [Nosotros] ___(6)___ (Ver) a más mujeres dentro de la política, dentro de las organizaciones de base y en los puestos de mando *(positions of power)* en general: [nosotros] ___(7)___ (tener) más candidatas mujeres....» Según el artículo, el romanticismo y el galanteo ___(8)___ (ser) más importantes y la gente se ___(9)___ (casar) más tarde. Habrá más empresas *(businesses)* familiares y más parejas que ___(10)___ (formar) «una verdadera alianza, no sólo en el terreno de la relación amorosa sino también en el trabajo».

C. Los chicos y *Tú*. Las siguientes ideas son de la revista *Tú*.† Primero, traduzca las palabras entre paréntesis al español.

Vocabulario: **bromas** jokes, **rechazados** rejected, **Disfrutan de los chismes** They enjoy gossip, **consejero** counselor

1. A los chicos les gustan _____ *(more)* las bromas que a las chicas.
2. Los chicos necesitan _____ *(more)* tiempo para tomar una decisión.
3. Su miedo _____ *(biggest)* consiste en ser rechazados.
4. Utilizan el ejercicio _____ *(more than)* las chicas, como un medio para escapar de sus tensiones.
5. No son _____ *(as)* supersticiosos _____ *(as)* las chicas.
6. Disfrutan de los chismes _____ *(as much as)* las chicas.
7. Son _____ *(more romantic than)* las chicas.
8. Hablan _____ *(less)* sobre sus relaciones personales y es _____ *(less)* probable que resuelvan sus problemas por medio de un psicólogo.
9. Usan _____ *(fewer)* adjetivos y no son _____ *(as)* descriptivos _____ *(as)* las jóvenes.

> «*La mujer perdona las infidelidades, pero no las olvida. El hombre olvida las infidelidades, pero no las perdona.*»
> —*Severo Catalina, escritor español*

---

*Patricia Bahamonde, *Cosmopolitan (en español)*, octubre, 1992, páginas 45, 110.

†«Chicos: tu asignatura favorita», *Tú*, noviembre, 1993, páginas 78–79.

¿Está usted de acuerdo con este análisis de los chicos y las chicas? ¿Por qué sí o por qué no?

D. Composición estructurada: ¿Cómo será el mundo del futuro? ¡El mundo va cambiando rápidamente! Describa su visión de cómo será el mundo en el año 2025. Escriba por lo menos tres oraciones sobre cada uno de los siguientes temas, usando las preguntas que siguen como base, si quiere. Luego, invente un buen título para su descripción.

1. La casa. ¿Se comerá más comida preparada? ¿Se harán las compras por computadora (por medio de la «realidad virtual»)? ¿Habrá robots para hacer las tareas del hogar y cuidar el jardín?

2. El trabajo. ¿Trabajará más gente en casa en vez de fuera de casa? ¿Habrá más centros con los servicios que normalmente existen en una oficina grande (fotocopiadora, fax, etcétera)? En las compañías grandes, ¿será más común tener gimnasio y servicios como dentistas o salones de belleza? ¿Serán más flexibles las horas de trabajo?

3. La situación global. ¿Habrá paz o guerra? ¿En qué regiones del mundo habrá guerra? ¿Serán los países del futuro más grandes o más pequeños que los países actuales? ¿Habrá más gente? ¿Viviremos más?

Capítulo 5

LA VIDA ESTUDIANTIL

Presentación del tema

En los países hispánicos, los colegios o liceos preparan a los estudiantes para la universidad. Hay muchos colegios que son privados. También hay escuelas vocacionales. En muchos países, hay escuelas separadas para comercio, para la formación de maestros y para las fuerzas militares.

En algunas universidades no es obligatorio que los estudiantes asistan a clase, pero es necesario que aprueben un examen final. Para aprobar un curso, solamente es necesario sacar una buena nota en los exámenes finales. Muchas veces estos exámenes son orales.

En los países hispánicos es más común especializarse en derecho, ingeniería o medicina que en las universidades estadounidenses. La mayoría de los profesores son profesionales que trabajan en otra parte además de dar clases, así que el contacto entre los profesores y los estudiantes es por lo general mínimo.

La universidad se divide en facultades especializadas y muchas veces no hay un *campus* como en los Estados Unidos, porque las facultades están en varias partes de la ciudad. Si un estudiante estudia medicina, por ejemplo, tiene todas sus clases en la facultad de medicina. Aunque hay zonas universitarias en algunas ciudades, es raro que un estudiante viva en una residencia estudiantil

Vocabulario útil: Escuela, colegio (liceo) y universidad

Cognados

la arquitectura
las ciencias
las ciencias de computación (la informática)
las ciencias políticas
las ciencias sociales
la escuela secundaria
la filosofía
graduarse
la ingeniería
las matemáticas
la medicina
la oficina administrativa

Otras palabras

los apuntes	notes
el bolígrafo	ballpoint pen
el campo	field
la cartera	small purse
la cédula de identidad	I.D.
la conferencia	lecture
el cuaderno	notebook
el deber, la tarea	homework
el derecho	law
la farmacia	pharmacology
las letras	literature
el liceo	high school
el título	degree, title

Verbos

aprobar (ue) (un curso o examen)	to pass (a course or exam)
devolver (ue)	to return (something)
especializarse en	to major (specialize) in
fracasar (en un curso o examen)	to fail (a course or exam)
pagar la matrícula	to pay tuition
recoger	to pick up, collect
seguir (i) un curso	to take a course

> ### ¡Ojo!
>
> **la biblioteca** library / **la librería** bookstore
> **el colegio** elementary or secondary school (usually private)
> **la conferencia** lecture / **la lectura** reading / **el congreso**
>   conference or congress
> **la facultad** school (department) of a university
> **las notas** grades (or notes); **sacar buenas (malas) notas** to get
>   good (bad) grades / **los apuntes** notes; **tomar apuntes** to take
>   notes
> **la residencia estudiantil** dorm / **el dormitorio** bedroom

mientras asiste a la universidad. La mayoría de los estudiantes viven con su familia o con una familia de la ciudad. Los estudiantes se reúnen generalmente en los cafés, las plazas y en otros lugares públicos de la ciudad. No están aislados *(isolated)* ni separados de la comunidad.

Tradicionalmente, en los países latinoamericanos (como México, por ejemplo) la matrícula de la universidad era gratis (no costaba nada). Hoy, con la gran crisis económica, generalmente es necesario pagar, pero el costo es mucho menos que el costo de la mayoría de las universidades norteamericanas.

> «...los cafés, verdadera Universidad popular.»
> —Miguel de Unamuno (en una carta)

Preguntas

1. ¿Cuáles son algunas de las diferencias entre el sistema de enseñanza hispánico y el estadounidense?
2. ¿Qué ventajas (puntos positivos) hay para el estudiante en el sistema hispánico? ¿Qué desventajas (puntos negativos) hay?
3. ¿Qué piensa usted de los exámenes orales? ¿Son más o menos fáciles que los escritos? ¿Por qué?
4. ¿Cree usted que hay mucho contacto entre los profesores y los estudiantes en las universidades norteamericanas? ¿De qué depende?

Práctica

A. ¿Adónde va? ¿Adónde va el estudiante cuando...?
1. necesita devolver un libro que sacó
2. desea comprar un libro de texto
3. termina la escuela primaria

4. quiere dormir (si no vive con su familia o en un apartamento)
5. desea hablar con el profesor que enseña el curso sobre literatura latinoamericana
6. necesita comprar unos bolígrafos y un cuaderno
7. tiene que pagar la matrícula
8. quiere cambiar de un campo de estudio a otro

B. ¿Qué tenemos que hacer? Termine las oraciones, de acuerdo con el modelo. En algunos casos hay más de una posibilidad.

> MODELO: Para ser maestro (profesor de primaria)...
> **Para ser maestro, es necesario especializarse en enseñanza (o seguir cursos en la facultad de educación).**

1. Para ser médico...
2. Para recordar cierta información de una conferencia larga y complicada...
3. Para obtener un título...
4. Para sacar buenas notas...
5. Para obtener una beca *(scholarship)*...
6. Para ser abogado...

C. Actividad en grupo: La fórmula para sacar buenas notas. Discuta las siguientes preguntas. Esté preparado(a) para explicar después las opiniones de su grupo.

1. ¿Qué piensas de las siguientes «reglas» *(rules)* para sacar buenas notas? En tu opinión, ¿cuáles son las tres recomendaciones más importantes? Ponlas en orden, con el número 1 como la más importante, etcétera.
   ____ pasar mucho tiempo en la biblioteca
   ____ siempre hacer la tarea para el día siguiente
   ____ asistir a todas las clases sin falta
   ____ impresionar a los profesores
   ____ tomar buenos apuntes en todas las clases
   ____ estudiar mucho para los exámenes finales
   ____ no trabajar en otros empleos
   ____ no participar en los deportes o en otras actividades

2. En tu opinión, ¿en qué consiste el éxito en la universidad? ¿Consiste en sacar buenas notas? ¿Hay otros factores importantes? Explica.

Para escuchar: Un contestador telefónico automático

Conversación 1: Para saludar y despedirse por teléfono; para pedir permiso. Jessica vive ahora en Bogotá con su amiga Julia Gutiérrez;

las dos asisten a la Universidad de los Andes de esa ciudad. Están muy ocupadas y casi nunca están en casa. Jessica compra un contestador automático.

A. Escuche, en la Conversación 1, los mensajes que Jessica recibe. ¿A quién llamará Jessica primero? ¿Por qué?

B. Escuche la Conversación 1 otra vez. En los primeros dos mensajes para Jessica, ¿qué expresiones para pedir permiso se usan? (Hay dos.)

_____ 1. ¿Se permite...?
_____ 2. ¿Me permites...?
_____ 3. ¿Es posible que...?
_____ 4. ¿Está bien que...?

C. Escuche los mensajes otra vez y llene los formularios con la información que falta.

Mensaje 1:

Llamó: _____

__ Favor de llamar   __ X __ Volverá a llamar

Quiere usar _____

_____

Quiere llegar _____

_____

Mensaje 2:

Llamó: _____

__ Favor de llamar   __ Volverá a llamar

Tienen _____

_____

Quiere saber si _____

_____

Mensaje 3:

Llamó: _____

__ Favor de llamar   __ Volverá a llamar

Dejó _____

_____

Puede recogerlo _____

_____

Conversación 2: Para saludar y despedirse por teléfono; para expresar prohibición.

A. Escuche, en la Conversación 2, los mensajes que Julia recibe. ¿A quién llamará Julia primero? ¿Por qué?

B. Escuche los mensajes otra vez y llene los formularios con la información que falta.

Mensaje 1:

Llamó: _____

__ Favor de llamar   __ Volverá a llamar

Pide permiso para _____

_____

_____

_____

Mensaje 2:

Llamó: _____

__ Favor de llamar   __ Volverá a llamar

La extraña mucho. Quiere que Julia vuelva _____

_____

_____

_____

Mensaje 3:

Llamó: _____

__ Favor de llamar   __ Volverá a llamar

Hay un problema: _____

_____

_____

_____

Mensaje 4:

Llamó: _____

__ Favor de llamar   __ Volverá a llamar

Quiere saber _____

_____

No se permite _____

_____

Gramática y vocabulario

The present subjunctive mood: Introduction and formation; The subjunctive with impersonal expressions

The present subjunctive mood: Introduction and formation

Up to this point, the indicative mood has been used in this book. The indicative is used to state facts or make objective observations—most statements are in the indicative. (Statements in the indicative may or may not be true, but they are stated as truth.) The indicative is also used to ask simple questions. But now the subjunctive mood will be discussed: the mood of doubt, emotion, probability, personal will, arbitrary approval or disapproval. First, let's look at some examples of the subjunctive versus the indicative.

David aprueba el curso.	*David is passing the course. (simple statement—indicative)*
¿Aprueba David el curso?	*Is David passing the course? (simple question—indicative)*
Es posible que apruebe.	*It's possible that he may pass (uncertainty, doubt—subjunctive)*
Es fantástico que David apruebe.	*It's fantastic that David is passing. (emotion—subjunctive)*
Está bien que David apruebe.	*It's good that David will pass (is passing). (approval—subjunctive)*

Notice that in all the sentences with the subjunctive, there are two clauses: an independent clause that can stand alone (**Es posible. Está bien.**) and a dependent clause that begins with **que.** The subjunctive is contained in the dependent clause. The subject of the dependent clause is different from the subject of the main clause (in these examples, the subject of the main clause is impersonal). Notice the various ways to translate the subjunctive into English.

Es posible que apruebe.
$\left\{\begin{array}{l}\textit{It's possible (that) he may pass.}\\ \textit{It's possible (that) he's passing.}\\ \textit{It's possible (that) he will pass.}\\ \textit{It's possible for him to pass.*}\end{array}\right.$

The word *that* is optional in English, but **que** is always used in Spanish.

Now let's look at the formation of the subjunctive in Spanish:

---

* This construction requires a dependent clause with the subjunctive in Spanish even though an infinitive is used in English. Since there is a change of subject *(it/him)*, the sentence can *not* be translated to Spanish using the infinitive.

Regular verbs

To form the present subjunctive of nearly all Spanish verbs, the **-o** is dropped from the first-person singular of the present indicative (the **yo** form) and the following endings are added:

-ar verbs: **-e, -es, -e, -emos, -éis, -en**
-er and **-ir** verbs: **-a, -as, -a, -amos, -áis, -an**

Hablar		*Comer*		*Vivir*	
hable	hablemos	coma	comamos	viva	vivamos
hables	habléis	comas	comáis	vivas	viváis
hable	hablen	coma	coman	viva	vivan

Tener		*Hacer*		*Decir*	
tenga	tengamos	haga	hagamos	diga	digamos
tengas	tengáis	hagas	hagáis	digas	digáis
tenga	tengan	haga	hagan	diga	digan

Stem-changing verbs

1. **-ar** and **-er.** The **nosotros** and **vosotros** forms follow the same pattern in the indicative and so do not have a stem change.

Encontrar		*Querer*	
encuentre	encontremos	quiera	queramos
encuentres	encontréis	quieras	queráis
encuentre	encuentren	quiera	quieran

2. **-ir.** In the **nosotros** and **vosotros** forms the infinitive stem **e** becomes **i** and the infinitive stem **o** becomes **u.**

Sentir (e to ie)		*Pedir (e to i)*		*Dormir (o to ue)*	
sienta	sintamos	pida	pidamos	duerma	durmamos
sientas	sintáis	pidas	pidáis	duermas	durmáis
sienta	sientan	pida	pidan	duerma	duerman

Irregular verbs

There are four verbs that do not follow the above patterns: **haber, ir, ser,** and **saber.**

Haber		*Ir*		*Ser*		*Saber*	
haya	hayamos	vaya	vayamos	sea	seamos	sepa	sepamos
hayas	hayáis	vayas	vayáis	seas	seáis	sepas	sepáis
haya	hayan	vaya	vayan	sea	sean	sepa	sepan

Note also that (1) **estar** takes accents on the same syllables in the present subjunctive as in the indicative **(esté, estés, esté, estemos, estéis, estén),** and (2) there are accents on the first- and third-person singular forms of the verb **dar,** so that they can be distinguished from the preposition **de (dé, des, dé, demos, deis, den).**

The subjunctive with impersonal expressions

While the indicative is used to ask simple questions or make factual statements, the subjunctive is used after certain verbs or expressions that indicate or imply (1) uncertainty, doubt, denial, (2) emotion, (3) will, preference, necessity, or (4) approval, disapproval, advice.

1. Doubt, denial or uncertainty

Es posible que Enrique fracase.	*It's possible (that) Enrique will fail.*
Es probable* que volvamos.	*It's probable (that) we'll return.*
Es imposible que sigan ese curso.	*It's impossible for them to take that course.*

2. Emotion (hope, fear, surprise, happiness, sadness, and so forth)

Es una lástima que no vengan.	*It's a shame that they aren't coming.*
Es sorprendente que Pablo no asista.	*It's surprising that Pablo isn't attending.*
Es terrible que te hable así.	*It's terrible that he talks to you that way.*

3. Will, preference, necessity

Es importante que pensemos en el futuro.	*It's important that we think about the future.*
Es preferible que vaya.	*It's preferable for him (her, you) to go.*

4. Approval, disapproval, advice

Está bien que hagas el examen el jueves en vez del martes.	*It's okay for you to take the exam Thursday instead of Tuesday.*
Es mejor que Juan no siga el curso de farmacia.	*It's better for Juan not to take the pharmacology class.*

The subjunctive is also required after expressions of emotion, will (preference, necessity), or approval (disapproval, advice) in the negative or interrogative.

No es posible que Enrique fracase.	*It's not possible that Enrique will fail.*
No es sorprendente que Pablo no asista.	*It's not surprising that Pablo isn't attending.*
¿Es preferible que vaya?	*Is it preferable for him (her, you) to go?*

---

* Note that in Spanish the expression of probability is taken to allow for doubt and is followed by the subjunctive.

However, after expressions of uncertainty (doubt, denial) in the negative the indicative is required if the idea of uncertainty (doubt, denial) is "cancelled out." Compare:

Hay dudas de que la biblioteca tenga ese libro.	*It's doubtful that the library has that book. (subjunctive)*
No hay dudas de que la biblioteca tiene ese libro.	*It's not doubtful that the library has that book. (I've seen it there.) (indicative)*

> *«Saber es poder.» —proverbio*

Impersonal expressions that take the indicative

There are some impersonal expressions that take the indicative because they imply truth or certainty, such as the following:

Es verdad (cierto, obvio, claro, evidente) que...	*It's true (certain, obvious, clear, evident) that...*

Naturally, in the negative these expressions require the subjunctive, since untruth or disbelief is expressed. Compare:

Es evidente que el sol es el centro del universo.	*It's evident (obvious) that the sun is the center of the universe.*
¡No es verdad que el sol sea el centro del universo!	*It's not true that the sun is the center of the universe!*

> *«Lo que se aprende en la cuna (cradle), siempre dura.» —proverbio*

Práctica

A. Usos del subjuntivo. Diga si se usa el subjuntivo o el indicativo en cada una de las siguientes oraciones.

1. Es poco probable que Juana me llame esta noche.
2. Es mejor que Alicia cambie de compañera de cuarto.
3. Es claro que no puede graduarse este trimestre.
4. Es necesario que compren el libro de texto.
5. Es preferible que lo decidas inmediatamente.
6. No está bien que se especialice en matemáticas.

B. ¡Qué burocracia! La persona a cargo *(in charge)* de la oficina de matrículas es desorganizada. Diga lo que esta persona dice a los estudiantes que hacen cola y que necesitan sus papeles para poder matricularse. Siga los modelos, usando el indicativo o el subjuntivo.

Vocabulario útil: La vida universitaria

Los altibajos del estudiante

los altibajos	*ups and downs*
cobrar mucho (demasiado)	*to charge a lot (too much)*
las cuotas altas (bajas)	*high (low) fees*
la depresión	*depression*
la esperanza	*hope*
exigente	*demanding (referring to people)*
el requisito	*requirement*
el ruido	*noise*
la tensión, el estrés*	*tension, stress*
la ventaja (la desventaja)	*advantage (disadvantage)*

Modismos

estar deprimido	*to be depressed*
estar en la gloria	*to be on top of the world*
estudiar a la carrera	*to cram*
hacer cola	*to stand in line*
hacer huelga	*to go on strike*
hacer trampa	*to cheat*
Ojalá (que) (+ subj.)...	*I hope (that)...(from the Arabic May Allah grant...)*

MODELOS: Es probable que usted... recibir los papeles por correo *(by mail)*
Es probable que reciba los papeles por correo.

Es cierto que tú... tener que esperar al jefe
Es cierto que tienes que esperar al jefe.

1. Es probable que usted...
   tener que regresar más tarde, necesitar pagar su cuota, encontrar los papeles en casa
2. Es importante que tú...
   llegar aquí muy temprano, traer el recibo *(receipt)* de la matrícula, saber el nombre oficial de tu liceo, esperar unos días más
3. Es mejor que nosotros...
   llamarlo a su casa, ver el caso con calma, pedir los papeles de nuevo, hablar de este asunto la semana que viene

---

* **El estrés** is an anglicism that is used a great deal in popular journalism in Spanish.

4. Es obvio que ustedes...
   hacer mucho ruido, exigir todo en un momento, perder la paciencia, ser mal educados

«*El ejercicio hace maestro.*»
—*proverbio*

C. Reacciones. Usando **Ojalá que...** u otras expresiones, exprese sus reacciones a las siguientes ideas, de acuerdo con el modelo.

> MODELO: Cobran poco por los libros de texto.
> **Es verdad que cobran poco por los
> libros de texto.**
> **Ojalá que cobren poco por los libros de
> texto.**
> **No es cierto que cobren poco por los
> libros de texto.**

1. Muchos estudiantes estudian a la carrera.
2. Las cuotas universitarias son bajas este año.
3. Los profesores son exigentes.
4. No hacemos cola en la librería.
5. Los estudiantes hacen huelgas para protestar.
6. No hay muchos requisitos.
7. Muchos estudiantes hacen trampa.
8. Estamos en la gloria si sacamos una «A».

D. Preguntas

1. ¿Es común que los estudiantes estén deprimidos o no? ¿Por qué?
2. ¿Qué piensa usted del «sistema de honor» (de la honestidad) durante los exámenes?
3. ¿Por qué hay tanto estrés en la vida estudiantil? ¿Está bien? ¿Es
   necesario?
4. ¿Es necesario a veces que los estudiantes hagan huelgas o
   protesten? ¿Cuándo?

5. ¿Cuándo está usted en la gloria?
6. ¿Por qué hay muchos altibajos en la vida del estudiante?

The subjunctive with verbs indicating doubt; emotion; will, preference, or necessity; approval, disapproval, or advice

1. You saw in the previous section that the subjunctive is used after impersonal expressions that express doubt or denial; emotion; will, preference, or necessity; and approval or disapproval. The subjunctive is used in a dependent clause beginning with **que.** Similarly, the subjunctive is used in a dependent clause when verbs expressing these same ideas are in the main clause and when the subject of the two clauses is not the same.

dudar *to doubt* negar (ie) *to deny*	doubt or denial
alegrarse de *to be happy* esperar *to hope* sentir (ie) *to be sorry; to feel* sorprender *to surprise* temer *to fear* tener miedo de *to be afraid of*	emotion
desear *to wish, want* decir (i) *to tell (someone to do something)** exigir *to demand* insistir en *to insist on** mandar *to order* necesitar *to need* pedir (i) *to ask (someone to do something)* preferir (ie) *to prefer* querer (ie) *to want* rogar (ue) *to request, beg*	will, preference, necessity
aconsejar *to advise, counsel* gustar *to please* permitir *to permit* prohibir *to prohibit*	approval, disapproval, advice

---

* **Insistir en** and **decir** can be followed by the indicative or the subjunctive; they are followed by the subjunctive when they express will: **¿Insistes en que esté allí?** *Do you insist that she be there?* **¿Insistes en que está allí?** *Do you insist that she is there?* **Me dicen que (yo) siga un curso de economía.** *They tell me to take an economics course.* **Me dicen que (ellos) siguen un curso de economía.** *They tell me they're taking an economics course.*

Dudo que Manuel apruebe ese curso de biología.	*I doubt that Manuel will pass that biology class.*
Siento que no estén aquí.	*I'm sorry that they're not here.*
¡Te ruego que no dejes todo para la semana que viene!	*I'm begging you not to leave everything for next week!*

2. When the main clause contains one of these verbs in the negative or interrogative, the subjunctive is also normally used.

A los profesores no les gusta que hablemos en clase.	*The professors don't like us to talk in class.*
¿Temes que la matrícula sea demasiado cara?	*Are you afraid registration will be too expensive?*

However, if the main clause contains a verb expressing doubt or denial, the indicative will be required in a negative sentence if the *idea* of doubt or denial is "cancelled out."

No dudo (No niego) que saben la respuesta.	*I don't doubt (don't deny) that they know the answer.*

Similarly, some expressions convey doubt only in the negative. Compare:

No están seguros de que ella tenga un doctorado.	*They aren't sure (certain) that she has a doctorate.*
Estoy segura que tiene un título universitario.	*I'm sure she has a university degree.*

3. As mentioned previously, the subjunctive is used in a dependent clause when the subject of that clause is different from the subject of the main clause. If the subject is the same, the infinitive is used.

Prefiero vivir en una residencia estudiantil, mamá.	*I prefer to live in a dorm, Mom.*
¿Cómo? Tu papá y yo preferimos que vivas en casa.	*What? Your father and I prefer that you live at home.*
Tengo miedo de fracasar en el examen.	*I'm afraid of failing the exam.*
Tengo miedo de que mi novio fracase en el examen.	*I'm afraid my boyfriend will fail the exam.*

> «*Mientras se vive, siempre se aprende.*»—*proverbio*

Práctica

A. El cuarto. La señora Rodríguez le alquila *(is renting)* un cuarto a Felipe, pero a pesar de que Felipe trata de demostrarle que es un buen inquilino *(tenant)*, la señora Rodríguez tiene dudas. ¿Qué le dice a Felipe?

> MODELO: FELIPE: No tengo animales. (Le prohibo
> que...)
> LA SRA. RODRÍGUEZ: **Le prohibo que tenga animales**.

1. Trabajaré en el jardín. (Espero que...)
2. No invito a mi novia a pasar la noche aquí. (No permito que...)
3. No vuelvo a casa muy tarde de noche. (No me gusta que...)
4. No hago fiestas los fines de semana. (Insisto en que no...)
5. Le daré un cheque el primero de cada mes. (Quiero que me...)
6. Soy una persona muy responsable. (Me alegro de que...)

B. **¿Indicativo o subjuntivo?** Cambie las oraciones de acuerdo con los modelos, usando el indicativo o el subjuntivo, según sea el caso.

> MODELO: Luz se gradúa en mayo. (Me alegro de que...)
> **Me alegro de que Luz se gradúe en mayo.**
>
> Cobran demasiado. (Estamos seguros de que...)
> **Estamos seguros de que cobran demasiado.**

1. No puede ir a la fiesta. (Siento que...)
2. La facultad de ciencias sociales tiene los mejores profesores de la universidad. (No estoy seguro que...)
3. Ana quiere salir con Ramón. (No niega que...)
4. Mi hijo se especializa en derecho. (Quiero que...)
5. Llegamos tarde a clase. (A los profesores no les gusta que...)
6. Termina sus estudios. (Su papá le ruega que...)
7. Aprendemos el subjuntivo. (El profesor nos dice que...)
8. Los estudiantes hacen huelga. (El presidente de la universidad sabe que...)
9. Me llama. (Necesito que...)
10. La escuchas. (No dudamos de que...)

> «*Para aprender nunca
> es tarde.*» —*proverbio*

C. **Una clase de folklore.** Marisa asiste a una clase de folklore y tiene que escribir una composición acerca de las supersticiones. Cada vez que alguien dice algo supersticioso, ella lo apunta *(makes a note of it)*. Complete las oraciones que ella ha escrito en su cuaderno; use el subjuntivo, el indicativo o el infinitivo de los verbos entre paréntesis.

1. «Te pido que no _____ (abrir) el paraguas *(umbrella)* dentro de la clase. Si lo haces, estoy seguro que _____ (ir) a tener una disputa con alguien.»
2. «No es bueno que Elena y Manuel _____ (beber) del mismo vaso; significa que podrán adivinarse los *(guess each other's)* secretos.»

3. «Prefiero que nosotros no _____ (tener) clase en el salón número 13; tengo miedo de que allí tú y yo no _____ (poder) sacar buenas notas.»

4. «No es bueno que una persona se _____ (levantar) con el pie izquierdo, ni que _____ (salir) de casa con el pie izquierdo. Eso le _____ (ir) a traer mala suerte durante el día.»

5. «¿No temes _____ (fracasar) en el examen del próximo martes trece?»*

6. «Les aconsejo que no se _____ (casar) el martes; pero espero que _____ (haber) lluvia el día de la boda, porque eso significa abundancia.»

7. «Es muy mala suerte derramar sal *(to spill salt)*, y ojalá que usted la _____ (tirar) *(throw it)* por sobre el hombro *(shoulder)* izquierdo tres veces para evitar algo desagradable.»

8. «Te ruego que _____ (leer) el horóscopo todos los días.»

D. **¿De veras?** Haga cinco oraciones, diciendo algo acerca de usted en el tiempo presente. Unas deben ser verdaderas; otras, falsas. Dígalas a un(a) compañero(a) de clase, quien debe responder: «**¿De veras? Dudo que...**» o «**¡Qué interesante! No dudo que...**» ¿Cuántas veces adivina su compañero(a)? *(How many times does your classmate guess correctly?)*

> MODELOS: Sé hablar chino. (Me especializo en ingeniería. Mi hermana mayor es policía.)
>
> **¿De veras? Dudo que sepas hablar chino (que te especialices en ingeniería, que tu hermana mayor sea policía).**

> «*La verdad es hija del tiempo.*»
> (**Truth will out**). *—proverbio*

The Subjunctive versus the Indicative

Some expressions in a main clause can take either the subjunctive or the indicative in a following dependent clause, depending on the point of view expressed.

1. **Tal vez, quizá(s),** and **acaso** normally take the subjunctive and imply doubt; however, they may take the indicative if the speaker or writer wants to imply a degree of certainty.

Tal vez sea una historia verdadera.	*Perhaps it's a true story (it's doubtful).*
Tal vez es una historia verdadera.	*Perhaps it's a true story (speaker believes it is).*

---

* Hispanics consider Tuesday the 13th (rather than Friday the 13th) unlucky.

2. When asking a question with a verb or impersonal expression that states truth or certainty, the indicative is generally used in the dependent clause. However, the speaker or writer may choose to use the subjunctive to imply doubt. Compare the following:

¿Estás seguro de que este restaurante es bueno?	*Are you sure this restaurant is good? (simple question)*
¿Estás seguro de que este restaurante sea bueno?	*Are you sure this restaurant is good? (doubt implied)*
¿Tú crees que Julio es tan inteligente?	*Do you think that Julio is so smart? (simple question)*
¿Tú crees que Julio sea tan inteligente?	*Do you think that Julio is so smart? (doubt implied)*

3. Similarly, **creer que...** and **pensar que...** take the indicative in affirmative statements and the subjunctive in negative statements. In interrogatives, they take either the subjunctive or the indicative, depending on whether doubt is implied.

Creo que todos los estudiantes deben seguir cursos de ciencia.	*I believe all students should take science classes.*
Yo no creo que todos los estudiantes deban seguir cursos de ciencia.	*I don't believe all students should take science classes.*
¿Cree usted que un curso sobre Aristóteles es necesario?	*Do you think a course on Aristotle is necessary? (simple question)*
¿Cree usted que un curso sobre Aristóteles sea necesario?	*Do you think a course on Aristotle is necessary? (doubt implied)*

Práctica

A. «**Tengo mis dudas.**» Usted se gradúa del liceo y está preocupado(a) sobre el futuro. Su hermana mayor le asegura *(assures)* que todo va a salir bien. Siga el modelo.

> MODELO: SU HERMANA: Vas a salir bien en el examen de ingreso *(entrance)* a la universidad.
>
> USTED: **Quizás salga bien en el examen de ingreso a la universidad.**

1. Vas a impresionar a los profesores.
2. Vas a sacar buenas notas.
3. Vas a terminar los estudios en cuatro años.

4. Vas a graduarte con honores.
5. Vas a encontrar un buen trabajo.

Haga tres oraciones sobre su propio futuro. Use **Tal vez** *(+ subj.)*....

B. **Actividad en pareja: ¿Qué crees?** Entreviste a un(a) compañero(a) de clase sobre los siguientes temas, usando **¿Crees que...?** o **¿Piensas que...?** Su compañero(a) le da su opinión.

> **MODELO:** Todos los estudiantes deben seguir cursos de filosofía y letras.
>
> > ESTUDIANTE 1: **¿Crees (Piensas) que todos los estudiantes deben seguir cursos de filosofía y letras?**
> >
> > ESTUDIANTE 2: **No, no creo que todos deban seguir estos cursos; sólo los que deciden hacerlo. (Sí, creo que todos deben... para tener una buena educación.)**

1. Todos los estudiantes deben seguir cursos de ciencias y matemáticas.
2. Hay demasiados estudiantes en las clases de esta universidad.
3. Las notas de un(a) estudiante son una indicación de su inteligencia.
4. La mayoría de los estudiantes sabe qué profesión va a escoger cuando entra a la universidad.
5. La educación universitaria debe ser gratuita *(free)*.
6. Es mejor trabajar y asistir a clases en vez de dedicar cuatro años consecutivos exclusivamente a una carrera universitaria.
7. Una persona con un título universitario tiene más oportunidades de empleo que una persona sin título.

C. **Dudas.** Haga frases con las palabras que siguen.

¿Qué hora es?

1. pensar que / las once
2. no estar seguro, pero / creer que / las diez
3. no saber; / quizás / ser / las nueve

¿Dónde está el profesor?

1. ser posible / estar en su oficina
2. ser probable / estar en una reunión
3. tal vez / estar en la biblioteca

¿Habrá una huelga para protestar contra la comida de aquí?

1. no creer que / haber huelga por eso
2. poder ser; / creer que / haber una huelga la semana que viene
3. dudarlo / suponer que no

En otras palabras...

Para saludar y despedirse por teléfono

The way people answer the phone varies from country to country in the Hispanic world. In Mexico, people say **Bueno**. In Spain, they say, **Dígame**. In most places, people say **Hola** or **Aló**.

If you are calling someone, you can say, **¿Está..., por favor?** You may hear the response: **¿De parte de quién?** To identify yourself, you can say, **Habla...** *(your name)*. Here are some ways to say good-bye on the telephone:

Bueno, gracias por llamar.	Volveré a llamar... *I'll call back...*
Te llamo más tarde (mañana, etcétera).	Adiós. Hasta luego.

Para pedir y dar permiso y para expresar prohibición

There are many ways to ask permission or to find out if something is allowed, and even more to grant or deny permission or suggest alternative courses of action. Some of these expressions require the subjunctive, as you have seen in this chapter. Here are various ways to express permission and prohibition.

1. You want to ask permission to do something.

¿Me permite *(+ inf.)...?*	¿Es posible *(+ inf.)...?*
¿Se permite *(+ inf.)...?*	¿Es posible que *(+ subj.)...?*
¿Se puede *(+ inf.)...?*	¿Podría (yo) *(+ inf.)...?*
¿Está bien que *(+ subj.)...?*	

2. You give someone else permission to do something.

Sí, está bien que *(+ subj.)...*	Sí, podría(s) *(+ inf.)...*
Sí, es posible que *(+ subj.)...*	

3. You tell someone that something is not allowed or permitted.

Está prohibido que *(+ subj.)...*	Se prohibe que *(+ subj.)...*
No está bien que *(+ subj.)...*	No se permite que *(+ subj.)...*
No es posible que *(+ subj.)...*	Eso no se hace. *That's not allowed (done).*

> **«Cada cabeza es un mundo.»**
> —proverbio

Práctica

A. Conversaciones por teléfono. Con un(a) compañero(a), invente conversaciones telefónicas para las siguientes situaciones.

1. **Un hotel en España.** Una persona es turista. La otra persona es el (la) gerente *(manager)* que llama para decir que tienen la cartera del (de la) turista en la recepción *(registration desk)*.
2. **Guanajuato, México.** Una persona llama a la otra para decirle que está de visita allí. La otra vive en Guanajuato.
3. **Bogotá, Colombia.** Una persona es turista. Llama a la otra persona, que es agente de viajes. Quiere saber a qué hora salen vuelos para Cartagena. El (La) agente le dice que a las dos de la tarde hay uno.

B. ¿Qué dicen? ¿Qué cree usted que están diciendo las personas que están en los siguientes dibujos?

1.

2.

3.

4.

Repaso

A. El trimestre (semestre) que viene... De acuerdo con el modelo, haga preguntas y conteste con **Sí (No), (no) es posible que...** o **(No) es verdad que...** Use el tiempo futuro o el subjuntivo.

MODELO: graduarse

ESTUDIANTE 1: **¿Es verdad que vas a graduarte el trimestre (semestre) que viene?**

ESTUDIANTE 2: **Sí, es verdad que me graduaré.**
Sí, es posible que me gradúe.
No, no es verdad (posible) que me gradúe.

1. seguir un curso de astronomía
2. tomar algún tipo de lecciones
3. vivir en una residencia estudiantil
4. cambiar de compañero(a) de cuarto
5. trabajar
6. casarse
7. asistir a la universidad

B. Traducción

1. It's terrible that he cheats on exams.
2. I'm sorry the reading is so difficult.
3. It's a shame they won't permit you **(usted)** to graduate early.
4. He always wants me to dance with him.
5. Do you **(tú)** think I'll pass?
6. I hope I get a good grade.
7. Oh no! Do you **(tú)** mean they're on strike?
8. It's incredible that the history professor is so demanding!

C. Temas

1. La responsabilidad más importante de una universidad es la de preparar a los estudiantes para una carrera. ¿Está usted de acuerdo?
2. ¿Es mejor para un(a) estudiante vivir en una residencia estudiantil, en casa con la familia o en un apartamento? ¿Es diferente la respuesta de un(a) estudiante de dieciocho años a la de uno (una) de treinta y seis años? ¿Cuáles son las ventajas y desventajas de los tres sitios?
3. Vamos a imaginar que usted tiene cierto poder especial durante una hora. Por ejemplo, vamos a suponer que puede volar, que puede leer los pensamientos *(thoughts)* de otras personas, que puede mover objetos sin tocarlos o que puede hacer cualquier otra cosa. Describa su poder imaginado y cómo lo va a usar; puede empezar con: «Durante una hora yo tengo el poder de...» Trate de usar algunas de las siguientes expresiones:

   Es probable que...
   Otras personas tienen miedo de que...
   Dudan que...

Me piden que...
Necesito que...
Me alegro de que...

D. Composición estructurada: Una carta a un amigo (una amiga).
Escriba una carta a un(a) amigo(a) hispano(a), describiendo los altibajos de su vida como estudiante. Trate de usar el subjuntivo por lo menos cinco veces. Use las listas de vocabulario de este capítulo. Siga este plan:

(1) Su ciudad, la fecha

(2) **Querido(a)** (nombre de su amigo o amiga),

(3) el primer párrafo: **¿Qué tal?, ¿Cómo estás?** o algún otro saludo y una o dos expresiones de esperanza sobre la vida de su amigo(a) **(Espero que..., Ojalá que...)**.

(4) el segundo párrafo: **Mi vida ahora tiene algunas desventajas.** Luego, tres o cuatro oraciones sobre los puntos negativos de la vida estudiantil, usando expresiones como **Es horrible (necesario, triste, lástima, ridículo, terrible) que..., No es posible (probable) que... Siento (Temo, Tengo miedo de, No me gusta) que..., etcétera.**

(5) el tercer párrafo: **Pero mi vida ahora también tiene algunas ventajas.** Luego, tres o cuatro oraciones sobre los puntos buenos de la vida estudiantil, usando oraciones como **Está bien que..., Es bueno (maravilloso, estupendo) que... Me alegro de que..., Estoy contento de que...**

> «*El que no sabe gozar de la ventura* (good fortune) *cuando le viene, que no se debe quejar si se le pasa.*»
> —*Miguel de Cervantes, Don Quixote II, 5.*

(6) la conclusión: **Sin otra novedad, vuelvo a mis estudios.**

Con cariño,

(su nombre)

Capítulo 6

DE VIAJE

1.

Presentación del tema

Algunas personas viajan en grupos y dedican mucho tiempo a la fotografía para tener un recuerdo pictórico del viaje. En la foto número 1, unos turistas están en la Alhambra, un antiguo palacio moro *(Moorish)* en el sur de España. La Alhambra es famosa por su arquitectura especial de anchas murallas *(thick walls)*, columnas de mármol y lindos jardines.

Otra gente prefiere pasar sus vacaciones en las montañas, donde puede ir de campamento *(camping)*, hacer caminatas *(hiking)* u observar los diferentes tipos de pájaros. En la foto número 2, unas personas están esquiando en los Andes, en Chile.

2.

También hay gente que quiere estar afuera, gozando de la naturaleza, pero no necesariamente de manera activa. En la foto número 3, unas personas viajan en barco por las islas Galápagos, que están a unas seiscientas millas al oeste de Ecuador. Aquí tienen la oportunidad de ver animales y plantas que no existen en ningún otro lugar del mundo.

Las playas y el mar son muy atractivos para muchos turistas. Algunos van a descansar y tomar sol. Otros practican los deportes acuáticos, como el esquí acuático, el buceo *(skin diving)*, la natación con tubo de respiración *(snorkeling)*, el windsurf o la pesca *(fishing)*. También pueden divertirse en las canchas de golf y de tenis que se encuentran cerca de la playa. En la foto número 4, unas personas están buceando en las aguas cerca de Cancún, México.

> **«El ecoturismo constituye la opción preferida en excursiones. Sólo en los Estados Unidos, existen cerca de 500 organizaciones que lo promueven (promote).»—Mundo 21, *octubre 1993, página 103.***

3.

4.

Preguntas

1. ¿Qué es la Alhambra?
2. ¿Por qué van muchos turistas allí?
3. ¿Qué hace mucha gente en las montañas?
4. ¿Dónde están las islas Galápagos?
5. ¿Qué hacen los turistas que las visitan?
6. ¿Sabe por qué estas islas fueron importantes en la historia de la ciencia?
7. ¿Qué hace la gente que va a pasar sus vacaciones junto al mar?
8. ¿Cómo se divierte la gente en (o cerca de) las playas de Cancún?
9. ¿Cuál de las actividades mencionadas en las descripciones le parece la más peligrosa?
10. Y a usted, ¿en cuál de las fotos le gustaría estar? ¿Por qué?

Vocabulario útil: Las vacaciones

Cognados

el, la recepcionista
la estación
la excursión
el itinerario

En el hotel: Personas

el botones	*bellhop*
el camarero (la camarera), el mozo (la moza)	*waiter (waitress)*
el, la gerente	*manager*
el, la huésped (*also* la huéspeda)	*guest*

En el hotel: Otras palabras

el albergue para jóvenes	*youth hostel*
el cuarto, la habitación	*room*
doble/sencillo	*double/single*
el hotel de lujo	*luxury hotel*
la llave	*key*
la pensión*	*small hotel*
la piscina (la alberca)	*swimming pool*

---

* The **pensión** is often your best bet financially when traveling in a Hispanic country. Most have weekly or monthly rates and provide at least one meal a day. Many offer **pensión completa,** three economical meals a day. In Spain, another alternative to hotels are the **paradores** (government-run inns). These are sometimes very beautiful and situated in castles or historic buildings (such as the one built right inside the Alhambra). They vary from reasonable to luxurious and are priced accordingly. Reservations should be made in advance.

Verbos

dejar (dar) la propina	*to leave (give) the tip*
guardar	*to keep*
hacer un viaje	*to take a trip*
hacer (preparar) las maletas (las valijas)	*to pack the suitcases*
llevar una mochila	*to take (carry) a backpack (or knapsack)*
pagar la cuenta	*to pay the bill*
quedar	*to remain, be located*
quedarse (en)	*to stay (at)*
sacar fotos	*to take pictures (photographs)*
tomar sol	*to sunbathe*

El ir y venir

la aduana	*customs*
el billete *(Spain),* el boleto	*ticket*
el equipaje	*luggage, baggage; equipment*
la gira	*tour*
la parada	*stop (e.g., bus)*

Para preguntar cómo llegar

adelante, derecho	*forward, straight (ahead)*
cruzar (la calle)	*to cross (the street)*
doblar (a la derecha, a la izquierda)	*to turn (right, left)*
la esquina	*(street) corner*
la manzana *(Spain),* la cuadra	*block*
¡Oiga, señor (señora, señorita)!	*Excuse me, sir (madam, miss)! (literally, "Hear [me] . . ."), used to attract attention*

¡Ojo!

dejar to leave (something or someone) behind / **partir o salir (para)** to leave (for) somewhere / **marcharse** to leave
el sentido direction / **la dirección** address, direction
tardar (en) to take (so long, so much time) to / **durar** to take, last (expressing duration)

Práctica

A. ¿Con quién tengo que hablar? Diga con quién usted tiene que hablar en las siguientes situaciones. (A veces hay más de una posibilidad.)

> MODELO: Creo que me cobran demasiado por la habitación.
> **Usted tiene que hablar con el gerente.**
>
> o
>
> **Usted tiene que hablar con otros huéspedes
> para saber cuánto pagan ellos.**

1. Tengo equipaje pesado *(heavy)* y estoy muy cansado(a).
2. Necesito la llave de mi habitación.
3. Descubro una mosca en la sopa que estoy tomando.
4. Quiero dejar una nota para otro huésped que está en el hotel.
5. Necesito que me llamen muy temprano al día siguiente.
6. Estoy en el restaurante y deseo pedir otra botella de vino.
7. No puedo dormir porque los huéspedes de la habitación de al lado hacen mucho ruido.
8. Necesito dejar una valija en el hotel durante los cinco días de una gira.
9. No hay agua caliente en el cuarto de baño.
10. Quiero pagar la cuenta del hotel.

B. Definiciones. Explique usted las siguientes palabras *en español*.

> MODELO: un boleto (billete)
> **documento que permite que una persona entre
> en algún lugar o que haga algo**
>
> o
>
> **tarjeta o papelito que da derecho para viajar o
> hacer alguna cosa**

1. una gira	4. un albergue para jóvenes
2. una propina	5. una pensión
3. el equipaje	6. un hotel de lujo

C. Actividad en pareja: Opiniones sobre los viajes. Entreviste a un(a) compañero(a), usando las siguientes preguntas. Después, su compañero(a) lo (la) entrevista a usted. Esté preparado para pasar la información a la clase.

1. En general, ¿te gusta que un viaje tenga itinerario fijo? ¿O prefieres que sea más espontáneo? ¿Por qué?
2. ¿Qué piensas de las giras en autobús?
3. Cuando viajas, ¿dónde te quedas? ¿Vas de campamento? ¿Te quedas con amigos? ¿En qué tipo de hotel prefieres quedarte?

—... Señor, lo de «pensión completa» quiere decir que le alquilamos el último cuarto. ¡Pero la comida tiene que pagarla!

4. ¿Cuántas maletas llevas usualmente? ¿O llevas una mochila? ¿Por qué?
5. ¿Guardas muchos recuerdos de los viajes que haces?
6. ¿Qué país hispano te gustaría visitar? ¿Qué harías allí?

D. Actividad en pareja: La geografía del mundo hispano. Mire los mapas en las primeras páginas del libro. Entreviste a un(a) compañero(a), usando las preguntas que siguen. En forma alternada, una persona hace la pregunta y la otra persona la contesta.

1. ¿Cuáles son los únicos países de Sudamérica que no tienen salida al mar (es decir, que no tienen costa marítima)?
2. ¿Cómo se llama la cordillera *(mountain chain)* más larga de Latinoamérica (y del mundo)? ¿Está en el este o en el oeste del continente?

3. ¿Por cuáles países sudamericanos pasa el ecuador? ¿Cómo será el clima allí? Por ejemplo, ¿habrá muchos cambios de temperatura según las distintas estaciones del año?
4. Si usted quiere ir a Chile para esquiar en los Andes, ¿es mejor ir en julio o en enero? ¿Por qué?
5. Describa la geografía de España. ¿Qué separa a España de Europa? ¿de África?

Para escuchar: En Cartagena

Conversación 1: Direcciones y sentidos. Mike y Julia están de viaje en Cartagena con unos amigos.

A. Escuche la Conversación 1. ¿Cuál es la foto que muestra el lugar donde están?

1.

2.

B. Escuche la Conversación l otra vez. Escoja la mejor respuesta.

1. Mike y Julia buscan...
   a. el Castillo de San Felipe.
   b. la calle Francia.
   c. el parque de Cartagena.
2. Cuando Julia quiere llamarle la atención al señor para hacerle una pregunta, le dice:
   a. Gracias, señor.   b. Hola, señor.   c. Oiga, señor.

3. Las murallas de la ciudad son anchas...
    a. para que no se oiga el ruido del puerto.
    b. para servir de camino.
    c. para proteger *(protect)* la ciudad.
4. La señorita usa una expresión que un turista va a oír muchas veces. ¿Cuál es?
    a. ¡No se puede perder!   b. ¿Por dónde se va a...?   c. ¿Por qué?

Conversación 2: Direcciones y sentidos. Mike y Julia deciden hacer una gira del Castillo de San Felipe en Cartagena.

A. Escuche la Conversación 2. ¿Cuál es el tema principal de la conversación?

1. los ataques contra Cartagena por los piratas, los ingleses y los franceses
2. el almirante inglés Edward Vernon
3. la reina Isabel I de Inglaterra

B. Escuche la Conversación 2 otra vez. Escoja la mejor respuesta.

1. ¿Cuál es la foto de la estatua del comandante Blas de Lezo?

a.

b.

2. Francis Drake le mandó el oro de Cartagena y una gran esmeralda a...
   a. Edward Vernon.
   b. George Washington.
   c. la reina Isabel I de Inglaterra.
3. En 1741, los ingleses atacaron a Cartagena con la ayuda de...
   a. los franceses.
   b. los indios.
   c. los norteamericanos.
4. Edward Vernon fue...
   a. medio hermano de George Washington.
   b. el líder de los ingleses que atacaron a Cartagena en 1741.
   c. un soldado norteamericano.
5. Dice el guía: «En cada batalla perdió un pedazo de cuerpo para ganar un poquito de gloria.» Habla de...
   a. Francis Drake.
   b. Edward Vernon.
   c. Blas de Lezo.

> «*No entiendo de donde viene la vergüenza de ser turista. Cuando visito un lugar y no tengo tiempo para conocerlo bien, asumo sin vergüenza mi papel de turista.*» —*Gabriel García Márquez*

Gramática y vocabulario

Direct object pronouns

me	*me*	nos	*us*
te	*you*	os	*you*
lo	*him, it, you* (usted)	los	*them, you* (ustedes)
la	*her, it, you* (usted)	las	*them, you* (ustedes)

1. Direct objects receive the action of the verb and usually answer the question *What?* or *Whom?* For instance, in the sentence *She sent the tickets to Pablo,* the direct object noun is *tickets.* Changing the direct object noun to a direct object pronoun, the sentence would read, *She sent them to Pablo.* In Spanish, direct object pronouns correspond to the direct object nouns they replace in gender, person, and number.

¿El horario? No lo necesito ahora.	*The schedule? I don't need it now.*
¿Necesitan esta silla? —No, no la necesitamos.	*Do you need this chair? —No, we don't need it.*

Los llamé ayer. —¡Qué bueno!*	*I called them yesterday. —Good!*
Nos llevan al aeropuerto.	*They're taking us to the airport.*

2. Direct object pronouns normally precede a conjugated verb. In a construction containing both a conjugated verb and an infinitive or present participle (**-ando** or **-iendo** form), direct object pronouns can either precede the conjugated verb or follow and be attached to the infinitive or present participle.

¿El mapa? No lo puedo encontrar. (No puedo encontrarlo.)	*The map? I can't find it.*
¿Están buscando los boletos?	*Are you looking for the tickets?*
¿Están buscándolos?	*Are you looking for them?*

3. The neuter pronoun **lo** can refer to an idea or quality already mentioned. It is often used with the verb **ser** when the verb stands alone.

La catedral es muy linda. —Sí, lo es.	*The cathedral is very beautiful. —Yes, it is.*
¿Prefieres que vayamos al cine en vez de ir al partido? —Sí, realmente lo prefiero.	*Do you prefer that we go to the movies instead of going to the game? —Yes, I really prefer it.*
El tren tarda mucho en llegar. —Sí, lo sé.	*The train is taking a long time to come. —Yes, I know.*

Práctica

A. Problemas turísticos. ¿Qué dice el turista desorganizado? Use pronombres, de acuerdo con el modelo.

> MODELOS: Olvidé hacer las reservaciones.
> **Olvidé hacerlas.**
>
> No llevo la dirección.
> **No la llevo.**

1. No tengo la llave.
2. No puedo encontrar la guía.
3. No traje la película *(film)*.
4. Dejé la cámara en la pensión.
5. Perdí el pasaporte.
6. Olvidé mis sandalias.
7. No sé el número de nuestra habitación.
8. Estoy buscando los boletos.
9. ¡No puedo pagar la cuenta!

---

* **Lo** and **los** are used as direct object pronouns for men and boys in most of Spanish America. However, in some regions of Spain, **le** and **les** are normally used: **Les llamé ayer.** *I called them yesterday.* **Le llevamos a casa.** *We took him home.*

B. De viaje. Conteste afirmativamente, usando pronombres.

> MODELO: Vamos al aeropuerto. ¿Nos vas a acompañar?
> **Sí, voy a acompañarlos. (Sí, los voy a acompañar.)**

1. Necesito ayuda con las maletas. ¿Me puedes ayudar?
2. Llegamos al hotel a las cinco. ¿Nos vas a llamar allí?
3. Vamos a dejar el coche aquí. ¿Lo quieres usar?
4. Está muy alta *(loud)* la televisión. ¿Me puedes oír?
5. Te di mis cheques de viajero. ¿Estás buscándolos?

Indirect object pronouns

me	*(to, for) me*	nos	*(to, for) us*
te	*(to, for) you*	os	*(to, for) you*
le	*(to, for) him, her,*	les	*(to, for) them, you*
	you (usted)		(ustedes)

1. In the sentence *She sent Pablo the tickets,* the indirect object noun is *Pablo.* Changing the indirect object noun to an indirect object pronoun, the sentence would read *She sent him the tickets.* In Spanish, indirect object pronouns differ in form from the direct object pronouns only in the third-person **le** and **les.** They tell *to* or *for whom* something is done, made, said, or whatever action the verb indicates. Like direct object pronouns, they must agree with the nouns they replace; they also precede conjugated verbs or follow and are attached to infinitives or present participles.

Ese guía habla mucho. —Sí, pero nos explicó muchas cosas interesantes.	*That guide talks a lot. —Yes, but he explained a lot of interesting things to us.*
Les voy a escribir una carta sobre la gira.	*I'm going to write them a letter about the tour.*

Notice in the last example that there are two ways to translate this in English: *I'm going to write them a letter* or *I'm going to write a letter to them.*

2. While indirect object pronouns usually answer the question *to whom?,* they sometimes answer the question *for whom?* or *from whom?*

Te voy a preparar un plato típico colombiano.	*I'm going to prepare a typical Colombian dish for you.*
Le compré los sellos a Paco.	*I bought the stamps from Paco. (or I bought the stamps for Paco.)*

3. Third-person indirect object pronouns **(le, les)** are generally used even when the indirect object is expressed as a noun.

Le pedí la cuenta al camarero.   *I asked the waiter for the check.*
El gerente les dio la llave a los   *The manager gave the guests the key.*
    huéspedes.

Notice that the preposition **a** is used in all of these examples to introduce the indirect object noun.

> *«En los viajes, el niño sólo piensa en la partida, el adulto en el por qué, el viejo en el regreso.»* —*dicho*

Vocabulario útil: En el banco

cambiar	*to change, exchange*
el cheque de viajero	*traveler's check*
el dinero, la plata	*money*
el dinero en efectivo	*cash*
gratis*	*free of charge*
la moneda	*coin*
pagar al contado (pagar con dinero en efectivo)	*to pay cash*
la tarjeta de crédito	*credit card*
la tasa de cambio	*exchange rate*
el vuelto, el cambio	*change (that you receive from larger units of money)*

Práctica

A. En el banco. Haga oraciones, usando complementos *(objects)* indirectos.

> MODELO: el gerente hablaba/a nosotros
> **El gerente nos hablaba.**

1. cambiaron el cheque/a ellos
2. dijeron que la tasa de cambio era muy alta/a mí
3. mandaron la tarjeta de crédito/a mi amigo

---

* Note that *free* in the sense of *at liberty* or *unoccupied* is **libre.**

4. explicaron la situación/al extranjero
5. ¿dieron suficiente vuelto?/a ti

B. Un buen guía: ¿qué hace? Haga oraciones, reemplazando las palabras en bastardilla con los pronombres apropiados.

> **MODELOS:**   traducir la frase *para usted*
> **Le traduce la frase.**
>
> llevar *la maleta de la señora anciana*
> **La lleva.**

1. dar la bienvenida *a los turistas*
2. contar *la historia* al matrimonio italiano
3. escribir la dirección del banco *para nosotros*
4. sacar una foto *para el señor francés*
5. dar la dirección del museo de arte *a ti*
6. ayudar *a la señora alemana* a encontrar las monedas para la máquina de refrescos
7. explicar el itinerario *a ustedes*
8. mandar las tarjetas *para nosotros*
9. llamar por teléfono *al amigo del señor canadiense*
10. describir el restaurante «La Azteca» *a la señora de Miami*

Prepositional object pronouns

mí	me	nosotros(as)	us
ti	you	vosotros(as)	you
él	him, it	ellos	them
ella	her, it	ellas	them
usted	you	ustedes	you

1. The pronouns that serve as objects of prepositions are the same as the subject pronouns, except the first- and second-persons singular: **mí** and **ti.**

¿Hablan de mí o de ti?	*Are they talking about you or me?*
—¿Quién sabe?	*—Who knows?*
Este regalo es para usted y ése es para ella. —Muchas gracias.	*This present is for you, and that one is for her. —Thank you.*

> *«Hoy por ti, mañana por mí.»* —*dicho*

2. The preposition **con** combines with **mí** to form **conmigo** and with **ti** to form **contigo.***

Enrique, ¿vienes conmigo a la catedral?	*Enrique, are you coming with me to the cathedral?*
Pues, estoy de acuerdo contigo. —¡Por fin!	*Well, I agree with you. —Finally!*

3. **Yo** and **tú** are used instead of **mí** and **ti** after **entre, excepto,** and **según.**

Bueno, entre tú y yo...	*Well, between you and me . . .*
Todos fueron a la plaza de toros excepto yo. —¡Caramba!	*Everyone went to the bullring except me. —Good grief!*
Según tú, todo el mundo debe ir de vacaciones a menudo, incluso yo.	*According to you, everyone should go on vacation often, including me.*

> «*El andar tierras y comunicar con gentes hace a los hombres discretos.*» —*proverbio*

Práctica

¿De quién se trata? Complete las oraciones con pronombres objetos de preposiciones.

1. Entre _____ *(him and her)*, nunca hay paz.
2. ¿Quieres hablar con _____ *(me)* sobre las tasas de cambio de hoy?
3. Nos encontramos con _____ *(them)* en la agencia para cambiar dinero.
4. Pienso en _____ *(you)* día y noche, amor. —¡Qué lindo!
5. Este boleto es para _____ *(you)*, señor Ricardo.
6. A _____ *(me)* siempre me pide que le saque fotos.
7. ¿Vas a ir con _____ *(us)* al teatro?
8. Según _____ *(you)*, Juan, ¿sería mejor pagar con dinero en efectivo o con cheque?

Two object pronouns; Position of object pronouns

1. When both an indirect and a direct object pronoun are in the same sentence, the indirect object pronoun (which usually refers to a person) always precedes the direct object pronoun (which usually refers to a thing).

---

* There is another form, **consigo,** that combines **con** with **sí,** a third-person singular and plural prepositional pronoun: **El guía se llevó los pasajes consigo.** *The guide took the tickets with him.* **Ella está enojada consigo misma.** *She's angry with herself.*

Te voy a dar la dirección y el número de teléfono.	*I'm going to give you the address and phone number.*
Te los voy a dar.	*I'm going to give them to you.*
Me contaron la historia.	*They told me the story.*
Me la contaron.	*They told it to me.*
El empleado nos trajo los cheques de viajero.	*The employee brought us the traveler's checks.*
Nos los trajo.	*He brought them to us.*

Notice that when two object pronouns are attached to an infinitive, an accent is required over the final syllable of the infinitive.

Llamó para decírmelo.	*She called to tell it to me.*
Decidieron mandártela.	*They decided to send it to you.*

> **«*Viajar es pasear un sueño.*» —*proverbio***

2. Object pronouns are placed directly before a verb or auxiliary; negative or affirmative words precede object pronouns.

¡No me lo dijeron!	*They didn't tell me about it!*
¿Dónde está papá? —Todavía nos espera en la aduana.	*Where's Dad? —He's still waiting for us at the customs office.*

3. A third-person indirect object pronoun (**le** or **les**) used with a third-person direct object pronoun **(lo, la, los, las)** is replaced by **se.**

$$\begin{matrix} \textbf{le} \\ \textbf{les} \end{matrix} = \textbf{se} \text{ before} \left\{ \begin{matrix} \textbf{lo} \\ \textbf{la} \\ \textbf{los} \\ \textbf{las} \end{matrix} \right.$$

¿La llave? Se la dimos al gerente.	*The key? We gave it to the manager.*
Se lo explico a usted, señor.	*I'll explain it to you, sir.*
¿Las postales? Se las dejé para usted.	*The postcards? I left them for you.*

4. Prepositional phrases (**a él, a usted,** etc.) are often used with indirect object pronouns for emphasis or clarification.

...y después se lo dieron. —¿A quién? —Se lo dieron a ella.	*. . . and then they gave it to him (her, you). —To whom? —They gave it to her.*
¿A ti te dijeron eso? ¡Dios mío!	*They told you that? Good grief!*

Práctica

A. Evitando la repetición. Acorte las oraciones, de acuerdo con el modelo.

> MODELO: Cambiaron el cheque. (a la camarera)
> **Le cambiaron el cheque.**
> **Se lo cambiaron.**

1. Contaron la historia de la Alhambra. (a mí)
2. Trajo la cámara. (a ellos)
3. Explicó las costumbres. (a nosotros)
4. Venden esos ponchos feos. (a los turistas)
5. Mandaron la información. (a ella)
6. Sirvieron el café. (a mí)
7. Prometieron una gira a las pirámides. (a ellos)
8. Cuento un chiste. (a ti)
9. Prometió reservar un cuarto doble. (para nosotros)
10. Dejaron el mapa. (para usted)

B. Situaciones. ¿Qué haría usted en las siguientes situaciones? Conteste usando pronombres y los verbos entre paréntesis u otros verbos de su propia elección *(choice).*

> MODELO: Un amigo hispano lo (la) visita; quiere que
> usted le enseñe la canción «Yankee Doodle».
> (cantar)
> **Se la cantaría. (No se la cantaría, pero se**
> **la tocaría.)**

1. Recibe una carta romántica de su novio(a). Su compañero(a) de cuarto quiere saber lo que dice. (leer)
2. Usted encuentra una gran cantidad de dinero en la calle. (dar)
3. Alguien quiere comprarle a usted unos platos que eran de su bisabuela; le ofrece mil dólares, pero los platos tienen cierto valor sentimental. (vender)
4. Un amigo suyo quiere que lo ayude durante un examen sin que lo sepan los otros estudiantes; quiere que le muestre su trabajo. (mostrar)
5. Piensa hacer auto-stop *(hitchhike)* en Europa este verano. Su mamá quiere saber cómo va a viajar. (decir)
6. Su hermano usa cocaína. Quiere que prometa que no les dirá nada a sus papás. (prometer)
7. Su mejor amigo le pide cien dólares. No quiere decirle para qué los necesita. (dar)
8. Un amigo suyo está enfermo. Quiere que le lleve comida a su apartamento. (llevar)

Commands

The following chart shows the command forms. As you can see, most direct command forms correspond to the present subjunctive. Exceptions are the affirmative **tú** and **vosotros** forms (shown in bold).

Affirmative

	Usted	Ustedes	Tú	Vosotros	Nosotros
-ar	Hable.	Hablen.	**Habla.**	**Hablad.**	Hablemos.
-er	Coma.	Coman.	**Come.**	**Comed.**	Comamos.
-ir	Escriba.	Escriban.	**Escribe.**	**Escribid.**	Escribamos.

Negative

	Usted	Ustedes	Tú	Vosotros	Nosotros
-ar	No hable.	No hablen.	No hables.	No habléis.	No hablemos.
-er	No coma.	No coman.	No comas.	No comáis.	No comamos.
-ir	No escriba.	No escriban.	No escribas.	No escribáis.	No escribamos.

Formal (usted and ustedes) commands

1. Formal commands have the same forms as the corresponding **usted** or **ustedes** forms of the present subjunctive.

   Vaya primero a la aduana.   *First go to the customs office.*
   Ponga su equipaje aquí y tome   *Put your luggage here and have*
      asiento.   *a seat.*
   ¡No crucen la calle sin mirar!   *Don't cross the street without looking!*

2. The word **usted** or **ustedes** can be added to soften a command, to make it more deferential.

   Pase usted, señorita.   *Go ahead, miss.*
   No miren ustedes el reloj todo   *Don't look at the clock all the time.*
      el tiempo.

Informal (tú and vosotros) commands

1. Negative **tú** and **vosotros** commands are the same as their corresponding present subjunctive forms.

   ¡No seas tan generoso, querido!   *Don't be so generous, dear!*
   No vayas a la estación.   *Don't go to the station.*
   No digáis eso.   *Don't say that.*
   No lo compréis.   *Don't buy it.*

2. Affirmative **vosotros** commands are formed by dropping the **-r** of the infinitive and adding **-d.**

Perdonadme.

Forgive me.

Seguid esta calle hasta la Séptima Avenida y allí doblad a la derecha.

Follow this street to Seventh Avenue and turn to the right there.

> «*Dondequiera que fueres* (go), *haz como vieres.*»
> ("When in Rome...") —*proverbio*

3. Affirmative **tú** commands are the same as the third-person singular of the present indicative.

¡Come, bebe, canta y baila!   *Eat, drink, sing, and dance!*

The following affirmative tú commands are irregular.

di (decir)	**ve** (ir)	**sal** (salir)	**ten** (tener)
haz (hacer)	**pon** (poner)	**sé** (ser)	**ven** (venir)

Ven acá, Pepe.

Come here, Pepe.

Sé buena y haz lo que te diga tu papá, Josefina.

Be good and do what your father tells you, Josefina.

The nosotros (let's) command

1. The first-person plural **(nosotros)** command is the same as the **nosotros** form of the present subjunctive.

Salgamos. —Como tú quieras.   *Let's go out. —Whatever you want.*
Sigamos por la calle principal.   *Let's follow the main street.*
Hablemos del viaje.   *Let's talk about the trip.*

2. **Vamos a** + infinitive can be used instead of the **nosotros** command in the affirmative.

Vamos a decidir ahora mismo.   *Let's decide right away.*
(Decidamos ahora mismo.)

3. Either **vamos** or **vayamos** can be used as the affirmative **nosotros** command form of **ir,** but **vamos** is much more common. In the negative only **no vayamos** is used.

Vamos al centro. —No, no vayamos allí; vayamos (vamos) al museo de historia.

Let's go downtown. —No, let's not go there; let's go to the history museum.

> «*Viajar es reformarse.*» —*José Enrique Rodó,* Motivos de Proteo

Indirect commands

Indirect commands are given indirectly to a third person and are the same as the third-person subjunctive forms. They are usually introduced by **que.**

Que les vaya bien.	*May all go well with you.*
Que pase ella.	*Let her come in. (Have her come in.)*
¡Viva México!	*Hurray for (long live) Mexico!*

Práctica

A. El guía. El guía de una excursión cree que los turistas no saben nada acerca de la manera de comportarse *(behave)* en su país. ¿Qué les dice?

A todos:

> **MODELO:** no sacar fotos de la gente sin pedir permiso
> **No saquen fotos de la gente sin pedir permiso.**

1. no olvidar el pasaporte en el banco
2. pagar con dinero del país
3. seguir mis instrucciones
4. no perder el equipaje
5. tener su documentación con ustedes siempre

A un turista muy descortés:

> **MODELO:** no hablar tan fuerte
> **¡No hable tan fuerte!**

6. no poner los pies en la mesa del café
7. no salir del grupo sin pedir permiso
8. volver al grupo cuando sea hora de partir
9. no criticar todo
10. no decir «Este país no vale nada comparado con el mío.»

B. Instrucciones para un(a) amigo(a) que sale de viaje. Dígale a su amigo(a) que haga lo siguiente.

> **MODELO:** cerrar la puerta con llave *(lock the door);* no cerrar la maleta
> **Cierra la puerta con llave. No cierres la maleta.**

1. perder las inhibiciones; no perder la confianza
2. olvidar tus problemas; no olvidar tus cheques de viajero
3. hacer las valijas esta noche; no hacer la gira mañana
4. comprar película para la cámara; no comprar demasiados regalos
5. salir a la calle por la tarde; no salir solo(a) por la noche
6. ir a la piscina; no ir al mar
7. dejar una buena propina; no dejar la cartera

C. Un turista entusiasmado. Gabriel nunca ha estado en Ciudad de México y está muy entusiasmado *(excited)* con todo. ¿Qué les dice a sus compañeros?

MODELO: pasar una tarde en el museo de antropología
¡Pasemos una tarde en el museo de antropología!

1. visitar el Palacio Nacional
2. hacer una excursión a las pirámides
3. ir a ver bailes folklóricos
4. no ir a restaurantes norteamericanos
5. comprar unos sombreros en el mercado de Toluca
6. buscar una plaza donde haya música
7. ver el Castillo de Chapultepec
8. comer tamales y chiles rellenos
9. no perder tiempo en el hotel
10. no dormir hasta muy tarde

D. El gerente. Usted se queda en un hotel caro, pero hay muchas cosas que no funcionan bien. Usted se queja *(complain)* al recepcionista, pero éste le pasa la queja al gerente, quien le contesta a usted indirectamente. ¿Qué le dice?

MODELO: EL RECEPCIONISTA: Dicen que no hay agua caliente.
(esperar dos o tres horas)
EL GERENTE: **Que esperen dos o tres horas.**

1. Dicen que hace mucho frío en el cuarto. (poner unas mantas *[blankets]* adicionales en las camas)
2. Dicen que el televisor no funciona. (mirar televisión en el salón de entrada)
3. Dicen que hay mucho ruido en el cuarto de al lado. (decirles a los vecinos que no hablen tan fuerte)

4. Dicen que nadie contesta cuando llaman al comedor del hotel. (salir a comer a un restaurante)
5. Dicen que quieren hacer una llamada de larga distancia. (ir a un teléfono público)
6. Dicen que el ascensor *(elevator)* no funciona. (usar las escaleras [*stairs*])
7. Dicen que quieren marcharse. (buscar otro hotel de lujo)

E. Para pasar unas vacaciones estupendas... Escoja un lugar que usted conozca y que pueda recomendar para pasar allí unas vacaciones. Diga a la clase cómo llegar allí, qué llevar, cuándo ir y dónde quedarse. (Use la forma imperativa del verbo.)

Commands with object pronouns

1. Object pronouns follow and are attached to affirmative commands. Accents are added to verbs of more than one syllable to maintain the stressed syllable.

Dime el nombre de esta iglesia.	*Tell me the name of this church.*
Comprémoslo.	*Let's buy it.*
¡Socorro! ¡Ayúdelos!	*Help! Help them!*

2. Object pronouns precede the verb in negative commands.

¡No me digas!	*Don't tell me!*
No lo compremos.	*Let's not buy it.*

3. Indirect object pronouns precede direct object pronouns when used in commands, just as they do in statements or questions.

Vocabulario útil:
Algunas actividades turísticas

alquilar un auto (una motocicleta)	*to rent a car (a motorcycle)*
hacer buceo (surfing)	*to go diving (surfing)*
hacer una caminata	*to go walking, hiking*
hacer compras	*to go shopping*
ir a los clubes nocturnos	*to go to nightclubs*
jugar (por dinero) en los casinos	*to gamble at the casinos*
jugar al golf (al tenis)	*to play golf (tennis)*
nadar con tubo de respiración	*to go snorkling*
visitar museos (ruinas antiguas, sitios históricos)	*to visit museums (ancient ruins, historical sites)*

Explícamelo.	*Explain it to me.*
No me lo expliques.	*Don't explain it to me.*
Dénosla.	*Give it to us.*
No nos la dé.	*Don't give it to us.*

4. Before **se** can be added to an affirmative **nosotros** command, the final **s** of the verb must be dropped.*

Démoselo gratis.	*Let's give it to him (her, them) free of charge.*
Contémoselo.	*Let's tell it to him (her, them).*

> «*Caminante* (person walking) *no hay camino, se hace camino al caminar.*»—*Antonio Machado*

Práctica

A. Rogelio y Raúl. Rogelio y Raúl son gemelos *(twins),* pero sus modales *(manners)* son muy distintos. Mientras Rogelio es muy cortés, Raúl es exigente. ¿Qué dice Raúl?

> MODELO: ROGELIO: ¿Nos podría dar la cuenta?
> RAÚL: **Sí, dénos la cuenta, por favor.**

1. ¿Nos podría traer dos cafés?
2. ¿Nos podría cambiar este cheque?
3. ¿Nos podría decir dónde queda el banco?
4. ¿Nos podría ayudar con las maletas?
5. ¿Nos podría mostrar esas tarjetas postales?
6. ¿Nos podría indicar la parada del autobús?

B. ¿Qué hacer? Luis, Juan y Manuel viajan por España durante las vacaciones de verano. Manuel sugiere *(suggests)* que hagan muchas cosas. Juan está de acuerdo, pero Luis no. ¿Qué dicen Juan y Luis?

> MODELO: MANUEL: ¿Hacemos una excursión a Granada?
> JUAN: **Sí, hagámosla.**
> LUIS: **No, no la hagamos.**

1. ¿Alquilamos un auto?
2. ¿Compramos el libro *Cuentos de la Alhambra*?
3. ¿Le escribimos al gerente del parador de allí?
4. ¿Le pedimos consejos a Paco, que viene de Andalucía?
5. ¿Visitamos los jardines del Generalife, cerca de la Alhambra?
6. ¿Invitamos a Julio a acompañarnos?

---

* The **s** is also dropped before adding the reflexive **nos;** this will be practiced in Chapter 8 on the reflexive.

C. Consejos. Sus amigos le dicen las siguientes cosas. ¿Cómo les contesta?

> MODELO: Quiero ir a un concierto pero no tengo coche.
> **Ve en autobús. (Pídele a un amigo que te lleve. Toma un taxi.)**

1. Necesito unas vacaciones.
2. Tenemos un examen mañana.
3. Mi compañero(a) de cuarto siempre escucha música cuando quiero estudiar.
4. Necesito comprar unos libros, pero no sé dónde está la librería universitaria.
5. Necesito unas estampillas.
6. No sé la hora de partida del autobús.
7. Necesito comprar un regalo para una amiga de México.
8. Necesito hacer más ejercicio.

D. Actividad en grupo: Haciendo planes. Trabajen en grupos de tres o cuatro estudiantes. Imaginen que van a pasar dos días en uno de los sitios mencionados en la **Presentación del tema** o en algún otro lugar del mundo hispano. Hagan planes sobre lo que van a hacer cada día por la mañana, por la tarde y por la noche, según el itinerario. Usen el **Vocabulario útil** o el vocabulario del capítulo y el mandato con forma de nosotros *(Let's . . .)*. Después, comparen sus planes con los de los otros grupos.

> MODELO: **Vamos a Quito, Ecuador. Vamos a quedarnos en un hotel de lujo.**

	el jueves	el viernes
salir:	*(Salgamos a las once.)*	
por la mañana:	*(Durmamos.)*	
por la tarde:	*(Hagamos una gira por la ciudad.)*	
por la noche:		
regresar:		

En otras palabras...

Direcciones y sentidos

One of the most essential language functions you will want to be able to use while traveling in a Hispanic country is asking for and understanding directions. Here are some ways to ask for directions.

¡Oiga, señor(a, ita)...! (Perdón... Perdone...)
¿Me podría usted decir cómo llegar a...?
¿Dónde está...?
¿Hay un banco (una farmacia, etcétera) cerca de aquí?
Por favor, señor(a), ¿está muy lejos (está cerca) el...?
Busco la calle...
¿Cómo llego a...?
¿En qué sentido (dirección) está...?
¿Sabe usted dónde queda...?

And here are some possible responses.

Siga por la calle...
Siga adelante (derecho).
Sígame hasta llegar a...
Vaya derecho hasta llegar a...
Camine dos cuadras hasta llegar a...
Cruce la calle y...
Doble a la izquierda (derecha).
Está al norte (sur, este, oeste) de...
Queda en la esquina de...
Está frente a *(across from)*...
Tome la calle (avenida)...
¡No se puede perder! *You can't miss it (get lost)!*

Práctica

A. ¿Cómo llego a...? Pregunte cómo llegar a los siguientes lugares. Pida la información usando una expresión diferente cada vez.

> **MODELO:** el banco
> **Señor, por favor, ¿hay un
> banco cerca de aquí?**

1. el Museo Nacional de Arte
2. la plaza de toros
3. el restaurante «Casa de Lupe»
4. el hotel «Miraflores»
5. la estación de autobuses
6. el correo
7. la calle San Martín
8. una pensión o un hotel que no sea muy caro

B. En Madrid. Usted se queda en el Hostal Lisboa en Madrid y tiene la tarjeta del hostal. El el reverso, hay un pequeño mapa. Varias personas lo llaman a usted por teléfono para explicarle cómo llegar a diferentes lugares. Si sigue estas instrucciones, ¿dónde estará usted?

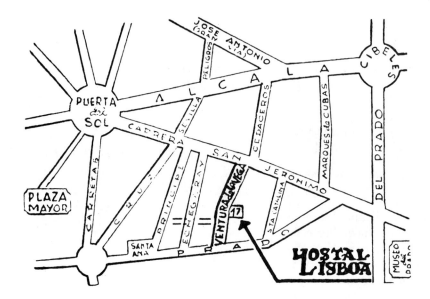

1. Salga del hotel y doble inmediatamente a la derecha. Siga hasta la Carrera San Jerónimo, doble a la derecha y camine unas cuadras. En la esquina con el Paseo del Prado, doble otra vez a la derecha. Pronto verá el edificio que le interesa. ¿Cuál es?
2. Salga del hotel y doble a la izquierda. Camine un poco y llegará a la calle Prado. Doble a la derecha y siga algunas cuadras hasta una plaza. Vaya a la derecha un poco y tome la calle Carretas hasta llegar a una enorme plaza. ¿Cómo se llama?
3. Salga del hotel y tome Ventura de la Vega a la derecha hasta la Carrera San Jerónimo. Cruce en la esquina y tome la calle Cedaceros hasta Alcalá. Doble a la derecha en Alcalá y camine varias cuadras hasta llegar a una plaza. ¿Dónde está usted?

C. ¡No se puede perder! Dele indicaciones a un(a) compañero(a) de clase sobre cómo llegar a cada uno de los siguientes lugares. Comience desde un punto determinado en el centro del campus.

1. su restaurante favorito
2. una tienda muy interesante
3. un lugar muy lindo para dar un paseo

Repaso

A. Querida doña Rosita... Doña Rosita escribe una columna en el periódico dando consejos a las personas que viajan. Conteste las preguntas que le hacen los lectores *(readers)* con órdenes, como ella lo haría.

> **MODELO:** Mi hijo siempre hace mucho ruido y se porta mal
> *(he behaves badly)* cuando estamos de vaca-
> ciones. ¿Qué debo hacer?
> **Déjelo en casa la próxima vez que vayan de
> viaje. Dígale que si promete ser bueno, lo
> llevará en otro viaje. Enséñele a portarse
> mejor.**

1. Mi esposo siempre quiere pasar las vacaciones en las montañas y yo quiero ir a la playa. ¿Cómo resolvemos este problema?
2. Yo cuando viajo siempre me quedo en el Hotel Ritz. Ya estoy cansado y aburrido del mismo hotel. ¿Qué debo hacer?
3. Cuando estamos de vacaciones mi amigo(a) nunca quiere hacer nada; prefiere quedarse en el cuarto para leer. ¿Qué sugiere usted?
4. Yo quiero ir al Japón, pero no sé ni una palabra de japonés. ¿Qué debo hacer para aprender la lengua?
5. Aunque viajo a menudo, tengo varias fobias que me lo dificultan *(make it difficult):* por ejemplo, temo volar, temo estar en edificios altos, temo los ascensores *(elevators),* temo estar con mucha gente. ¿Qué me recomienda?

B. Traducción

1. Laura, shall I take the camera with me? —Yes, bring it with you.
2. May all go well with you **(usted).**
3. Let's go out. —Yes, and let's see the city.
4. The waiter promised to give it to her.
5. The traveler's check? I can cash it for you **(tú).**
6. Have them come in now.
7. Is the **pensión** full? —Yes, it is.
8. How long did it take you **(tú)** to find it?

C. Actividad en grupo: Representación dramática. En grupos de cua-tro, escojan una de las siguientes situaciones. Inventen una escena para mostrar qué pasa después.

1. **La maleta misteriosa.** Cuatro estudiantes están de viaje en Ecuador. Regresan a su hotel a las cinco de la tarde y encuentran una maleta en su cuarto con una nota misteriosa. ¿Qué dice la nota? ¿Deben abrir la maleta o no? ¿Qué hay dentro?
2. **El compañero que no calcula bien.** Cuatro personas hacen una gira por Latinoamérica. Cada noche comen juntos en un buen restaurante. Cuando llega la cuenta, Edelberto siempre la toma, di-ciendo, «Soy estudiante de contabilidad *(accounting).* Yo calculo la cuenta.» El problema es que parece que Edelberto la calcula mal, pues él siempre paga menos. ¿Qué pueden hacer sus compañeros? No quieren ofenderlo porque tienen que viajar con él. ¿Cómo pueden transmitirle un mensaje?

D. Composición estructurada: Las reglas para hacer un buen viaje.
Trabajando solo(a) o en grupo con dos o tres compañeros, invente
cinco reglas importantes para hacer un buen viaje. Use alguna forma
de los mandatos. Se puede incluir recomendaciones sobre el dinero,
las giras, el equipaje, qué hacer con la basura *(garbage)*, cómo hablar
con la gente desconocida *(unknown)*, cuándo sacar fotos y cuándo
no, qué hacer o no hacer en un país extranjero, etcétera. Este letrero de
Cancún, México, puede servir de modelo:

Capítulo 7

GUSTOS Y PREFERENCIAS

1.

Presentación del tema

¿Quieres conocer un poco de la diversidad de la cocina hispana? ¡Hagamos una breve gira gastronómica! Empecemos en España, donde cada región tiene sus especialidades. Quizás la más famosa sea la paella valenciana, un plato de arroz (condimentado con azafrán [*saffron*]), mariscos, salchicha *(sausage)*, carne, pescado y legumbres. Véase la página 159. Los puristas dicen que es necesario prepararlo al aire libre sobre un fuego de leña *(wood)*.

Otro plato típico es el **gazpacho,** una sopa de verduras que se sirve muy fría. También hay la **tortilla*** **española,** hecha con huevos, papas, condimentos y a veces con carne o pescado; los españoles la comen caliente o fría y frecuentemente la llevan a los picnics.

Visitemos un momento Latinoamérica, donde también hay una rica variedad de comidas. Argentina es famosa por sus **parrilladas,** la carne de res preparada «a la parrilla *(grill)*» (véase la foto número 2); Chile por sus **empanadas** *(meat pies)*; Venezuela y Colombia por sus **arepas** *(stuffed corn pancakes)*; Cuba por su

2.

---

* La palabra **tortilla** quiere decir *omelette* en España, pero en México y Centroamérica se refiere a un pan de maíz en forma de disco, usado para hacer tacos, enchiladas, etcétera. (Véase la foto número 3.)

3.

sopa de frijoles negros. Pero, naturalmente, miles de otros platos deliciosos le esperan al turista aventurero.

Y ahora, ¡a México! Mucha gente conoce solamente la salsa picante y los tacos o burritos mexicanos. Pero la cocina mexicana es muy variada. Tres platos muy ricos son el **pollo en salsa de mole** (¡que combina los chiles y el chocolate!), el **cochinillo pibil** *(suckling pig roasted in spices)* y el **ceviche,** pescado o mariscos crudos (sin cocinar) en una salsa de limón y condimentos. En la foto número 3 se ve un plato de **sopaipillas,** un tipo de tortilla de harina *(flour)* frita.

¿Tiene usted sed? Podría tomar una **horchata** (una bebida con sabor a almendras *[almonds]*), un **jugo de tamarindo** *(tamarind)*, el celebrado **pisco** de Perú y Chile (un aguardiente hecho de uvas), uno de los deliciosos **vinos tintos de la Rioja** en España o muchas otras bebidas exóticas. Sin duda, el mundo hispano tiene comidas y bebidas para satisfacer todos los gustos.

> **«Come y bebe, que la vida es breve.»** —*proverbio*

Preguntas

1. ¿Cuáles son los ingredientes de la paella?
2. Según los puristas, ¿cómo es necesario prepararla?

Vocabulario útil: De comidas y bebidas

Cognados

el chocolate
la ensalada
la patata *(Spain)*; **la papa**
el plato
la sal
el tomate

En el restaurante

la cocina	*cooking; cuisine, kitchen; stove*
cocinar	*to cook*
el entremés	*appetizer*
el plato fuerte	*main course*
el postre	*dessert*
sabroso(a), delicioso(a)	*delicious*
la sopa	*soup*
el vino blanco (tinto, rosado)	*white (red, rosé) wine*

Los cubiertos

la cuchara	*tablespoon*
la cucharita	*teaspoon*
el cuchillo	*knife*
el tenedor	*fork*

Algunos alimentos

el aceite de oliva	*olive oil*
el arroz	*rice*
la carne	*meat*
la carne de ternera (de cordero, de puerco)	*veal (lamb, pork)*
la carne de vaca (de res)	*beef*
los dulces (los caramelos)	*sweets (candies)*
los frijoles	*beans*
el helado	*ice cream*
el jugo (de naranja)	*(orange) juice*
la mantequilla	*butter*
los mariscos (los camarones, las almejas, etcétera)	*shellfish (shrimp, clams, etc.)*
el pan	*bread*
el pescado	*fish*
el pollo	*chicken*
el queso	*cheese*
las verduras, las legumbres	*vegetables*

Algunos condimentos

el ají	*green pepper*
el ajo	*garlic*
la cebolla	*onion*
el chile	*chili pepper*
la pimienta	*pepper*

¡Ojo!

caliente hot (temperature); **frío** cold / **picante** (hot) spicy; **suave** bland

tener ganas de to feel like

tener	celos cuidado la culpa hambre prisa razón sed	to be	jealous careful guilty, at fault hungry in a hurry right thirsty

3. ¿Qué es una parrillada?
4. ¿Qué diferencia hay entre la tortilla española y la tortilla que se usa en México?
5. ¿Qué platos mexicanos come usted? ¿Le gusta que estén un poco picantes, muy picantes o picantísimos?
6. De todos los platos mencionados, ¿cuál le parece a usted el más sabroso? ¿Por qué?
7. ¿Cuál de las bebidas mencionadas le gustaría probar?

> «*A buena hambre no hay pan duro.*» —*proverbio*

Práctica

A. ¿Qué necesito? Diga algunos de los alimentos y condimentos que usted necesita...

1. para cocinar al estilo italiano
2. para cocinar al estilo mexicano
3. para cocinar al estilo español
4. para cocinar al estilo francés
5. para preparar una comida china
6. para preparar su pizza favorita

> *«Más vale pan con amor que gallina*
> *con dolor.»* —*proverbio*

B. Preguntas

1. Según los expertos, ¿qué tipo de vino debemos servir con el pollo? ¿con la carne de vaca? ¿con el pescado? ¿Le gusta a usted el vino? ¿Prefiere una bebida sin alcohol?
2. ¿Qué utensilio(s) usa usted para tomar la sopa? ¿para ponerle azúcar al té? ¿para comer la carne de cordero o de puerco?
3. ¿Qué piensa usted del ajo? ¿Le gusta? ¿Es bueno para la salud?
4. ¿Qué alimentos o condimentos le provocan alergia a mucha gente?
5. ¿Qué alimentos (o condimentos) de la lista come usted casi todos los días? ¿Cuáles no tiene ganas de comer casi nunca? ¿Cuáles come cuando tiene prisa?
6. En su opinión, ¿qué alimentos o condimentos son los más nutritivos? ¿Cuáles son malos para la salud?
7. ¿Sabe usted qué es la sangría? ¿Sabe prepararla?

Para escuchar: En Zipaquirá

Conversación 1: Para expresar desacuerdo. Julia y Mike están manejando por una calle de Zipaquirá.

A. Escuche la primera conversación. ¿Qué quiere Julia? ¿Qué piensa Mike de su idea?

B. Escuche la conversación 1 otra vez. Escoja la mejor respuesta.

1. Según Julia, a las diez de la mañana , una comida muy deliciosa es...
   a. una dona *(doughnut)*.
   b. una barra de granola.
   c. un plato de menudo *(tripe soup)* picante, con cebolla.
2. Para Mike, un plato de arepas con café negro es...
   a. un buen desayuno.
   b. un buen almuerzo.
   c. una buena cena.
3. Un "tentenpié" es algo que...
   a. le da energía.
   b. le tiene de pie.
   c. a y b.

Conversación 2: Para expresar acuerdo.

A. Escuche la conversación 2. Mike y Julia salen del restaurante. ¿Qué quiere hacer Mike?

B. Escuche la conversación 2 otra vez. Escoja la mejor respuesta.

1. En la tienda, Mike ve...
   a. una camisa.
   b. una chaqueta.
   c. un suéter.
2. Una juguería es...
   a. un lugar donde se venden jugos de fruta.
   b. un lugar donde se juega dominó.
   c. un lugar donde se compran cosas típicas.
3. Mike quiere que Julia le compre...
   a. un vaso de jugo de mango.
   b. unos chicles *(chewing gum).*
   c. una ruana (poncho colombiano).

> *«Cada uno con su gusto.»*
> *—proverbio*

Gramática y vocabulario

Gustar, faltar, **and similar verbs**

1. A number of verbs in Spanish, such as **gustar** *(to please, be pleasing),* are normally used in the third person with an indirect object pronoun. Instead of saying, "I like coffee," one says, "Coffee is pleasing to me"; the verb agrees with the subject (the person or thing that pleases), usually third-person singular or plural, not with the indirect object (the person who is pleased).

¿Te gusta el arroz con pollo?	*Do you like rice with chicken (a Spanish dish)? (Is it pleasing to you?)*
A nosotros los colombianos nos gusta el café muy fuerte.	*We Colombians like very strong coffee.*
A mí me gustan mucho las verduras. Soy vegetariano(a).	*I like vegetables a lot. I'm a vegetarian.*

Gustar is often used in the third-person singular with an infinitive as the subject.*

A María le gusta viajar.   *María likes to travel (traveling).*

Notice that **a** is used in front of the name of the person who likes something because **gustar** means that it is pleasing **to** him or her.

A Roberto le gustan las uvas.   *Roberto likes grapes.*

---

* **Gustar** is used in the singular even with two or more infinitives as subjects: **Me gusta comer y beber.**

> «*A cada pájaro gusta su nido*
> (nest).» —*proverbio*

2. A number of other verbs are used similarly to **gustar.**

convenir (ie)	*to be convenient or suitable*
encantar	*to delight or charm*
faltar	*to be lacking (often trans. as to need)*
importar	*to matter or be important*
interesar	*to interest*
molestar	*to bother*
parecer	*to seem*
quedar bien, mal; quedar grande, pequeño	*to fit well, badly; to be big, small*
¿Qué te (le, les) parece(n)?	*What do you (does he, she; they) think about it (them)?*

A mis primos no les conviene salir tarde.
It's not convenient for my cousins to go out late.

No puedo hacer pan dulce; me falta azúcar.
I can't make pastry (sweet bread); I need sugar. ("Sugar is lacking to me.")

¿Me queda bien esta chaqueta? —No, te queda grande.
Does this jacket fit me well? —No, it's too big on you.

A Susana le interesa la música clásica. No le interesan los deportes.
Susana is interested in classical music. (It interests her.) She's not interested in sports.

¿Qué cosas les importan? —Les importan la familia y la tradición.
What things matter (are important) to them? —Family and tradition matter to them.

Nos encanta la ópera.
We love opera. (It charms, delights us.)

¿Te molesta el ajo en la sopa?
Does the garlic in the soup bother you?

¿Qué te parecen estos entremeses?
What do you think about these appetizers? (How do they seem to you?)

> «*Plato ajeno parece más lleno.*» ("The grass
> is always greener...")» —*proverbio*

Práctica

A. Gustos. Diga a quién le gustan las cosas de la lista en la página 167, de acuerdo con los modelos.

MODELOS Silvia / los partidos de tenis
A Silvia le gustan los partidos de tenis.

yo / pintar
A mí me gusta pintar.

1. tú / la música clásica
2. nosotros / bailar
3. ellos / las fiestas
4. yo / la ropa elegante
5. ustedes / los dulces
6. Enrique / las almejas
7. nosotros / comer en restaurantes chinos
8. usted / el helado

> «*Nunca falta un pelo en la comida (una persona que se mete en la vida de otra persona).*» —*proverbio*

B. Lo que falta para la cena. Diga quién o qué necesita las siguientes cosas, de acuerdo con el modelo.

MODELO la sopa / sal   **A la sopa le falta sal.**

1. yo / tenedor
2. la ensalada / tomates
3. los García / arroz
4. Nosotros / papas y queso
5. él / ajo
6. usted / pan y mantequilla

C. «Sobre gustos no hay nada escrito.» ¿Le gustan las siguientes comidas? ¿Por qué sí o por qué no? (Use **porque** y una de las frases que aparecen en la lista de la derecha o una frase de su propia invención.)

MODELO la sopa de mariscos
Me gusta la sopa de mariscos porque es muy sabrosa.

o

No me gusta la sopa de mariscos porque es difícil de preparar.

1. los tacos
2. la pizza
3. el sukiyaki
4. las hamburguesas
5. el pan francés
6. el jamón *(ham)* y el salame
7. la comida alemana
8. la carne de vaca o de res
9. el chocolate
10. ...(nombre de una comida que a usted le gusta mucho o no le gusta nada)

fácil / difícil de preparar
muy caro / muy barato
(demasiado) picante
(no) tiene muchas calorías
bueno / malo para la salud
no tiene sabor / es sabroso (delicioso)
tiene demasiada sal (o demasiado azúcar)
(no) tiene ingredientes artificiales

D. Traducción

1. It doesn't matter to us.
2. What do you **(tú)** think of the composition?
3. The cat was bothering me last night.
4. Is she interested in mathematics?
5. He seems very nice to me.
6. This hat doesn't fit me well; it's small on me.
7. Is it convenient for you to talk now?

> «*Nunca llueve a gusto de todos.*» ("You can't
> please everyone.") —*proverbio*

E. Use su imaginación. Complete las siguientes oraciones.

1. A mí me encanta(n)...
2. A los jóvenes les interesa(n)...
3. A los ancianos les interesa(n)...
4. A los profesores les importa(n)...
5. A los estudiantes les falta(n)...
6. A mí me falta(n)...
7. A mis papás les molesta(n)...
8. A mí me molesta(n)...
9. A las mujeres les importa(n) mucho...
10. A los hombres les importa(n) mucho...
11. A todo el mundo le conviene...

Affirmatives and negatives

algo *something, somewhat*	**nada** *nothing, (not) at all*
alguien *someone, anyone*	**nadie** *no one, nobody, not anyone*
cualquiera *anyone*	
siempre *always*	**nunca, jamás** *never*
algunas veces *sometimes*	
algún, alguno(a) *some, any*	**ningún, ninguno(a)** *none, not any, no*
también *also*	**tampoco** *not either*
o... o *either... or*	**ni... ni*** *neither... nor*
todavía *still*	**todavía no** *not yet*
aún *still*	**ya no** *not any more*

---

* **Ni... ni** when used with a subject that precedes the verb takes a plural verb: **Ni el que ama ni el que manda quieren compañía.** *Neither he who is in love nor he who gives orders wants company.*

1. Most sentences can be made negative by placing **no** directly before a conjugated verb (or a form of **haber** or other auxiliary).

   Fernando no dijo qué clase de   *Fernando didn't say what kind of car*
     coche compró.   *he bought.*
   Fernando no me lo ha dicho.   *Fernando hasn't told me it.*

   The only words that can come between **no** and the verb are object pronouns (and the impersonal **se,** to be discussed in Chapter 8).

2. Negative words can either (1) precede the verb or (2) follow the verb if **no** or another negative precedes.

   Nunca tiene prisa. (No tiene   *He's never in a hurry.*
     prisa nunca.)
   Nada supimos. (No supimos   *We didn't find out anything.*
     nada.)

3. While both **nunca** and **jamás** mean *never,* **jamás** means *ever* in a question where a negative answer is expected.

   Nunca (Jamás) hizo mal a   *He (She) never harmed anyone.*
     nadie.
   ¿Has oído jamás semejante   *Have you ever heard a similar story?*
     historia?

   Alguna vez is used to mean *ever* in a simple question where neither an affirmative nor a negative answer is expected.

   ¿Ha probado alguna vez este   *Have you ever tried this kind of*
     tipo de melón?   *melon?*

4. Many negatives can be used in a Spanish sentence.

   El señor Tacaño no dio nunca   *Mr. Tightwad never gave anything to*
     nada a nadie. —¡Ya lo creo!   *anyone. —I believe it!*

5. **Alguien** and **nadie** refer to people. **Alguno** and **ninguno** can be used for either people or things; they normally refer to certain members of a group that the speaker or writer has in mind.

   ¿Hay alguien en casa? —No,   *Is there anyone home? —No, it seems*
     parece que no hay nadie aquí.   *there is no one here.*
   Algunos de mis amigos tienen   *Some of my friends have very nice*
     autos muy bonitos, pero   *cars, but none of them has a*
     ninguno de ellos tiene un   *Porsche.*
     Porsche.

   Alguno and **ninguno** used as adjectives become **algún** and **ningún** before masculine singular nouns.

   Martita no tiene ningún vestido   *Martita doesn't have any dresses*
     (ninguna falda). Siempre   *(skirts). She always wears pants.*
     lleva pantalones.

¿Ese impermeable azul? Lo   *That blue raincoat? I'll wear it*
   usaré algún día.   *some day.*

Nungún and **ninguno(a)** are generally used in the singular as adjectives or pronouns; however, the English translation uses a plural.

Tengo algunas fotos de ti; no   *I have some photos of you; I don't*
   tengo ninguna foto de ella.   *have any photos of her.*
Conozco a algunos estudiantes   *I know some students from Puerto*
   de Puerto Rico; no conozco   *Rico; I don't know any from Costa*
   a ninguno de Costa Rica.   *Rica.*

> «*Las mujeres no llevan lo que les gusta. Les gusta lo que llevan.*» — *Christian Dior*

6. **Algo** means *something* and **nada** means *nothing,* but they can also be used as adverbs meaning *somewhat* and *not at all:*

   La comida está algo picante.   *The food is somewhat hot (spicy).*
   No me gusta nada el vino.   *I don't like wine at all.*

7. **Cualquier** as an adjective means *any . . . (at all).* **Cualquiera** is a pronoun that means *anyone.* They are the same in the feminine as in the masculine.

   Cualquier cosita le molesta.   *Any little thing bothers him.*
   Cualquiera sabría eso.   *Anyone would know that.*

8. **Todavía** and **aún** mean *still, yet;* **ya no** is used to mean *no longer, not any more;* **todavía no** means *not yet.*

   ¿Todavía te sientes mal?   *Do you still feel bad? —Not any*
      —Ya no.   *more.*
   ¿Aún te llama «señorita»?   *Is he still calling you "señorita"?*

   Note that **ya no** and **todavía no** precede a verb: **Ya no tengo hambre. Todavía no han comido.**

9. The indefinites **alguien, nadie, alguno,** and **ninguno** are preceded by the personal **a** when used as direct objects referring to people.

   Conozco a alguien que está   *I know someone who is crazy about*
      loco por la comida francesa.   *French food.*

Quico

Vocabulario útil: La ropa

Cognados

la blusa
la chaqueta
el descuento

los pantalones
el suéter

Para mujeres

la falda	skirt
las medias	stockings
el vestido	dress

Para hombres

la camisa	shirt
la corbata	tie
el traje	suit

Para hombres y mujeres

el abrigo	coat
los calcetines	socks
la camiseta	T-shirt
el chaleco	vest
el impermeable	raincoat
los zapatos	shoes

En la tienda de ropa

llevar, traer, usar	to wear
la marca	brand
el paraguas	umbrella
ropa ligera (abrigada)	light (heavy, warm) clothing

¡Ojo!

probar (ue) *to try;* **probarse (ue)** *to try on* / **tratar de** *+ infinitive* to try, make an effort; **tratar de** *+ noun* to deal with, treat

Práctica

A. El optimista y el pesimista. Describa al pesimista, basándose en la descripción del optimista.

> **MODELOS** EL OPTIMISTA Según su opinión, todo el mundo es honesto.
>
> EL PESIMISTA **Según su opinión, nadie es honesto.**

EL OPTIMISTA   Nunca le molesta nada.
EL PESIMISTA   **Siempre le molesta algo.**

1. Cuando sale, casi nunca lleva paraguas.
2. Según él (ella), todo el mundo es sincero.
3. Siempre tiene algo bueno que decir.
4. Cuando viaja en avión, jamás compra seguro *(insurance)* de vuelo.
5. Según su opinión, tiene muchos amigos felices.
6. En los restaurantes, cualquier entremés le parece sabroso.

B. Reacciones. Traduzca al español las oraciones en inglés.

1. Ayer llevé una camiseta verde. *(I did too!)*
2. Nunca busco las marcas famosas. *(I don't look for them either.)*
3. Quiero comprar o un chaleco o un impermeable. *(I don't want to buy either a vest or a raincoat.)*
4. No sé por qué él lleva calcetines de diferentes colores. *(I don't know [it] either.)*
5. ¿Todavía hay impermeables a precios de descuento? *(Not any more!)*
6. ¿Tiene él algunas corbatas azules? *(No, he doesn't have any.)*
7. Los jeans siempre le quedan o demasiado largos o demasiado cortos. *(Jeans are never too long nor too short on me.)*
8. ¿Qué tipo de suéter te gusta? *(I like any type of sweater.)*
9. ¿Tienes ropa abrigada para el invierno? *(Not yet!)*
10. ¿Quién puede hallar buenos descuentos? *(Anyone can find them.)*

C. En la tienda de ropa. Imagine que usted trabaja en Miami en la tienda de ropa del anuncio *(advertisement)*. Varias personas llaman por teléfono y le hacen preguntas. Contéstelas, usando afirmativos o negativos cuando sea posible.

MODELO   ¿Tienen ustedes chaquetas rojas?
No, no tenemos ninguna chaqueta roja.
Pero tenemos algunas en otros colores.

1. ¿Venden ustedes vestidos de marcas famosas?
2. ¿Tienen todas las marcas famosas de trajes de baño?
3. ¿Tienen ustedes algo para llevar en un coctel?
4. ¿Tienen ustedes pantalones cortos para mujeres?
5. ¿Hay alguien allí los domingos por la mañana?
6. ¿Venden faldas elegantes? ¿y blusas elegantes también?
7. ¿Siempre venden abrigos de piel *(fur)*, o solamente en invierno?
8. ¿Tienen camisetas de todos los equipos de béisbol?
9. ¿Venden ustedes zapatos formales para el trabajo?
10. ¿Siempre hay descuentos para los estudiantes?
11. ¿Tienen calcetines deportivos en diferentes colores?
12. ¿Venden ustedes corbatas de seda *(silk)?*

D. La ropa. Describa la gente que se ve en este dibujo. ¿Qué indica la ropa que lleva cada uno(a)? ¿Qué tipo de ropa lleva usualmente usted? ¿Y para ir a una fiesta?

> «*El hábito no hace al monje.*» ("**Clothes don't make the man.**") —*proverbio*

The subjunctive in descriptions of the unknown or indefinite

The subjunctive is used in certain adjective clauses that modify something that is unknown, indefinite, nonexistent, or unreal—for instance, a person or thing one is looking for but may not find, or someone or something that definitely does *not* exist. However, the indicative is used for a specific person or thing definitely known to exist (including the pronouns **alguien, alguno,** and **algo**). Compare the following examples.

Hay alguien aquí que va a Barcelona.	*There is someone here who is going to Barcelona.*
¿Hay alguien aquí que vaya a Barcelona? —No, no hay nadie aquí que vaya a Barcelona.	*Is there anyone here who is going to Barcelona? —No, there's no one here who's going to Barcelona.*
Tengo sed. Vamos a la Torre Latinoamericana, donde podemos tomar una copa.	*I'm thirsty. Let's go to the Torre Latinoamericana, where we can have a drink.*
Tengo sed. Vamos a un lugar donde podamos tomar una copa.	*I'm thirsty. Let's go to a place where we can have a drink.*
Busco la blusa azul que mi hija llevó en la fiesta de cumpleaños.	*I'm looking for the blue blouse that my daughter wore at the birthday party.*
Busco una blusa que mi hija pueda llevar en una fiesta de cumpleaños.	*I'm looking for a blouse that my daughter can wear at a birthday party.*

Notice that in the first example of each pair the speaker or writer is thinking of something or someone specific; therefore, the indicative is used. But in the second example of each pair, when the person or item is either non-existent or not specific, the subjunctive is used. The subjunctive is used only in the adjective clause (a descriptive clause that begins with **que** and modifies a preceding noun).

The personal **a** is used before a direct object that is a person when the speaker or writer has someone definite in mind, but not normally when the person is indefinite or unspecified. However, the pronouns **alguien, alguno, nadie,** and **ninguno** used as direct objects referring to people always take the personal **a.**

Armando busca una mujer que lo quiera y que lo trate bien.	*Armando is looking for a woman who will love him and treat him well.*
Armando encontró a alguien que lo quiere y que lo trata bien.	*Armando found someone who loves him and treats him well.*

Práctica

A. Con los pantalones bien puestos. *(With his pants firmly on.)* Las siguientes ideas son de la revista *Entérese.** Según el artículo, ¿qué clase de hombre busca la mujer norteamericana? Llene los espacios en blanco con las formas correctas de los verbos entre paréntesis. Después, conteste las preguntas que siguen.

Las mujeres norteamericanas ya no quieren un hombre romántico y sensible que las ___(1)___ (tratar) bien. Buscan un «verdadero hombre, dominante» que ___(2)___ (tener) los pantalones bien puestos, según un estudio de 2.500 mujeres de toda la nación y de todos los niveles socio-económicos. 'Queremos un macho que nos proteja *(protects)*, nos ___(3)___ (mantener) y nos ___(4)___ (dar) seguridad' dice ahora la gran mayoría.» Las mujeres andan en busca de un dictador. No quieren tomar decisiones. Buscan a alguien que las ___(5)___ (tomar) por ellas, las ___(6)___ (dominar). El científico que hizo el estudio, el doctor Hiram Croft, estaba muy sorprendido de los resultados. «Claramente, la mujer de hoy desea que el hombre ___(7)___ (ser) el líder. El hombre tierno *(tender)* y gentil de las décadas de los '70 y '80 ya no es visto como senusal o atractivo.» Según el doctor Croft, muchas mujeres tienen problemas económicos que las ___(8)___ (poner) tensas. «Por eso están en busca de una relación estable y permanente con un hombre rudo *(rough)* que las ___(9)___ (hacer) sentirse seguras.» La mujer «moderna y liberada», comenta Croft, tiene el trabajo de la oficina y también tiene otro trabajo que la ___(10)___ (cansar) mucho: el de ser esposa y madre. Por eso, ya no le interesa tanto la liberación femenina, que realmente es «una falacia» *(fallacy).*

Preguntas

1. Según el artículo, ¿qué clase de hombre buscaba la mujer norteamericana de las décadas de los '70 y '80? ¿Y la mujer de hoy?
2. ¿Estaba sorprendido de los resultados el científico que hizo el estudio?
3. ¿Conoce usted a alguna mujer a quien le gusten los hombres dominantes y «rudos»?
4. ¿Qué opina usted de estas ideas? ¿Cree o no que la liberación femenina es «una falacia»? ¿Por qué?

B. Actividad en pareja: Ideales y aspiraciones. Entreviste a un(a) compañero(a), usando las preguntas que siguen. Después su compañero(a) lo (la) entrevista a usted. Luego, prepare un breve resumen

---

*«La mujer de hoy anda en busca de cavernícolas *(cave men)*», *Entérese*, Año 15, Número 180, páginas 32–33.

(summary) de los ideales de su compañero(a) en cuanto al amor, a la amistad y al trabajo.

1. ¿Qué tipo de hombre o mujer buscas para esposo(a)? ¿Buscas a alguien que sea muy atractivo(a)? ¿inteligente? ¿simpático(a)? ¿trabajador(a)? ¿que gane mucho dinero? ¿que lleve ropa elegante? ¿que no tenga celos? (Si ya tienes esposo[a], descríbelo[la].)
2. Como amigo o amiga, ¿prefieres a alguien que sea del mismo grupo étnico que tú? ¿que sea de la misma religión que tú? ¿que tenga las mismas opiniones políticas? ¿O no te importa que sea diferente?
3. Para tu profesión, ¿prefieres tener un trabajo que sea interesante? ¿fácil? ¿de gran prestigio? ¿que te permita ganar un buen salario? ¿que te permita conocer a mucha gente, o viajar? ¿que no te produzca estrés? (Si ahora tienes el trabajo de tus sueños, descríbelo.)

 C. Juego de memoria: ¿Hay alguien que lleve...? La clase debe dividirse en dos equipos. Un(a) voluntario(a) tiene que ponerse de pie *(stand up)* y cerrar los ojos. Algún estudiante del otro equipo le hace una pregunta sobre la ropa de las personas de la clase. Si el voluntario (la voluntaria) contesta bien (en español), su equipo gana un punto. Después le toca a *(it's the turn of)* un(a) voluntario(a) del otro equipo, etcétera. El equipo con más puntos al final gana el juego.

MODELOS   ¿Hay alguien que lleve un chaleco amarillo?
No, no hay nadie que lleve un chaleco amarillo. (Está bien. Ganas un punto.)

¿Hay alguien que lleve una camisa blanca?
Sí, hay dos personas que llevan camisa blanca. (No está bien. Hay tres personas con camisa blanca. No ganas nada.)

The subjunctive with certain adverbial conjunctions

1. The following adverbial conjunctions always require the subjunctive, since they indicate that an action or event is indefinite or uncertain—it is not necessarily going to happen.

a menos que *unless*	para que *so that*
con tal (de) que *provided that*	sin que *without*
en caso (de) que *in case*	

Niños, a menos que dejen de hacer tanto ruido, me volveré loco.	*Children, unless you stop making so much noise, I'm going to go crazy.*
Con tal que me quieras, estaré contento.	*Provided that you love me, I'll be happy.*

En caso de que venga Ana, dile que voy a regresar en unos minutos.	*In case Ana comes, tell her I'll be back in a few minutes.*
Te digo esto para que tengas cuidado.	*I'm telling you this so that you will be careful.*
Salen sin que tía Juana los vea.	*They leave without Aunt Juana seeing them.*

Sin que indicates that something does not take place—it does not in fact happen, as in the preceding example.

2. **Aunque** is used with the subjunctive to indicate opinion, uncertainty, or conjecture, but with the indicative to indicate fact or certainty.

Aunque le guste esa camisa, no la va a comprar.	*Although he may like that shirt, he's not going to buy it.*
Aunque le gusta esa camisa, no la va a comprar.	*Although he likes that shirt, he's not going to buy it.*
Aunque no sea muy responsable, lo amo.	*Although he may not be very responsible, I love him.*
Aunque no es muy responsable, lo amo.	*Although he isn't very responsible, I love him.*

Note that the Spanish subjunctive is sometimes translated with *may* or *might* in English (in the present tense).

> «*Entre las gentes, hay mil gustos diferentes.*» —proverbio

3. **Antes (de) que** is a conjunction of time that always takes the subjunctive, since it implies that an action has not yet occurred, and, therefore, is uncertain.

| «Antes que te cases, mira lo que haces.» | *"Before you get married, think about (look at) what you are doing." (proverb)* |
| Quiero disfrutar del buen tiempo antes de que empiece el invierno. | *I want to enjoy the good weather before winter begins.* |

4. Other conjunctions of time can take either the subjunctive or the indicative.

cuando *when*	hasta que *until*
después (de) que *after*	mientras (que) *while*
en cuanto *as soon as*	tan pronto como *as soon as*

The indicative is used after these conjunctions to express a customary or completed action. In contrast, when the idea following the conjunction refers to an action in the future, the subjunctive must be used. This is because any action in the future is unreal and uncertain from the viewpoint of the present moment. Compare:

Cuando viene Mateo a nuestra casa, jugamos a los naipes.	*When Mateo comes to our house, we play cards. (customary action)*
Cuando venga Mateo a nuestra casa, jugaremos a los naipes.	*When Mateo comes to our house, we will play cards. (He hasn't come yet; projection into the future.)*
Después que llega mi cheque cada mes, compro la comida.	*After my check arrives each month, I buy food. (customary action)*
Después que llegue mi cheque este mes, compraré una blusa.	*After my check arrives this month, I'll buy a blouse. (It hasn't come yet; projection into the future.)*

The past tense usually indicates that something has occurred and is a known fact. However, sometimes a past tense following a time conjunction is projected into the future and requires the subjunctive (in this case the imperfect subjunctive, which will be studied in Chapter 9). Compare:

Te llamé cuando llegó Pablo.	*I called you when Pablo arrived. (completed action, fact)*
Te iba a llamar cuando llegara Pablo. (imperfect subjunctive)	*I was going to call you when (as soon as) Pablo arrived. (Pablo's arrival had not occurred at that time; projection into the future.)*

The use of the subjunctive after these conjunctions does not mean that the speaker or writer necessarily doubts that the action or event will take place; it is simply indefinite, since it has not yet occurred. No matter how plausible the event seems, the subjunctive must be used if there is a projection into the future—after all, what is in the future is unreal and uncertain.

5. Some of the preceding conjunctions are made up of prepositions **(para, sin, antes, después de, hasta)** combined with **que.** These prepositions are followed by an infinitive if there is no change in subject. Compare the following:

Antes de cenar, tomamos una copa. (¡Salud!)	*Before eating dinner, we have a drink. (Cheers!)*
Antes de que cenen, él va a tomar una copa.	*Before they have dinner, he will have a drink.*
Sin hablarme, entró en la casa.	*Without speaking to me, he went into the house.*

Paso por su casa todos los días,   *I go by his house every day, without*
sin que él me hable.   *his speaking to me.*

Práctica

A. Disculpas (excusas) favoritas. Cuando a usted no le gusta hacer algo o necesita justificar lo que quiere hacer, ¿cuáles son sus disculpas favoritas? Aquí hay algunos ejemplos; complételos usando el indicativo o el subjuntivo de los verbos entre paréntesis.

1. Es verdad que este examen _____ (ser) un poco difícil, pero es mejor así para que ustedes no lo _____ (encontrar) aburrido.
2. Bueno, mamá, estaba pensando ayudarte con la comida pero... bueno, te ayudaré tan pronto como _____ (poder / yo) y, por supuesto, antes de que Manuel y yo _____ (salir).
3. Discúlpame, mi amor. Estaba enojada en ese momento. ¡Nunca volveré a hacerte eso mientras yo _____ (vivir)!
4. Lo siento, querida, pero tengo que trabajar esta noche para que (poder / nosotros) comprar las cosas nuevas que queremos.
5. Lo siento, de veras. Aunque no te _____ (ayudar) con esa composición ayer, lo puedo hacer ahora. Ayer no me sentía muy bien.
6. Perdóname, no te mandé los mil pesos todavía; lo haré en cuanto _____ (llegar) mi próximo cheque.
7. Sí, sí, me olvidé que íbamos a limpiar el apartamento hoy. Lo haré mañana con tal que me _____ (disculpar / tú), ¿de acuerdo?

B. Descripción. Piense usted en alguien a quien ve a menudo—un(a) pariente(a), un(a) amigo(a), su compañero(a) de cuarto, su novio(a), etcétera. Complete las siguientes oraciones.

1. Está contento(a) conmigo con tal que...
2. Estaba enojado(a) conmigo después de que...
3. Quiero comprarle un regalo sin que él (ella)...
4. Sé que es un(a) verdadero(a) amigo(a), aunque a veces...
5. Siempre está nervioso(a) antes de que...
6. Estaba decepcionado(a) *(disappointed)* cuando...
7. Se va a alegrar en cuanto...

C. Situaciones y preferencias. Complete las oraciones con la forma apropiada de los verbos entre paréntesis.

En una tienda de ropa. Los señores Hernández hablan con el vendedor.

EL VENDEDOR: Buenos días, señores. ¿En qué puedo servirles?
LA SEÑORA H.: Busco un vestido para _____ (ponerse) en una fiesta de cumpleaños.
EL VENDEDOR: ¿Quiere algo de seda *(silk)*...?

LA SEÑORA H.:   No, quiero algo que _____ (poder / yo) lavar a máquina. Y busco algo que no _____ (ser) demasiado caro.

EL VENDEDOR: Tenemos vestidos de rayón, algodón *(cotton)* y también de poliéster. Están por aquí.

(Pasan unos minutos.)

EL SEÑOR H.:   ¿No puedes encontrar nada que te _____ (gustar), querida?

LA SEÑORA H.:   Espérame un momento más. Aquí hay algunos vestidos muy bonitos. ¿Te _____ (gustar) éste?

EL SEÑOR H.:   Sí, sí. Aquí te espero mientras te lo _____ (probar), mi amor.

(La señora se prueba el vestido y regresa.)

LA SEÑORA H.:   ¿Cómo me queda? Aunque me _____ (encantar) los colores y el modelo, temo que _____ (costar) demasiado.

EL SEÑOR H.:   No importa. Llévalo aunque _____ (ser: *it may be*) un poco caro, porque es posible que no _____ (encontrar / nosotros) otro hoy. Y yo voy a llevar esta camisa; en cuanto la _____ (ver / yo), pensé en Miguelito. Creo que a él le _____ (ir) a gustar mucho.

LA SEÑORA H.:   De acuerdo. Pero después de que _____ (salir / nosotros) de esta tienda, necesito buscar unos zapatos que me _____ (quedar) bien con el vestido. ¿No hay una zapatería que se _____ (llamar) Calzados Enrique por aquí cerca?

EL SEÑOR H.:   ¡Ay, ay, ay!

En otras palabras...

Para expresar acuerdo y desacuerdo

There are many ways to express agreement and disagreement, verbal and nonverbal. But certainly verbalizing agreement and disagreement is a very basic language function, and here are some ways to do just that.

1. You strongly agree with what someone is saying.

Sí, ¡cómo no!	Cierto.
Exacto.	Por supuesto.
Eso es.	Correcto.
Claro.	Sí, es verdad. Estoy de acuerdo.

2. You disagree with what someone is saying.

No, no es verdad.	¡Qué tonterías!
No, no estoy de acuerdo.	¡Qué ridículo!
Al contrario...	¡Qué va!

3. You partially agree with what someone is saying and partially disagree. (Or you disagree but don't want to appear disagreeable.)

   Bueno, eso depende.
   Está bien, pero por otra parte *(on the other hand)*...
   Estoy de acuerdo en parte.
   Pues, sí, hasta cierto punto.

4. You agree with a suggestion that you or someone else do something.

   ¡Claro que sí!
   Sí, ¡cómo no!
   Como quiera usted. (Como quieras.) *As you like.*
   De acuerdo.

5. You disagree with a suggestion that you or someone else do something.

Por el momento, no, gracias. Prefiero...
¡Ni por todo el dinero del mundo!
¡De ninguna manera!

Práctica

A. ¿De acuerdo? ¿Está usted de acuerdo o no con las siguientes afirmaciones? Un(a) estudiante hará la afirmación, mientras otro(a) dirá si está o no de acuerdo.

1. Cristóbal Colón descubrió América en 1593.
2. El presidente de los Estados Unidos es una persona muy inteligente y competente.
3. Asunción es la capital del Paraguay.
4. En general, los hombres son más agresivos que las mujeres.
5. En general, los hombres dominan en la política y en otros campos porque son más inteligentes que las mujeres.
6. La gente que vive en el sur de los Estados Unidos tiene más prejuicios *(prejudices)* raciales que la gente que vive en el norte.

B. Opiniones. Haga cinco oraciones expresando sus propias opiniones; su compañero(a) dirá si está o no está de acuerdo.

Repaso

A. Escogiendo un restaurante. Mire estos anuncios sobre algunos restaurantes de Cancún, México, y conteste la pregunta con referencia a los diferentes tipos de viajeros. Note: **botana** = *appetizer;* **sucursal** = *branch.*

> MODELO   a un viajero a quien le encanten los mariscos
>
> **A un viajero a quien le encanten los mariscos, le convendría el restaurante El pescador. Tiene «lo mejor en mariscos en la ciudad».**

Eu su opinión, ¿cuál de estos restaurantes le convendría a...

1. alguien que sea un estricto vegetariano?
2. algún grupo de diez u once estudiantes que viajen juntos?
3. una persona que adore la carne?
4. un hombre que quiera impresionar a una mujer muy sofisticada?
5. unos turistas que deseen encontrar la comida y el ambiente típicamente mexicanos?
6. alguien que busque un lugar que esté abierto los lunes?
7. un matrimonio a quien le guste mucho el pescado?
8. algunos turistas que duerman todo el día y se diviertan toda la noche?

B. Preferencias. Termine usted las siguientes frases con respecto a los restaurantes de los anuncios.

1. A mí me gustaría comer en _____ con tal de que...
2. Me encantaría ir a _____ a menos que...
3. Me convendría ir a _____ para...
4. A mí y a mis amigos nos molestaría comer en _____ sin...

C. Traducción

1. I'll call you **(tú)** as soon as I receive the letter.
2. Do you **(usted)** know anyone who knows how to cook Spanish food?

3. I know someone who's always in a hurry.
4. There is no one here who eats hot (spicy) food.
5. Although he may be hungry, Jorge never asks for food.
6. What do you **(tú)** think of the red wine?
7. Does the money matter to you **(ustedes)**?
8. Let's not go out until the movie ends.

> *«Barriga (Stomach) llena, corazón*
> *contento.» —proverbio*

D. Actividad en grupo: Representación dramática. Trabajando con dos compañeros, invente una conversación sobre una de estas situaciones. Luego, se puede presentarla a la clase.

1. Dos turistas van a un restaurante en Cancún y un(a) camarero(a) les sirve. Los turistas piden un entremés, bebidas, un plato fuerte (principal) y un postre. Luego, algo pasa que causa un problema. Finalmente, se soluciona el problema. (Se puede consultar el **Vocabulario útil** de la página 162.)
2. Dos turistas entran en una tienda de ropa en Valencia. Quieren comprar varios regalos y también ropa para ellos(as). Un(a) dependiente los atiende, pero hay algunos problemas. Finalmente, se solucionan los problemas. (Se puede consultar el **Vocabulario útil** de la página 171.)

E. Composición estructurada: ¿Qué me (nos) importa en un restaurante? Trabajando solo(a) o con otros compañeros, haga una lista de cinco cosas que le gustan y cinco cosas que le molestan en un restaurante. Puede mencionar la comida, el servicio, el ambiente (la atmósfera), los precios, la música, etcétera.

MODELOS **Me gusta que los precios sean razonables.**
Nos molesta que los camareros no nos den
agua a menos que la pidamos.

Capítulo 8

DIMENSIONES CULTURALES

Presentación del tema

En el mundo hispano hay una gran variedad de culturas. El pueblo español es una mezcla de los muchos grupos que formaron lo que es hoy la cultura española: por ejemplo, los iberos (los primeros habitantes de la península), los celtas *(Celts),* los griegos, los fenicios *(Phoenicians),* los vascos *(Basques),* los romanos y los árabes. Los romanos realizaron en España espléndidas obras de arquitectura, incluyendo murallas y acueductos que todavía se usan hoy. También trajeron a la península ibérica un sistema de leyes avanzado, el sistema de escritura que usamos y también la religión cristiana. Cuando los árabes llegaron en el siglo ocho, mejoraron la agricultura con métodos de irrigación y con muchas frutas y verduras (como la naranja y la zanahoria *[carrot]),* el azúcar y el café. También introdujeron un estilo de arquitectura que usaba el adobe y muchos arcos y patios. Fundaron escuelas y numerosos centros culturales, sin igual en el resto de Europa, entre los siglos ocho y trece.

> *«No hay más de dos tierras en el mundo; tierra de buenos y tierra de malos: todos los buenos, agora (ahora) sean judíos, moros, gentiles, Cristianos o de otra secta, son de una misma tierra, de una misma sangre y casa; y todos los malos de la misma manera.»—Furio de Ceriol, El Consejo y los Consejeros del Príncipe, Capítulo II*

Al llegar *(upon arriving)* los españoles a América en los siglos quince y dieciséis, se encontraron con las civilizaciones indígenas azteca e inca y con las ruinas de las grandes ciudades mayas. En Centroamérica, los mayas habían construido grandes observatorios y templos. Sus sacerdotes tenían conocimientos de matemáticas muy avanzados, que incluían el concepto del cero (0). Se dice

que los mayas eran «los griegos del Nuevo Mundo». Los aztecas, como los mayas, tenían un calendario exacto; también tenían una capital impresionante. Más al sur. en la región de los Andes, los incas sabían mucho de medicina (incluso practicaban operaciones delicadas) y tenían un sistema socializado para darles comida a los pobres y a los ancianos. En América se cultivaban el maíz, la papa, el tomate, el cacao (del que se hace el chocolate), el tabaco y otras plantas que los españoles no conocían.

> *«Nuestra identidad está en la historia, no en la biología, y la hacen las culturas, no las razas; pero está en la historia viva. El tiempo presente no repite el pasado: lo contiene.» —Eduardo Galeano*

Con la llegada de los africanos, la cultura hispanoamericana se enriqueció aún más, con la introducción de una nueva música muy rítmica y con nuevas formas de arte y baile. Muchas frutas, verduras y raíces *(roots)* que se comen ahora en Hispanoamérica—como el plátano *(plantain)* y el camote *(yam)*—vinieron de África. La literatura afroamericana también es una contribución importante a la cultura hispana.

En Hispanoamérica uno se encuentra con un panorama humano de razas y culturas muy variadas. La gran mayoría de la población de Hispanoamérica es mestiza (de origen indio y europeo); además hay gente india, negra, mulata (de origen africano y europeo), gitana, judía y también hay inmigrantes de muchos otros países—españoles, italianos, libaneses, sirios, chinos, japoneses, etcétera.

Preguntas

1. ¿Qué grupos étnicos formaron la cultura española?
2. Al llegar los españoles a América en los siglos quince y dieciséis, ¿con qué civilizaciones indígenas se encontraron?
3. ¿Cómo es la población de Hispanoamérica hoy?
4. ¿A quiénes debemos agradecer *(thank)* cuando...?
   a. tomamos un vaso de jugo de naranja al levantarnos
   b. nos desayunamos—con cereal de maíz
   c. escribimos una carta (usamos el alfabeto)
   d. nos sentamos en el patio de una casa de adobe (o de «estilo español»)
   e. nos divertimos en una fiesta bailando al ritmo de la música del Caribe (como la samba o la rumba)
   f. comemos camote el Día de Acción de Gracias
   g. tomamos una taza de chocolate caliente
   h. comemos una torta de zanahoria
5. ¿Cuáles son las razas y culturas principales de Estados Unidos? ¿de Canadá? ¿Por qué cree usted que hay menos influencia de los indios (o de gente indígena) en Norteamérica que en Hispanoamérica?

Actividad

Muchas de las cosas que vemos o usamos diariamente *(daily)* tienen un origen interesante o extraño. Usando una enciclopedia o algún libro de consulta, indique el origen de las cosas que están a continuación. ¿Dónde se inventaron o se originaron?

el café
el algodón *(cotton)*

la música flamenca
la corrida de toros

la mandioca (de la que se hace la tapioca)
el ajedrez *(chess)*
el tango
la rumba
el ron *(rum)*
las castañuelas *(castanets)*
el calendario que usamos ahora

los números arábigos (1, 2, 3, etcétera)
la fresa *(strawberry)*
el cacahuete *(peanut)*
la alcachofa *(artichoke)*
la calabaza *(squash)*
la guitarra

Vocabulario útil: Aspectos culturales

Razas y culturas del mundo hispano: Cognados

el africano (la africana)
el, la árabe
el, la azteca
el europeo (la europea)
el griego (la griega)
el, la inca
el, la indígena
el, la maya
el mestizo (la mestiza)
el mulato (la mulata)
el romano (la romana)

Otras palabras

el gitano (la gitana)	Gypsy
el judío (la judía)	Jew
precolombino(a)	pre-Columbian (before Columbus)

Verbos

cultivar	*to grow (crops)*
descubrir	*to discover*
enriquecerse (cz)	*to become enriched*
mezclarse	*to mix together, become mixed*

¡Ojo!

darse cuenta de to realize, understand / **realizar** to realize, to bring about, make real
encontrarse (ue) con to meet, come across, run into / **reunirse** to meet, have a meeting
introducir (cz) to introduce / **presentar** to present, introduce (persons to each other)

Práctica

A. Identificaciones históricas. Diga a qué grupo o grupos se refiere en las siguientes descripciones. Las respuestas están en el apéndice D.

1. Vivieron en el Valle de México donde tenían una capital magnífica con bibliotecas, baños públicos y faroles de aceite *(oil street lamps)*.
2. Introdujeron nuevos ritmos y formas musicales que revolucionaron la música del mundo.
3. Eran dos grupos que prosperaron en España durante la Edad Media, pero tuvieron que salir de ese país en 1492 a causa de la Inquisición.
4. Resultaron cuando los negros y los europeos se mezclaron.
5. Eran la única civilización precolombina con un sistema de escritura.
6. Resultaron cuando los indios y los europeos se mezclaron.
7. Realizaron impresionantes obras de arquitectura en su imperio, que se extendía de Ecuador, en el norte, hasta Chile, en el sur.
8. Eran famosos en la antigüedad por sus brillantes filósofos y matemáticos, como Sócrates y Arquímedes.

> *«Cristóbal Colón murió en 1504 pobre, ignorado y casi olvidado por todos. Había ido cuatro veces a las Américas.*

B. Preguntas

1. Los chinos y los japoneses cultivan el arroz como alimento básico, y los franceses, el trigo *(wheat)*. ¿Sabe usted qué cultivaban los mayas y aztecas como alimento básico? ¿los incas? ¿Sabe usted qué se cultiva en la región donde usted vive?
2. ¿Conoce usted algunas construcciones realizadas por los indígenas de Estados Unidos o de Canadá? ¿Qué son y dónde están?
3. ¿En qué año llegó Cristóbal Colón a América? ¿Cree usted que en ese momento se dio cuenta de la importancia de su «descubrimiento» o no? ¿Por qué?
4. Hace veinte o treinta años el matrimonio entre personas de diferentes religiones, nacionalidades o razas era muy poco común en Estados Unidos y Canadá. ¿Es diferente la situación ahora? ¿Cree usted que es más probable que un matrimonio mezclado se divorcie o no? ¿Por qué?

Para escuchar: Un panorama cultural

Conversación 1: Para expresar una falta de comprensión. Jessica y Julia se encuentran con Tomás en la universidad.

A. Escuche la Conversación 1. Conteste las preguntas.

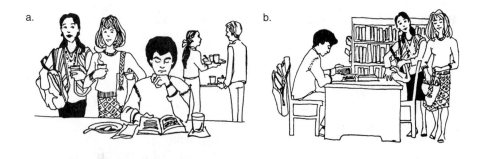

1. ¿Qué dibujo muestra el sitio donde la conversación tiene lugar?
2. ¿Cuál es el tema principal de la conversación?
   a. los aztecas   b. los mayas   c. el profesor de antropología

B. Escuche la Conversación 1 otra vez. ¿Qué cosas o qué personas se mencionan?

____ 1. los mayas
____ 2. los aztecas
____ 3. el concepto del cero (0)
____ 4. el sacrificio humano
____ 5. grandes observatorios
____ 6. un sistema de escritura ideográfica
____ 7. Chichén-Itzá
____ 8. Tenochtitlán
____ 9. Yucatán
____ 10. *Ci u than* («No los entendemos»)

C. Escuche la Conversación 1 una vez más. ¿Qué expresiones de incomprensión se usan?

____ 1. ¿Qué?   ____ 5. ¿Cómo se llama...?
____ 2. No comprendo.   ____ 6. ¿Cómo?
____ 3. No entendí.   ____ 7. ¿Qué dijo?
____ 4. ¿Qué quiere decir...?   ____ 8. ¿Lo podrías decir otra vez?

Conversación 2: Para verificar la comprensión; para pedir que alguien hable más despacio. Jessica habla con su amiga Carmen.

A. Escuche la Conversación 2. Conteste estas preguntas.

1. ¿Adónde viajó Carmen?
   a. a España   b. por toda Latinoamérica   c. por toda Colombia
2. Según Carmen, Latinoamérica...
   a. tiene muchas dimensiones culturales.
   b. es muy homogénea *(homogeneous)*.
   c. tiene muchos problemas de discriminación racial.

B. Escuche la Conversación 2 otra vez. Escoja la mejor respuesta.

1. Le sorprendió a Carmen ver...
   a. salones de té típicamente ingleses en Chile.
   b. barrios japoneses en Perú.
   c. *a y b* (los dos).
2. En Argentina en los años recientes, eligieron a un presidente de ascendencia...
   a. inglesa.   b. árabe.   c. mexicana.
3. A Jessica le sorprendió que en la costa de Colombia hubiera mucha influencia...
   a. francesa.   b. italiana.   c. africana.
4. Antes de ir a Colombia, Jessica pensaba que todos los latinoamericanos:
   a. se besaban en público.   b. comían tacos.   c. bailaban lambada.

Gramática y vocabulario

The reflexive (2)

1. The reflexive was introduced in Chapter 1, pages 22–23. As discussed there, the Spanish reflexive pronouns are as follows:

me	nos
te	os
se	se

Me lastimé.	*I hurt myself. (I got hurt.)*
No nos despertamos hasta las nueve.	*We didn't wake up until nine.*
¿A qué hora se acostaron ustedes?	*What time did you go ("put yourselves") to bed?*
Se vistieron.	*They got (themselves) dressed.*

2. Reflexive pronouns precede a conjugated verb or follow and are attached to an infinitive,* as discussed in Chapter 1.

Me voy a quedar en casa.	*I'm going to stay home.*
Voy a quedarme en casa.	

   Reflexive pronouns precede other object pronouns.

Se lavó las manos. Se las lavó.	*He washed his hands. He washed them.*

---

* They also follow and are attached to present participles, to be discussed in Chapter 12:
Sólo acostándome temprano voy a poder levantarme a las seis.

Me pongo los zapatos. Me los pongo.	*I'm putting on my shoes. I'm putting them on.*
Nos quitamos el sombrero. Nos lo quitamos.	*We take off our hats. We take them off.*

Remember that a definite article **(el, la, los, las)** is used instead of a possessive for parts of the body or articles of clothing when it is clear who the possessor is; this is the case with reflexive constructions since the reflexive pronoun indicates that the action is being performed on the subject, the possessor. Notice in the last example **(Nos quitamos el sombrero)** that the singular, **el sombrero,** is used; it's understood that each person takes off one hat.

> *América se llamó así por el cartógrafo* (**mapmaker**) *italiano Amerigo Vespucci.*

3. Reflexive pronouns can function as either direct or indirect objects.

Nos sentamos.	*We sat down (seated ourselves).* (**Nos** *is a direct object.*)
Nos pusimos el suéter.	*We put on our sweaters. (Literally, "We put to ourselves the sweater."* **Nos** *is an indirect object.)*

4. Observe the differences in meaning between the reflexive and non-reflexive uses of the following verbs.

Nonreflexive	Reflexive
aburrir *to bore*	**aburrirse** *to be bored*
acordar (ue) *to agree*	**acordarse (ue) (de)** *to remember*
callar *to quiet, silence*	**callarse** *to be quiet*
cansar *to tire*	**cansarse** *to get tired*
enojar *to anger*	**enojarse** *to become angry*
equivocar *to mistake*	**equivocarse (de)** *to be wrong, mistaken*
ir *to go*	**irse** *to go away*
lastimar *to hurt, injure*	**lastimarse** *to hurt oneself*
llamar *to call*	**llamarse** *to be named*
preguntar *to ask*	**preguntarse** *to wonder (ask oneself)*
preocupar *to (cause) worry*	**preocuparse (de)** *to worry about*
quedar *to remain, be left*	**quedarse** *to stay*
reunir *to gather, assemble, unite (+ noun)*	**reunirse con** *to meet*

> ## ¡Ojo!
>
> **hacer** to make, do / **hacerse** to become
> **poner** to put, place / **ponerse** to put on; +*adjective*, to
> become (e.g., **ponerse nervioso**)
> **volver** to return / **volverse** +*adjective*, to become
> (e.g., **volverse loco**)

Nos equivocamos de habitación. ¡Perdón!	*We've got the wrong room. Sorry!*
Se reunió con su prima en el Café de la Paz.	*She met her cousin at the La Paz Café.*

Notice that many reflexive verbs indicate a change of state and are translated into English with *to become* or *to get*.

Me enojé.	*I became angry (got mad).*
Se puso muy serio (rojo, nervioso).	*He became very serious (red, nervous).*
Se aburren fácilmente.	*They get bored easily.*
Algunos conquistadores se hicieron muy ricos en América con el oro de los indios; entre ellos, el hermano de Santa Teresa de Ávila.	*Some conquistadores became very rich in America with the gold of the Indians—among them, the brother of St. Teresa of Avila.*

5. Most reflexive verbs can be used either reflexively or nonreflexively.

Estos ejercicios me cansan.	*These exercises tire me out.*
Me canso al final del día.	*I get tired at the end of the day.*
Sus acciones me preocupan.	*His actions worry me.*
Me preocupo mucho de mis notas.	*I'm really worried about my grades.*

6. A number of verbs are used only reflexively—for example, **arrepentirse de** *(to regret)*, **darse cuenta de** *(to realize)*, and **quejarse de** *(to complain about)*.

Los incas no se dieron cuenta de que Pizarro iba a matar a su jefe, Atahualpa.	*The Incas didn't realize that Pizarro was going to kill their leader, Atahualpa.*
Se arrepiente de lo que le hizo a su hermanito.	*He regrets what he did to his little brother.*
¿Por qué te quejas?	*Why are you complaining?*

7. Almost any verb that can take an object can be used reflexively.

Me miré en el espejo.	*I looked at myself in the mirror.*
A él le gusta escucharse.	*He likes to listen to himself.*

> *En el siglo XVI Cuzco, la capital de los incas, se comparaba con cualquiera de las grandes ciudades de Europa. La civilización inca era muy avanzada.*

Práctica

A. Descripciones y acciones. Usando verbos reflexivos, describa a los siguientes individuos. (En algunos casos, hay varias posibilidades.)

> **MODELO:** una persona con poca energía
> **Se cansa fácilmente. / Se va cuando hay trabajo.**

1. una persona que no habla mucho
2. un individuo que no tiene control sobre sus emociones
3. alguien con pocos intereses
4. alguien que tiene mucha curiosidad
5. una persona con mala suerte
6. alguien que no tiene buena memoria
7. un individuo muy extrovertido y sociable
8. alguien que nunca está contento
9. un individuo que tiene muchos accidentes
10. alguien que primero habla y luego piensa
11. el amigo ideal
12. el (la) profesor(a) perfecto(a)

nos ensartamos *we got into*

B. ¿Qué pasa? Describa los dibujos, usando los verbos dados.

1. quejarse de, ponerse nervioso

2. reunirse, lastimarse

3. ponerse, quitarse

4. equivocarse, darse cuenta de que

5. divertirse, aburrirse, dormirse

6. quedarse, irse, despedirse

C. Actividad en pareja: Entrevista. Entreviste a un(a) compañero(a), usando las preguntas que siguen. Después, su compañero(a) lo (la) entrevista a usted.

1. ¿Se enoja usted fácilmente? ¿Qué cosas le enojan?
2. ¿Se cansa más durante la semana o durante el fin de semana? ¿Por qué?
3. ¿Cuándo se aburre más?
4. ¿Cuándo y dónde se reúne usted con sus amigos? ¿Qué hace allí?
5. ¿Es usted filosófico(a)? ¿Sobre qué cuestiones filosóficas se pregunta usted?
6. ¿Se preocupa usted demasiado o demasiado poco? ¿De qué se preocupa?
7. ¿De qué se arrepiente?
8. ¿De qué se queja?
9. ¿Qué piensa usted cuando se mira en el espejo?

The reflexive with commands

1. Like other object pronouns, reflexive pronouns precede negative commands or follow and are attached to affirmative commands.*

No te vayas, querido.	*Don't go, dear.*
¿Dónde está tu suéter, niño? Póntelo.	*Where is your sweater, child? Put it on.*
Siéntense, señores, por favor.	*Sit down, gentlemen, please.*

2. Before the reflexive **os** can be added to an affirmative **vosotros** command, the final **d** must be dropped. (Also, an accent must be added to the final **i** of **-ir** verbs.)

¡Divertíos!	*Enjoy yourselves!*
Vestíos—y daos prisa.	*Get dressed—and hurry up.*
¡Levantaos! —Dejadnos en paz.	*Get up! —Leave us alone.*

3. Before the reflexive **nos** can be added to an affirmative **nosotros** command, the final **s** must be dropped. (Also, an accent must be added to the stressed syllable of the verb.)

Vámonos.	*Let's go.*
¡Levantémonos todos!	*Let's all stand up!*

> *Según el historiador Eduardo Galeano, los indígenas de las Américas son menos competitivos que los europeos y se ayudan más: "Tratan a la tierra como madre... A la ley capitalista de la ganancia (profit), oponen la vida compartida, la reciprocidad, la ayuda mutua."*

---

* For a review of commands, see Chapter 6.

Vocabulario útil: La rutina diaria

Por la mañana

desayunarse, tomar el desayuno	*to have breakfast*
despertarse (ie)	*to wake up*
levantarse	*to get up*
ponerse (la ropa)	*to put on (clothing)*
vestirse (i)	*to get dressed*

Por la tarde/noche

acostarse (ue)	*to go to bed*
almorzar (ue) (el almuerzo)	*to have lunch (lunch)*
cenar (la cena)	*to have dinner (dinner)*
dormirse (ue)	*to go to sleep*
quitarse (la ropa)	*to take off (clothing)*

En el cuarto de baño

bañarse	*to bathe, take a bath*
lavarse	*to get washed, wash up*
cepillarse los dientes	*to brush one's teeth*
tomar una ducha	*to take a shower*

Práctica

A. Las órdenes del comandante. Un(a) «voluntario(a)» hará el papel del comandante. Tiene que ponerse frente a la clase y darles a los estudiantes las siguientes órdenes. Los estudiantes tienen que «obedecer» al comandante. A ver si todo el mundo comprende...

1. Levántense.
2. Siéntense.
3. Duérmanse.
4. Despiértense.
5. Díganme «¡Hola!».
6. Díganme «¡Hola!» en inglés.
7. No levanten la mano.
8. Pónganse nerviosos.
9. Relájense.
10. Díganme «¡Basta ya!»

B. ... y más órdenes. De acuerdo con el modelo, cambie las siguientes oraciones a mandatos.

MODELO: Vamos a sentarnos.
Sentémonos.

1. Vamos a vestirnos.
2. Vamos a desayunarnos.
3. Vamos a quedarnos.
4. Vamos a reunirnos.
5. Vamos a despedirnos.
6. Vamos a casarnos.

C. ¿Qué se le dice a un amigo que...? Invente mandatos que correspondan a las siguientes situaciones. Use verbos reflexivos lo más que sea posible.

> **MODELO:** habla todo el tiempo
> **Cállate. No hables tanto.**

¿Qué se le dice a un amigo que...?

1. lleva el sombrero siempre, aún dentro de la casa
2. sale todas las noches y se queja de estar muy cansado
3. se queda dormido toda la noche delante del televisor
4. estudia demasiado y casi nunca sonríe
5. se duerme muchas veces en la clase de español
6. nunca lleva un abrigo cuando hace frío
7. tiene que ir al dentista mucho

The reciprocal reflexive

1. The reflexive pronouns **nos, os,** and **se** can be used with first-, second-, or third-person plural verbs, respectively, to express a mutual or reciprocal action.

Nos escribimos todas las semanas.	*We write to each other every week.*
¿Os perdonáis? —¡Nunca!	*Do you forgive each other? —Never!*
Se gritaron.	*They shouted at each other.*
Se dan la mano.	*They shake (each other's) hands.*
Nos conocíamos desde chicos.	*We had known each other since we were children.*

2. **Uno(a) a otro(a), unos(as) a otros(as)** are sometimes added for either clarity or emphasis. **El uno al otro (la una a la otra)** can also be used. The masculine forms are used unless both subjects are feminine.

Nos hablamos unos a otros.	*We talked to one another.*
Se sonríen el uno al otro.	*They smile at each other.*
Las niñas se conocieron unas a otras.	*The girls met one another.*

Práctica

A. Un(a) buen(a) amigo(a). Piense en un(a) buen(a) amigo(a) suyo(a). Después, conteste las siguientes preguntas.

> **MODELO:** ¿Se ven mucho?
> **Sí, nos vemos mucho.**
> o
> **No, no nos vemos mucho.**

Vocabulario útil: para saludar al estilo latino

abrazar (un abrazo)	*to hug, embrace (a hug)*
besar (un beso)	*to kiss (a kiss)*
el cariño	*affection*
darse la mano	*to shake hands*
la despedida	*leavetaking, saying goodbye*
saludar	*to greet*

¡Ojo!

despedir (i) to fire / **despedirse (i) de** to take leave (of), say goodbye (to)

---

1. ¿Se hablan mucho por teléfono?
2. ¿Se entienden?
3. ¿Se gritan a veces?
4. ¿Se conocen desde hace mucho tiempo?
5. ¿Se ayudan uno(a) a otro(a)? ¿De qué manera?
6. ¿Se extrañan cuando no se ven durante mucho tiempo?
7. ¿Se escriben uno(a) a otro(a)?
8. ¿Se dan regalos de cumpleaños?

B. Un saludo hispano: con cariño. Dos familias hispanas que son muy amigas se encuentran en la calle. ¿Qué hacen?

MODELO: todos / verse   **Todos se ven.**

1. todos / saludarse
2. los hombres / darse la mano y abrazarse
3. las mujeres / besarse en la mejilla *(on the cheek)*
4. los niños y los adultos / besarse
5. todos / decirse «¡Hola! ¿Qué tal? ¡Qué gusto verte!»
6. los adultos / preguntarse «¿Cómo está la familia?»
7. hablarse unos minutos
8. todos / despedirse, otra vez con besos y abrazos

«*Dime cuántas personas te saludaron y te diré quien eres.*»—*José Peñalosa. El saludo es muy importante en la cultura latina.*

C. Hablando de los saludos

1. Cuando usted saluda a sus amigos, ¿los besa y abraza? ¿Se dan la mano?

2. ¿Qué hace usted cuando se despide de ellos?
3. En nuestra cultura, ¿hay algunas ocasiones cuando el modo de despedirse o saludarse es más cariñoso? Explique.
4. En su opinión, ¿por qué no se besan o abrazan mucho los norteamericanos?
5. ¿En qué culturas hay más contacto físico en los saludos y despedidas? ¿En qué culturas hay menos?

> **El maíz se cultivaba en México hace 7000 años.**

Se for passive

1. In the true passive voice the subject *receives* (rather than *does*) the action. It is used a great deal in English:

The bananas were eaten yesterday.
The supper was prepared in the kitchen.

There is a true passive voice in Spanish (which is discussed in Chapter 10), but it is generally used only when the agent of the action is expressed.

In Spanish, a **se** construction is normally used instead of the passive voice when there is no agent expressed.

Los plátanos se comieron ayer.	*The bananas were eaten yesterday. (Literally, The bananas ate themselves.)*
Se preparó la cena en la cocina.	*Supper was prepared in the kitchen. (Literally, Supper prepared itself.)*
Los plátanos fueron comidos por los niños.	*The bananas were eaten by the children. (The children are the agent.)*

Notice that the subject in English always comes before the verb, but in Spanish it can come either before or after the verb. The verb is in the plural or singular to agree with the subject.

2. Indirect objects are often used with the **se** for passive construction. Using the **se** for passive construction with an indirect object can imply that something happened accidentally or can put a certain polite distance between an event and the person responsible for it.

¿Se les perdieron las llaves?	*Did you **(ustedes)** lose the keys? (Did the keys [in your possession] get lost?)*

Se le olvidó el pan (a José). *He (José) forgot the bread.*
¿Se te cayó la leche? ¡Qué lío! *Did you drop the milk? What a mess!*
Se me rompió el espejo. *The mirror (in my possession) got broken.*

This construction is sometimes referred to as the "**se** for unplanned occurrences"; it can indicate that the person involved was not at fault or responsible for what happened.

> *En Guatemala se hablan veintisiete lenguas indígenas.*

Práctica

A. Plurales. Cambie al plural, de acuerdo con el modelo.

> **MODELO:** En algunas partes de México, se habla maya. (maya y español)
> **En algunas partes de México, se hablan maya y español.**

1. En Cuba se produce azúcar. (azúcar y tabaco)
2. El maíz se descubrió en América. (el maíz y la papa)
3. Esa tienda se cierra de doce a dos. (tiendas)
4. Durante la época maya, se inventó el cero en América. (el cero y un sistema de escritura)
5. En el Caribe se come mucho arroz. (mucho arroz y frijoles)

B. Preguntas. Conteste de acuerdo con los modelos.

> **MODELOS:** ¿Inventaron el papel y la tinta *(ink)* en los Estados Unidos?
> **No, el papel y la tinta no se inventaron en los Estados Unidos.**
>
> ¿Producen mucho café en Colombia?
> **Sí, en Colombia se produce mucho café.**

1. ¿Descubrieron mucho oro y plata en Sudamérica?
2. ¿En México celebran el Día de la Independencia el cuatro de julio?
3. ¿Comen mucho arroz y pescado en el Japón?
4. ¿Bailan el tango en la Argentina?
5. ¿Hablan español en el Brasil?
6. ¿Juegan al fútbol en España?
7. ¿Vendieron muchos Buicks en el Japón el año pasado?

C. Un día mala suerte. ¿Qué pasó?

> **MODELO:** ¿Se te olvidaron las llaves?
> **Sí, se me olvidaron.**

1. ¿Se te rompió el espejo?
2. ¿Se te fue el autobús?
3. ¿Se te murió el gato?
4. ¿Se te cayó el vaso?
5. ¿Se te perdieron los pasaportes?

> *Se cree que el 95 por ciento de los indios americanos de hoy descendió de unos asiáticos que cruzaron el Estrecho de Bering hace 15.000 y 30.000 años. Entre ellos se encontraban quizás sólo cuatro mujeres.*

The impersonal *se*

1. The impersonal **se** is commonly used in Spanish when it is not necessary to identify the agent or doer of an action. The verb is always in the third person singular.

Se come bien en Argentina.	*People (you, they) eat well in Argentina.*

Notice that there are different ways of translating the impersonal construction to English: with the indefinite *they, people, it, one, we, you* used as the subject.

2. It isn't necessary to worry about distinguishing between the **se** for passive and the impersonal **se** except to remember the following rule: *if a plural subject is present in the clause with* **se,** *you must use the plural form of the verb.*

Aquí se habla español.	*One speaks Spanish here. (Spanish is spoken here.)*
Aquí se hablan inglés y español.	*One speaks English and Spanish here. (English and Spanish are spoken here.)*
En la selva se oyen los pájaros.	*You hear birds in the jungle.*
En la selva se oye que hay pájaros.	*In the jungle you hear that there are birds. (Since the word* that **[que]** *comes after the verb, you don't use the plural.)*

> *Se calcula que el 20 por ciento de los esclavos africanos traídos a las Américas murió en el viaje.*

Práctica

A. ¿Qué se hace...? Invente varias frases con **se** para explicar qué se hace en las siguientes situaciones.

MODELO: en la cafetería de la universidad
Se come mucho y mal. / Se paga poco por la comida. / Se charla con los amigos. / Se mira a la gente.

1. cuando hay demasiada tensión en la vida
2. cuando se oye música africana bien tocada
3. en la biblioteca
4. en las montañas
5. cuando se tiene muchísima hambre y sed
6. mientras se espera el autobús
7. durante los largos inviernos del norte
8. en las selvas tropicales
9. después de terminar un proyecto difícil
10. antes de salir de viaje

B. **Carnaval.** El carnaval *(Mardi Gras)* se celebra tanto en ciudades como Montevideo y Buenos Aires como en las ciudades brasileñas y en Nueva Orleáns. En Montevideo durante el carnaval, que tiene lugar los días anteriores al comienzo de la cuaresma *(Lent),* la gente negra o mulata organiza las «fiestas llamadas». Para saber cómo son, forme oraciones de acuerdo con los modelos.

MODELOS: oír ritmos africanos
Se oyen ritmos africanos.

oír un tambor *(drum)*
Se oye un tambor.

1. bailar la samba
2. cantar canciones con palabras africanas
3. contar historias de los esclavos negros
4. llevar trajes espléndidos
5. admirar a las ancianas negras con parasoles y abanicos *(fans)*
6. ver una procesión magnífica
7. ver banderas de Uruguay por todas partes
8. participar en la vida colectiva de la comunidad

C. **Costumbres distintas.** El cuadro *(chart)* en la página 207 explica qué se hace en algunos días de fiesta en el mundo hispánico. Complételo diciendo qué se hace en las mismas fechas en Estados Unidos y Canadá. Use el **se** pasivo en sus oraciones. La primera ya ha sido hecha, como modelo.

Vocabulario útil:
ir a esquiar
bailar
cantar
invitar a alguien a comer
darles dulces a los niños

comprar flores y cajas *(boxes)* de chocolates en forma de corazón
abrir/dar regalos
ir a la iglesia (al templo)
comer jamón (pavo)
reunirse con los amigos

Fecha	Lugar	Actividad
Día de Año Nuevo	España y Latinoamérica	Se duerme hasta tarde porque todos están cansados después de celebrar el Año Viejo.
	Estados Unidos y Canadá	**También se duerme hasta tarde y se miran partidos de fútbol en la televisión.**
Nochebuena (*Christmas Eve*)	España y Latinoamérica	Se hace una cena especial y después se va a la misa de medianoche.
	Estados Unidos y Canadá	
Navidad	Argentina y Chile	Se va a la playa porque allá es verano.
	Estados Unidos y Canadá	
Nochevieja (*New Year's Eve*)	España	Se comen doce uvas a medianoche, una por cada campanada (*stroke*) del reloj.
	Estados Unidos y Canadá	
Domingo de Pascua de Resurrección (*Easter Sunday*)	España y Latinoamérica	Se hacen procesiones, se va a misa y se prepara una comida especial.
	Estados Unidos y Canadá	
Día de la Madre	España y Latinoamérica	Se dan regalos o flores a la madre o se va a comer a un restaurante.
	Estados Unidos y Canadá	
Día de San Valentín	algunos países hispanos	Se regalan flores a la novia.
	Estados Unidos y Canadá	

Se sabe que la guerra y la superpoblación causaron la caída de la civilización maya.

En otras palabras...

La falta de comprensión

Understanding people from a different culture is not always easy, particularly for the person speaking the foreign language. Even in your native language, you have probably had many experiences of miscommunication or misunderstanding, and you probably find yourself very often interrupting someone to ask him or her to explain or clarify something, repeat part of a sentence, slow down, etc. In a foreign language, it's even more important to learn to make it clear that you just aren't following and need some help. Here are some ways to express this.

1. You don't understand any part of what the speaker is saying.

   No comprendo... No entiendo...
   ¿Cómo?
   ¿Mande? *(Mexico)*
   ¿Qué dijo (dijiste), por favor? ¿Qué decía(s)?

2. You have a general idea of what was said, but you missed part of the statement or question.

   ¿Podría usted (¿Podrías) repetir lo que dijo (dijiste), por favor?
   ¿Cómo? ¿Me lo podría(s) decir otra vez?
   No entendí el nombre de... ¿Cómo se llama?
   ¿Qué quiere decir la palabra...?
   ¿Pero dónde (cuándo, por qué, etcétera)...?

3. The speaker is talking a mile a minute.

   Más despacio, por favor.
   ¡No hable (hables) tan rápidamente, por favor!

4. You are fairly sure you know what the speaker said, but want to confirm it. You can do this in a number of ways. One, of course, is to restate the sentence using the confirmation tags **¿verdad?, ¿no?,** and so forth.

   El hermano de Isabel se llama Ricardo, ¿verdad? (¿no? ¿no es cierto?)*

   Another way to get a speaker to confirm what he or she said so that you are sure you understand is to restate the sentence using one of the following:

---

* Remember that the tag **¿de acuerdo?** is used in a different way, when some sort of action is proposed: **Vamos al cine, ¿de acuerdo?**

¿Es decir que...?
Si entiendo bien, quiere(s) decir que...
En otras palabras...

Práctica

A. Un momento, por favor... Usted no comprende el significado total de lo que le dicen cuando oye los siguientes comentarios. Interrumpa *(interrupt)* a la persona que habla y pídale que le clarifique *(to clarify)* lo que dice.

> **MODELO:** Hubo un accidente de avión en... Murieron...
> personas. Fue un vuelo de...
> **¿Cómo? ¿Dónde hubo un accidente?**
> **¿Cuántas personas murieron? No**
> **entendí el nombre de la compañía**
> **aérea.**

1. ¿Supiste que... ya es doctora? Se graduó hace...
2. El señor Hernández tiene... años y goza de buena salud. Pero ayer supe que se quejaba de que...
3. ¡Increíble! El doctor Ochoa se divorció en junio y se va a casar en agosto con...
4. No hay palabra española para eso, pero la palabra francesa *s'engager* lo expresa muy bien.
5. Los Salazar iban a ir a Coatzacoalcos pero se equivocaron de...

B. Si entiendo bien... Repita los siguientes comentarios, usando otras palabras o expresiones. Pídale a la persona que habla que verifique *(to verify)* lo que usted ha comprendido.

> **MODELO:** Los parientes de Amalia viven en
> Caracas. Van a viajar a Francia
> en octubre.
> **Es decir que la familia de Amalia**
> **es de Venezuela, ¿no? ¿Dice que**
> **van a Francia en octubre?**

1. Rosa va a cumplir veinte años el sábado. Le hacemos una fiesta en casa de Ana a las ocho.
2. Marta nunca se aburre; siempre está muy ocupada. Nos invitó a cenar mañana a las siete.
3. En Hispanoamérica, el Día de la Raza se celebra el 12 de octubre, igual que en los Estados Unidos. Pero allá el Día del Trabajo se celebra el primero de mayo.

Repaso

A. La raza cósmica. Lea el siguiente párrafo y luego conteste las preguntas.

contributes
home
se... *remain*
stock

El escritor mexicano José Vasconcelos es el autor de la interesante teoría sobre «la raza cósmica». Según esta teoría, las cuatro razas (blanca, roja, negra y amarilla) se mezclan en Latinoamérica y así se produce una quinta raza, «la raza cósmica». Vasconcelos nació en Oaxaca, México. Como la gran mayoría de los mexicanos son mestizos, no debe sorprendernos que esta teoría se origine en México. Vasconcelos dice que cada una de las cuatro razas contribuye° con algo a la cultura de la raza cósmica. «América es hogar° de todas y de todas necesita.» Dice de los Estados Unidos: «Los norteamericanos se sostienen° muy firmes en su resolución de mantener pura su estirpe;° pero eso depende de que tienen delante al negro, que es como el otro polo.... En el mundo iberoamericano... tenemos poquísimos negros o la mayor parte de ellos se han ido transformando ya en poblaciones mulatas. El indio es buen puente de mestizaje.° Además el clima cálido° es propicio° al trato° y reunión de todas las gentes.» Según Vasconcelos, la quinta raza iba a ser superior a las otras razas, no sólo por su vigor físico sino también por su vigor espiritual y su amor cristiano.

mixture / warm
favorable / interchange

1. ¿De dónde era Vasconcelos?
2. Según él, ¿cuál es el producto de «las cuatro razas»?
3. ¿Es superior o inferior la quinta raza? ¿Por qué?
4. En Sudamérica se dice, según Vasconcelos, que los estadounidenses se oponen a la mezcla de razas y por eso las razas todavía están separadas. ¿Está usted de acuerdo? ¿Por qué sí o por qué no?
5. ¿Cree usted que se produce un mayor vigor físico y cultural cuando las razas y culturas se mezclan?
6. ¿Está usted de acuerdo con la idea de que la gente se mezcla más en un clima cálido?

B. Temas

1. Prepare una breve charla (discusión) o composición sobre alguna cultura o algún grupo étnico del mundo hispano; por ejemplo, los incas, los iberos o los judíos sefardíes. Diga algo de la historia del grupo y de sus contribuciones a la cultura hispana.
2. ¿Cuál es el estereotipo del norteamericano («anglo») típico entre los hispanos? A continuación hay algunos aspectos de este es-

tereotipo. Diga usted si cree que cada frase es verdad o mentira y por qué.

Según unas encuestas (*polls*), algunos hispanos creen que...

En su opinión...
¿Verdadero o falso?

V	F

a. los norteamericanos son muy puntuales
b. los hombres norteamericanos no aman a sus esposas porque las dejan hacer lo que quieren
c. los norteamericanos se preocupan mucho de la acumulación de dinero y bienes materiales
d. los norteamericanos son muy organizados
e. los Estados Unidos es un país muy poco religioso
f. los norteamericanos piensan mucho en el futuro y por eso no saben divertirse en el presente
g. los norteamericanos no expresan sus emociones

C. Juego de memoria: ¡Y entonces me acuesto! La primera persona empieza diciendo qué hace primero durante el día. La segunda persona repite esta frase y agrega una nueva frase. La tercera persona repite las dos frases y agrega una tercera, y así continúa. Es necesario que las frases tengan sentido y estén en un español correcto. Cuando alguien se equivoca o no puede recordar las frases anteriores, tiene que decir, «¡Y entonces me acuesto!» y retirarse del juego. La próxima persona entonces dice la última frase pronunciada y agrega una nueva frase. El juego seguirá hasta que se eliminen todos los jugadores excepto los que tienen muy buena memoria (o buena suerte).

MODELO: ESTUDIANTE 1: **Me despierto a las siete y diez.**
ESTUDIANTE 2: **Me despierto a las siete y diez.**
Me cepillo los dientes.
ESTUDIANTE 3: **Me despierto a las siete y diez.**
Me cepillo los dientes. Tomo
un café con leche...

D. Composición estructurada: El problema de la discriminación. Escriba una composición de dos párrafos sobre uno de los temas que siguen. En el primer párrafo, describa el caso, el libro o la película. En el segundo párrafo, dé su propia *(own)* reacción, opinión o comentario.

1. En tiempos recientes se trata el tema de la discriminación en muchas novelas y películas. Piense en un libro o en una película que muestre este tema de manera interesante. ¿Qué grupos se presentan? ¿Qué problemas se tratan? ¿Cuál es la idea central? ¿Está usted de acuerdo con la presentación o no? ¿Por qué?

2. La discriminación ocurre por muchas razones: por cuestiones de raza, religión, lengua, nacionalidad, clase social o económica o creencias políticas. Aun por razones más personales se discrimina a la familia de alguien o su modo de vestir o de hablar. Dé un ejemplo de algún caso de discriminación que usted conozca—un caso que según su opinión fuera (o sea) muy injusto. ¿Cuándo y cómo ocurrió? ¿Cuál es la reacción de usted con respecto a ese tipo de discriminación?

Capítulo 9

SALUD Y MEDICINA

Presentación del tema

La medicina preventiva es uno de los grandes temas de los años
90. Es obvio que es más fácil (y menos caro) prevenir muchas enfermedades que curarlas. También parece urgente que todos hagamos algo para conservar «la salud» del planeta antes de que sea
demasiado tarde.

Algunos consejos para conservar la salud del individuo

1. Beba usted ocho vasos de agua todos los días.
2. «Acuéstese temprano y vivirá más sano.» Duerma por lo menos ocho
   horas cada noche.
3. No fume cigarrillos ni tome bebidas alcohólicas. Nunca tome drogas
   ni medicamentos a menos que un médico se los recomiende.
4. No trabaje demasiado. Busque modos de relajarse y de olvidarse de
   las tensiones.
5. Vaya al médico una vez al año para que le haga un examen general.
6. Tome todas las precauciones con respecto al SIDA *(AIDS)*.

Algunos consejos para conservar «la salud» del planeta

1. Nunca tire basura en lugares donde no se debe tirarla.
2. Siempre lleve las botellas y latas *(cans)* usadas a un lugar de reciclaje *(recycling)*.
3. No use el auto. Camine o viaje en autobús, tren o bicicleta.
4. No haga viajes en avión que no sean necesarios. Los jets causan
   mucha contaminación del ambiente.
5. Compre solamente los productos naturales que no hacen daño *(harm)*
   al ambiente.

Preguntas

1. ¿Por qué es importante la medicina preventiva?
2. ¿Bebe usted mucha agua? ¿Qué hace usted cuando viaja y teme
   que el agua esté contaminada?
3. ¿Qué piensa usted de los consejos para la salud del individuo?
   ¿Hay algunos que le parecen exagerados o falsos? ¿Por qué?
4. En general, ¿cree usted que el trabajo puede causar enfermedades
   o no? Explique.
5. ¿Cuál de los consejos para la salud del planeta le parece el
   más importante?
6. ¿Hay algunos de éstos que le parecen exagerados o falsos? ¿Por
   qué?
7. ¿Qué piensa usted de los productos naturales? ¿Son realmente
   buenos, o representan un engaño del público?

Actividad en grupo: Salud y ecología. Trabajando con tres o cuatro compañeros, discuta usted las siguientes preguntas. Después, esté preparado(a) para explicarle a la clase las opiniones de su grupo.

1. ¿Cuáles de los consejos te parecen los más importantes? ¿Por qué?
2. Inventa otro consejo para la salud individual (por ejemplo, con respecto a la comida o el ejercicio) y otro para la salud del planeta.
3. La ecología del mundo está en crisis. En tu opinión, ¿qué debemos hacer nosotros? ¿Qué debe hacer el gobierno? ¿limitar el uso de los autos? ¿hacer nuevas leyes sobre la contaminación del aire o sobre la venta de ciertos productos? Explique.

Práctica

A. ¿Qué problemas tiene? ¿Qué problemas tiene usted cuando va a ver a las siguientes personas?

> **MODELO:** el oculista
> **Voy al oculista cuando
> tengo problemas con
> los ojos.**

1. el cardiólogo	3. el dentista	5. el internista
2. el masajista *(masseur)*	4. el dermatólogo	6. el quiropráctico

Vocabulario útil: La salud

Cognados

el estómago
la inyección
el medicamento
el músculo
el remedio
el síntoma
el tratamiento

El cuerpo humano

la boca	*mouth*
el brazo	*arm*
la cabeza	*head*
la cara	*face*
la cintura	*waist*
el corazón	*heart*
el cuello	*neck*
el dedo	*finger*
el dedo del pie	*toe*
los dientes	*teeth*
la espalda	*back*
la garganta	*throat*
el hombro	*shoulder*
el hueso	*bone*

la mano	*hand*
la nariz	*nose*
el oído	*inner ear*
el ojo	*eye*
la oreja	*ear—outer part of ear*
el pelo	*hair*
el pie	*foot*
la piel	*skin*
la pierna	*leg*
la rodilla	*knee*
la sangre	*blood*

Algunos problemas de salud

el catarro, el resfriado	*cold*
el dolor; dolor de cabeza (estómago)	*pain, ache; headache (stomachache)*
la enfermedad	*illness*
enfermo/sano	*sick/healthy*
la fiebre	*fever*
la gripe	*flu*
la presión arterial alta	*high blood pressure*
la tos	*cough*

Para mejorar la salud

el jarabe	*syrup*
la píldora, la pastilla	*pill, tablet*
la receta	*prescription; recipe*
la vacuna	*vaccination, innoculation*

Verbos

cuidar (cuidarse)	*to take care of (to take care of oneself)*
curar (curarse)	*to cure (to get well)*
doler (ue)*	*to ache*
enfermarse	*to get sick*
mejorarse, ponerse mejor; empeorarse, ponerse peor	*to get better; to get worse*
padecer (zc) de, sufrir de	*to suffer from*
quebrarse (ie) (la pierna)	*to break (one's leg)*
relajarse	*to relax*
toser	*to cough*

---

*Doler (ue) functions like **gustar: Me duele la cabeza. Le duelen los dientes.**

B. Síntomas y remedios. Diga qué hace usted cuando tiene los siguientes síntomas. Trate de pensar en varios remedios diferentes.

> MODELO: ¿Qué hace cuando tiene tos?
> **Cuando tengo tos, compro un jarabe
> en la farmacia.
> Tomo té con limón. Me acuesto y no
> le hablo a nadie.**

¿Qué hace usted cuando...

1. le duele un diente?
2. le duele la garganta?
3. tiene catarro?
4. padece de gripe?

5. le duele la cabeza?
6. se siente muy nervioso(a)?
7. tiene dolor de estómago?
8. quiere evitar una enfermedad contagiosa?

> «*A veces es peor el remedio que
> la enfermedad.*» —*proverbio*

C. Preguntas

1. ¿Por qué toma la gente aspirinas? ¿tranquilizantes? ¿vitaminas?
2. ¿Qué opina usted de... (a) un médico o enfermero que fuma cigarillos? (b) un atleta que constantemente se quiebra los huesos? (c) una persona que nunca se relaja? (d) alguien que toma drogas ilegales? (e) los dentistas?
3. ¿Cuándo es necesario ir al médico? ¿Cree usted que es posible ir demasiado (o demasiado poco)?
4. ¿Qué piensa usted de los curanderos *(healers)* que usan hipnosis o hierbas? ¿los masajes *(massage)*? ¿la acupuntura?
5. En su opinión, ¿es importante el ejercicio para la salud? ¿Es posible que algunas personas hagan demasiado ejercicio? Explique.

Para escuchar: Problemas de salud

Conversación 1: Para dar consejos. Julia va al médico.

A. Escuche la Conversación 1. Escoja la mejor respuesta.

1. Julia va al médico porque...
   a. necesita un examen general.
   b. tiene dolor de estómago.
   c. tiene gripe.
2. El médico le aconseja que...
   a. descanse y tome líquidos.
   b. tome una píldora de penicilina cada cuatro horas.
   c. tome un jarabe para la tos.

B. Escuche la Conversación 1 otra vez. ¿Qué síntomas tiene Julia?

_____ 1. dolor de garganta   _____ 5. dolor de estómago
_____ 2. presión arterial muy   _____ 6. náusea
        alta   _____ 7. falta de energía
_____ 3. dolor de cabeza   _____ 8. tos
_____ 4. fiebre

C. Escuche la Conversación 1 otra vez. ¿Qué expresiones usa el médico para darle consejos a Julia?

_____ 1. Debe...
_____ 2. Tiene que...   _____ 4. Estaría bien que...
_____ 3. Le recomiendo que...   _____ 5. Le aconsejo que...

Conversación 2: Para expresar compasión o falta de compasión.
Julia está en casa, acostada. Habla con Jessica.

A. Escuche la Conversación 2. Conteste **V** (verdadero) o **F** (falso).

_____ 1. La mamá de Julia la llama por teléfono y le aconseja que tome el jugo de cinco limones.
_____ 2. La abuela de Julia cree que es mejor ir a un curandero *(traditional healer)* que a un médico.
_____ 3. La mamá de Julia tiene problemas con el estómago.

> **Las personas que ayudan a otros tienen mejor salud, según estudios recientes.**

B. Escuche la Conversación 2 una vez más. Escoja la mejor respuesta.

1. La señora Gutiérrez quiere que su hija...
   a. descanse.   b. estudie más.   c. vaya a ver a otro doctor.
2. La señora Gutiérrez dice que si estuviera on Bogotá, le haría a Julia...
   a. una taza de té.   b. una sopa de pollo.   c. una sopa de limón.
3. La señora Gutiérrez le contó a la abuela de Julia que había ido a un doctor y que no la había ayudado. La reacción de la abuela de Julia fue...
   a. ¿Y qué?   b. ¿Qué esperabas?   c. La culpa es tuya.
4. La abuela de Julia...
   a. no cree en la medicina moderna.
   b. no cree en los curanderos.
   c. tiene problemas con la espalda.
5. Para decir *Take care,* la señora Gutiérrez dice...
   a. Cuídense.   b. Tenga cuidado.   c. Cuídate mucho.

C. Escuche la Conversación 2 otra vez. Escoja la expresión a la derecha que más se aproxime *(is closest)* a cada una de las expresiones a la izquierda.

___ 1. ¡Qué lástima!	a. Pobrecita.
___ 2. ¡Pobre de ti!	b. Debes...
___ 3. Te aconsejo que...	c. ¡Caramba!
___ 4. Ay, ¡Dios mío!	d. ¡Qué desgracia!

Gramática y vocabulario

The imperfect subjunctive

1. The imperfect subjunctive for all verbs is formed by removing the **-ron** ending from the third-person plural of the preterit and adding the appropriate imperfect subjunctive endings: **-ra, -ras, -ra, -'ramos, -rais,** and **-ran.** Note that only the first-person plural **(nosotros)** form of the imperfect subjunctive has an accent.

Hablar		*Comer*		*Vivir*	
hablara	habláramos	comiera	comiéramos	viviera	viviéramos
hablaras	hablarais	comieras	comierais	vivieras	vivierais
hablara	hablaran	comiera	comieran	viviera	vivieran

2. Here are some verbs that have irregular third-person preterit stems:

andar	**anduvie-**	hacer	**hicie-**	reír	**rie-**
conducir	**conduje-**	ir, ser	**fue-**	saber	**supie-**
construir	**construye-**	leer	**leye-**	tener	**tuvie-**
creer	**creye-**	morir	**murie-**	traer	**traje-**
dar	**die-**	oír	**oye-**	venir	**vinie-**
decir	**dije-**	poder	**pudie-**	ver	**vie-**
estar	**estuvie-**	poner	**pusie-**		
haber	**hubie-**	querer	**quisie-**		

3. The imperfect subjunctive is used in dependent clauses just as the present subjunctive is used, but it normally expresses a past action.

Me alegro de que el niño esté mejor.	*I am happy that the child is better.*
Me alegraba de que el niño estuviera mejor.	*I was happy that the child was better.*
Quiero que descanses y que tomes estas píldoras.	*I want you to rest and take these pills.*
Quería que descansaras y que tomaras esas píldoras.	*I wanted you to rest and take those pills.*

> *En Vilcabamba, Ecuador, vivir 100 años no es raro.*
> *La gente de Vilcabamba consume menos de 2000 calorías*
> *diarias y casi nunca come carne.*

4. The imperfect subjunctive is used in the same situations as the present subjunctive (discussed in Chapters 5 and 7), although the verb in the main clause is usually in a past tense.* It is used:

a. after main clauses containing verbs of uncertainty, emotion, will, necessity, approval (disapproval), and advice

Dudaban de que el medicamento ayudara.	*They doubted that the medicine would help.*
Le sorprendía que el paciente no tuviera fiebre.	*It surprised him that the patient didn't have a fever.*
La enfermera me mandó que no me levantara.	*The nurse ordered me not to get up.*
El médico le aconsejó que no comiera tanta sal.	*The doctor advised him (her) not to eat so much salt.*

b. in adjective clauses that describe something indefinite or unknown

Quería conocer a alguien que supiera algo sobre las plantas medicinales.	*I wanted to meet someone who knew something about medicinal plants.*
No había nadie en el grupo que pudiera decirnos qué tipo de hierba era.	*There was no one in the group who could tell us what kind of herb it was.*

c. after certain conjunctions, such as **a menos que, con tal (de) que, para que, sin que,** and the time conjunction **antes de que**

Íbamos a la clínica a menos que lloviera.	*We were going to the clinic unless it rained.*
Esperamos una hora para que la médica pudiera vernos.	*We waited an hour for the doctor to be able to see us.*
Matilde lo vio antes de que se mejorara.	*Matilde saw him before he got better.*

However, note that after other time conjunctions, such as **hasta que, cuando, después de que, mientras,** the subjunctive is used to express an indefinite past action or one projected into the future, and the indicative is used to express past actions viewed as definitely completed. Compare:

---

* The imperfect subjunctive sometimes follows a main clause with a verb in the present tense. This is discussed in Chapter 11.

| Quería esperar hasta que llegara el enfermero. | *I wanted to wait until the nurse arrived (would arrive).* |
| Esperé hasta que llegó el enfermero. | *I waited until the nurse arrived.* |

d. with impersonal expressions of doubt, expectation, emotion, will or necessity

| Era probable que al niño le doliera el estómago. —¡Pobrecito! | *The child's stomach probably hurt. —Poor thing!* |
| Era triste que perdiera la vista. | *It was sad that he was losing his vision.* |

> *Una siesta de 20 a 30 minutos mejora el estado de ánimo (spirits) y la habilidad de trabajar; además, baja la presión arterial.*

5. The imperfect subjunctives of **querer, deber** and **poder** are often used to indicate politeness, to soften a statement or question.

Yo quisiera ir también. —¿Por qué no?	*I'd like to go too (wish). —Why not?*
Yo quiero ir también. —Vamos.	*I want to go too (will). —Let's go.*
Debiera ir. —Bueno, sería mejor ir.	*I should go. —Well, it would be better to go.*
Debo ir. —Sí, no tienes alternativa.	*I should (must) go (stronger obligation). —Yes, you don't have any choice.*

6. The imperfect subjunctive is always used after **como si,** which implies a hypothetical or untrue situation.

| Me siento terrible, como si tuviera gripe. | *I feel terrible, as if I had the flu.* |

7. The **-ra** form of the imperfect subjunctive is generally preferred for conversation in Spanish America. An alternative form is found in many literary works and is often used in Spain. This second form consists of the third-person plural preterit without the **-ron** endings plus the following endings: **-se, -ses, -se, -'semos, -seis, -sen.** You should learn to recognize these forms; they are used just as the other forms except that they are not used to indicate politeness.

| Querían encontrar una medicina que curase el cáncer. | *They wanted to find a medicine that would cure cancer.* |

Llevamos a los niños al campo para que jugasen y gozasen del aire puro.

We took the children to the country so that they could play and enjoy the fresh air.

El niño se alegraba de que hiciese sol.

The child was happy that it was sunny.

ROMPA EL VIDRIO EN CASO DE ENFERMEDAD.

Práctica

A. ¿Indicativo o subjuntivo? Complete las oraciones con la forma apropiada de los verbos entre paréntesis.

1. Prohibieron que los niños con fiebre _____ (ir) a la escuela.
2. Teníamos miedo de que Paco _____ (salir) antes de que _____ (llegar/nosotros).

3. Quería que su hijo _____ (ver) a un curandero.
4. Nos sorprendía que usted _____ (extrañar) el clima frío.
5. Era obvio que _____ (ir) a nevar.
6. Sabía que ella no _____ (venir) si hacía mucho frío.
7. No dudaba que tú lo _____ (recordar).
8. No permití que el gato _____ (entrar) en la casa.
9. Fue una lástima que Juan _____ (quebrarse) el brazo.
10. Creía que nosotros _____ (tener) gripe.
11. Le dije que haría el viaje a menos que me _____ (doler) la garganta.
12. Fuimos a la farmacia después de que el médico nos _____ (dar) la receta.
13. Pensábamos salir para el teatro después de que María Elena _____ (llamar).
14. A veces prefería que la curandera la _____ (cuidar).
15. Era bueno que Catalina _____ (mejorarse) tan rápido.
16. No podíamos cuidarlo sin que la enfermera nos _____ (ayudar).

> *Los fumadores viven 18 años menos que los que no fuman. El humo (smoke) secundario del tabaco causa unas 50,000 muertes anuales en Estados Unidos.*

B. Consejos. Enrique vino a los Estados Unidos a estudiar y no se cuidaba bien. ¿Cómo reaccionaron sus papás al saber que...?

> MODELO: fumaba
> **Le dijeron que no fumara. (Le aconsejaron que dejara de fumar. Le pidieron que dejara de fumar.)**

1. se acostaba a las dos de la mañana
2. comía sólo sándwiches a la hora de la cena
3. tomaba muchas bebidas con azúcar, cafeína y sustancias artificiales
4. pasaba seis horas diarias frente al televisor
5. no tenía amigos porque casi nunca salía de la casa
6. no hacía ejercicio

C. De manera más cortés. Siga los modelos.

> MODELOS: Quiero decir algo ahora.
> **Quisiera decir algo ahora.**
>
> ¿Debemos irnos?
> **¿Debiéramos irnos?**

1. Quiero un vaso de agua.
2. Usted debe esperar.
3. ¿Quiere usted entrar?

4. Queremos hablarle.
5. Usted debe regresar más tarde.

> **Dos de cada tres accidentes de tráfico mortales
> se deben al consumo de alcohol.**

D. Siuaciones

1. Usted salió con un(a) chico(a) que tomaba mucho y quería ir en auto a otra ciudad a escuchar un concierto. ¿Qué le pidió usted que hiciera? ¿Qué le prohibió que hiciera? («Le pedí que [no]...»)
2. Su hermano menor vino a verlo(la) y estaba muy deprimido (depressed) porque una chica de quien estaba enamorado no quería salir con él. Dijo que se sentía enfermo, que no podía comer ni dormir, que casi nunca salía de la casa. ¿Qué le dijo usted que hiciera?
3. Su compañero(a) de cuarto pasó varios días sin poder dormir bien. ¿Qué le aconsejó que hiciera?
4. Su mejor amigo(a) trabajaba y estudiaba todos los días durante el semestre pasado. Siempre trataba de hacer varias cosas a la vez (at the same time). Tenía dolores de cabeza, le dolía el estómago y se enfermaba a menudo. ¿Qué le aconsejó que hiciera? ¿Qué esperaba que hiciera?
5. Una amiga suya quería bajar de peso (lose weight) y le pidió consejo a usted. ¿Qué recomendó que hiciera?

> **En una encuesta (poll) internacional a 35 mil mujeres en América
> y Europa, un 40 por ciento de ellas admitió que deseaba bajar
> de peso y que se consideraba «gordísima» (very fat).**

If clauses (1)

1. An *if* clause in the present tense always takes the indicative, since a simple assumption is being made. The verb in the main clause may be in the present or future tense or the imperative mood.

Si nos bajamos aquí, podemos caminar al hospital.
If we get off here, we can walk to the hospital.

Si bajas de peso, te sentirás mejor.
If you lose weight, you'll feel better.

Si tienes frío, ponte el suéter.
If you're cold, put on your sweater.

If clauses will be discussed further in Chapter 11. The important thing to remember is that the present subjunctive is not used after **si** meaning *if (assuming that)*. **Si** meaning *whether* also takes the indicative in the present.

Vocabularo útil: El ambiente natural

El siguiente cuadro gráfico apareció en la revista peruana *Debate*. Está basado en una encuesta *(survey)* de más de mil personas que contestaron la pregunta, «¿Cuál o cuáles de estos problemas ambientales diría usted que le preocupan más?» Los números representan porcentajes del total.

Otras palabras

llover (ue)	***to rain***
nevar (ie)	*to snow*

¡Ojo!

hacer calor (frío) to be warm (cold) (weather) / **tener calor (frio)**
to be warm (cold), said of people or animals

No sé si el médico puede venir a la casa. — *I don't know whether the doctor can come to the house.*

2. When an *if* clause expresses something hypothetical or contrary to fact, a past subjunctive is used.

¡Socorro! ¡Si sólo hubiera un médico aquí! — *Help! If only there were a doctor here!*

Se ve como si estuviera enfermo. — *He looks like he's sick (as if he were sick).*

3. The conditional is normally used in the main clause when a past subjunctive is used in the *if* clause.

Si hablara con alguien sobre sus problemas, se sentiría mejor. — *If he talked to someone about his problems, he would feel better.*

Si tuviéramos tiempo, haríamos ejercicios todos los días. — *If we had time, we'd exercise every day.*

4. If the speaker or writer is not discussing something contrary to fact, then the statement is assumed to be true and the indicative is used. Compare the following:

Si hoy es jueves, estamos en Granada. — *If it's Thursday, we're in Granada.*

Si hoy fuera jueves, estaríamos en Granada. — *If it were Thursday, we would be in Granada.*

Si llueve, no irán al campo. — *If it rains, they won't go to the country.*

Si lloviera, no irían al campo. — *If it were raining, they wouldn't go to the country.*

The indicative can also be used in the past tense in an *if* clause, depending upon the point of view.

Si Juan te dijo eso, se equivocó. — *If Juan told you that, he was wrong. (speaker believes that Juan said this)*

Si me dijera eso, no lo creería.　　*If he told me that, I wouldn't believe it. (hypothetical statement)*

Práctica

A. Consejos sobre la salud. La señora Medina se preocupa mucho por todo lo que se refiere a la salud. ¿Qué consejos le da a su esposo Leonardo?

MODELO: tomar vitaminas/no enfermarse
Si tú tomaras vitaminas, no te enfermarías.

1. no tomar tanto café/no estar tan nervioso
2. no comer tantos dulces/bajar de peso
3. no fumar/sentirse bien
4. evitar la comida con ingredientes artificiales/estar más sano
5. nadar o correr todos los días/tener más energía
6. dormir ocho horas todas las noches/sentirse mejor
7. aprender a tomar las cosas con calma/tu presión arterial bajar
8. ir al dentista dos veces al año/no tener problemas con los dientes

B. Predicciones. Complete las predicciones, usando palabras y expresiones del **Vocabulario útil.** Hay más de una posibilidad.

> MODELOS: Si **el aire está contaminado** mañana, no
> podremos respirar bien.
> Si **no hiciera frío,** no necesitaríamos los
> abrigos pesados.

1. Si _____ este fin de semana, mucha gente irá a la playa.
2. Si _____ mucho este invierno, los juegos olímpicos serán buenos.
3. Si _____ en la primavera, los agricultores *(farmers)* están contentos.
4. Si el agua _____ contaminada, no podríamos beberla.
5. Si _____, podríamos esquiar en las montañas.
6. Si _____, no habría tantas enfermedades de los pulmones *(lungs)*.

C. ¿Qué haría usted si...? Invente usted oraciones originales. Siga el modelo.

> MODELO: **Si tuviera catarro, no me acostaría; tomaría**
> **líquidos y vitamina C.**

tener catarro	no sentirse bien del estómago
tener fiebre	padecer de tensión nerviosa
dolerle la cabeza	sentirse cansado(a) todo el tiempo
sufrir de una úlcera	vivir en un lugar donde nieva mucho
dolerle la espalda y el cuello	vivir en un lugar donde llueve mucho

D. Actividad en grupo: El ambiente. Trabajando con tres o cuatro compañeros, discuta las siguientes preguntas. Después, esté preparado(a) para explicarle a la clase las opiniones de su grupo.

1. Si el gobierno de Estados Unidos (o Canadá) pudiera resolver uno de los problemas en el cuadro gráfico del **Vocabulario útil,** ¿qué problema doméstico debería resolver primero? ¿Qué problema internacional debería tratar de resolver?
2. Si trabajamos juntos en este país, ¿cree que podremos resolver los problemas ambientales que tenemos? ¿Por qué sí o por qué no?
3. Si todos los países trabajaran juntos, ¿qué podrían hacer para parar *(stop)* la destrucción de los bosques tropicales? ¿la contaminación del agua? ¿del aire?
4. Para usted, ¿cuál es el problema más grande que tenemos ahora en este país? Si tuviera poder y dinero, ¿qué haría para resolverlo?

Adverbs

1. Many adverbs are formed from the feminine form of an adjective plus the suffix **-mente.** (In many cases, the masculine and feminine forms are the same.)

Masculine Adjective	Feminine Adjective	Adverb	
misterioso	misteriosa	misteriosamente	*mysteriously*
preciso	precisa	precisamente	*precisely, exactly*
igual	igual	igualmente	*equally; likewise*
común	común	comúnmente*	*commonly*
frecuente	frecuente	frecuentemente	*frequently*

2. If two or more adverbs ending in **-mente** occur in a series, only the last one has the suffix **-mente.**

Viven sencilla y tranquilamente.	*They live simply and quietly.*
Los niños caminaban rápida y alegremente.	*The children were walking quickly and happily.*

Sometimes the repetition of **-mente** is avoided by using **con** plus a noun.

Antonio escribe composiciones rápidamente y con claridad.	*Antonio writes compositions quickly and clearly.*

3. In Spanish as in English, adverbs normally follow verbs they modify, as you have seen in the preceding examples; they often follow a direct object, as in the last example. They normally precede adjectives they modify: **muy sano; gravemente enfermo.** Note that adverbs like **demasiado, bastante, poco,** and **mucho** can also be used as adjectives, in which case they agree with the nouns they modify.

Como poco. Y como muy poca carne.	*I eat very little. And I eat very little meat.*
No trabaje demasiado. Y no tome demasiadas bebidas con cafeína.	*Don't work too much. And don't drink too many drinks with caffeine.*

Práctica

A. El tiempo y la salud. Convierta en adverbios los adjetivos que están entre paréntesis y complete las oraciones.

1. El tiempo afecta _____ a los seres humanos. (radical)
2. Nos enfermamos más _____ durante el invierno. (fácil)
3. Cuando hace calor, el pelo crece más _____ . (rápido)

---

*The adverb retains the written accent of the adjective if it has one.

Éste es un «placebo» muy potente. No tome más de tres pastillas cada veinticuatro horas o estará permanentemente alucinado *(deluded)*.

4. Durante un huracán, pensamos más _____ . (claro)
5. Durante el verano, la gente fracasa más _____ en los exámenes. (frecuente)
6. _____, la presión atmosférica *(air pressure)* baja relaja a la gente. (normal)
7. _____ por eso, durante un día de presión atmosférica baja, tenemos tendencia a olvidar las cosas que llevamos como, por ejemplo, el paraguas, los paquetes... (preciso)
8. Cuando la presión atmosférica baja muy _____, hay más accidentes, más suicidios y más crímenes. (rápido)
9. Según los expertos, la temperatura en que trabajamos más _____ es de 64 grados Fahrenheit. (eficaz: *efficient*)

B. Usted y la luz. Convierta en adverbios los adjetivos que están entre paréntesis y luego colóquelos *(place them)* correctamente en las oraciones.

1. El color, la intensidad y la duración de la exposición *(exposure)* a la luz afectan nuestro estado de salud. (drástico)
2. Los pollos producen más huevos cuando se alarga *(lengthen)* el día con la luz eléctrica porque creen que es la primavera. (artificial)
3. La luz natural ilumina diez veces más que la luz fluorescente. (intenso)

4. Algunos médicos usan la luz para tratar enfermedades de la sangre y de la piel. (exitoso)
5. Otros usan la luz para tratar la depresión, el «jet lag» y ciertos problemas relacionados con el sueño. (experimental)

C. Traducción. Dé los siguientes mandatos a un(a) amigo(a).

1. Drink a lot of water.
2. Eat very little beef.
3. Eat enough vegetables, and don't use too much sugar.
4. Don't eat too much salt.
5. Finally, exercise frequently.

The infinitive

1. The infinitive is often used as a noun in Spanish, sometimes preceded by **el.**

Caminar alarga la vida.	*Walking lengthens your life.*
El fumar causa cáncer y ataques al corazón.	*Smoking causes cancer and heart attacks.*

2. The infinitive is often used after prepositions in Spanish.

Vamos a la playa para tomar sol y descansar.	*Let's go to the beach to get some sun and to rest.*
Siga por allí hasta llegar al hospital.	*Continue that way until you reach the hospital.*
Después de cenar, fuimos al cine.	*After having dinner, we went to the movies.*
No debes pasar una semana sin hacer ejercicios, como no pasas una semana sin comer o dormir.	*You shouldn't let a week go by without exercising, like you don't let a week go by without eating or sleeping.*

> «*Después de comer, reposar; después de cenar, cien pasos dar.*»
> —*proverbio que recomienda la siesta y el caminar*

3. **Al** + infinitive means *on or upon doing something.*

Al verlo entrar, fui a saludarlo.	*On seeing him come in, I went to greet him.*
¿Qué te dijo el doctor al salir?	*What did the doctor say to you upon leaving?*

> «*Al hacer una visita, tiene uno siempre la seguridad de dar gusto; si no al llegar, al despedirse.*» —*dicho*

4. **Hacer** or **mandar** can be used with an infinitive to mean *to have something done.* An indirect object is sometimes used with this construction.

Cortés hizo destruir el templo de los aztecas y mandó construir en su lugar una catedral.

Cortés had the temple of the Aztecs destroyed and ordered a cathedral built in its place.

5. The infinitive is also used with verbs like **prohibir** and **permitir** (along with an indirect object) instead of a subjunctive form. Compare the following:

No permitieron que yo los acompañara.
No me permitieron acompañarlos.

They didn't allow me to go with them.

Prohibió que tomáramos café.
Nos prohibió tomar café.

He forbade us to drink coffee.

6. **A** + infinitive can be used as a command.

¡A comer, niños!   *Come eat, children!*
¡A trabajar!   *Get to work!*

Práctica

A. En el hospital. Marta es muy cortés. Hace poco estaba en el hospital y sus tíos fueron a visitarla. ¿Qué les dijo? Siga el modelo.

> **MODELO:** Cuando vio entrar a sus tíos, dijo «¡Bienvenidos!»
> **Al ver entrar a sus tíos, dijo «¡Bienvenidos!»**

1. Cuando recibió las flores que trajeron, dijo «Gracias.»
2. Cuando supo que su tía estaba embarazada, dijo «¡Felicitaciones!»
3. Cuando le pidió unas revistas a su tío, dijo «Por favor.»
4. Cuando tomó el té de hierbas que le prepararon, dijo «¡Qué sabroso!»
5. Cuando vio que sus tíos salían, dijo «Gracias por venir. ¡Feliz fin de semana!»

B. ¿Qué hizo el curandero? Conteste de acuerdo con el modelo.

> **MODELO:** Hizo que el paciente describiera los síntomas de su enfermedad.
> **Le hizo describir los síntomas de su enfermedad.**

1. Hizo que contestara muchas preguntas.
2. Hizo que se quitara la camisa.

3. Hizo que se acostara mientras le daba un masaje.
4. Hizo que tomara un té de hierbas.
5. Hizo que regresara en dos días.

> *Una de cada tres personas*
> *sufre de insomnio.*

C. ¿Qué sabe usted del sueño? Para tomar esta prueba *(test),* complete las oraciones con el equivalente en español; después, diga si las oraciones son verdaderas **(V)** o falsas **(F).** Las respuestas correctas están en el apéndice D.

1. En general, las mujeres _____ *(need to sleep)* más que los hombres. **(V   F)**
2. En general, los hombres se duermen más rápidamente que las mujeres y _____ *(they sleep)* más profundamente. Por eso, se oyen muchas anécdotas de mujeres que _____ *(make . . . get up)* a sus esposos para _____ *(look for)* «al ladrón *(thief)* que está abajo». **(V   F)**
3. La persona que duerme como una piedra *(rock)* lo hace _____ *(without changing)* mucho de posición. **(V   F)**
4. _____ *(Sleeping)* a la luz de la luna afectará su mente. **(V   F)**
5. El _____ *(Not dreaming)* es muestra *(sign)* de que una persona tiene la conciencia tranquila. **(V   F)**
6. Un baño caliente inmediatamente _____ *(before going to bed)* produce un sueño rápido. **(V   F)**
7. Las bebidas que contienen cafeína (café, té, Coca-Cola, etcétera) no afectan nuestra capacidad para _____ *(remain, stay)* dormidos. **(V   F)**
8. Un vaso de leche caliente puede _____ *(make you fall asleep)* rápidamente. **(V   F)**
9. Después de veinticuatro horas _____ *(without sleeping)* mucha gente muestra irritabilidad, pérdida de memoria y alucinaciones. **(V   F)**

D. Refranes (proverbios). Todos los proverbios que aparecen a la izquierda llevan uno o más verbos en infinitivo. Trate de comprender su significado (pida ayuda a su instructor, si la necesita) y luego forme sus propios proverbios.

1. Ver es creer.   Amar es...
2. El dar es honor, y el pedir   El... es honor y el... dolor.
   dolor.
3. Para aprender nunca es   Para... nunca es tarde.
   tarde.

4. Querer es poder.   ... es...
5. Ni ir a la guerra ni casar se   Ni... ni... se deben aconsejar.
   deben aconsejar.
6. Más vale (*it is better*) estar   Más vale... que...
   solo que mal acompañado.

The verb *acabar*

1. **Acabar** means *to end, finish, run out.*

   ¿Cuándo vas a acabar con ese   *When are you going to finish with*
       tratamiento? —Mañana.   *that treatment? —Tomorrow.*
   Se me acabaron las pastillas.*   *I ran out of tablets.*

2. **Acabar bien (mal)** means *to have a happy (sad) ending.*

   ¿Cómo acabó la novela? ¿Acabó   *How did the novel end? Did it have a*
       bien? —No, acabó mal.   *happy ending? —No, it had a sad*
   Murió el héroe.   *ending. The hero died.*

3. **Acabar de** + infinitive in the present tense means *to have just;* in the
   imperfect, it means *had just.*

   Acabo de lastimarme el dedo.   *I just hurt my finger.*
   Acabamos de oír las noticias.   *We have just heard the news.*
       ¡Felicitaciones!   *Congratulations!*
   Acababan de salir.   *They had just gone out.*
   Acababa de lavarse la cabeza   *She had just washed her hair when*
       cuando llegó su novio.   *her boyfriend arrived.*

> *Los científicos acaban de descubrir que el alcohol retarda*
> *nuestra habilidad para quemar la grasa* (fat).

Práctica

A. Una llamada telefónica. Usted está enfermo(a) y su mamá lo (la)
llama. Conteste sus preguntas con el verbo **acabar.**

> **MODELOS:** ¿Tienes sueño?
> **No, acabo de dormir la siesta.**
>
> ¿Necesitas algo del mercado?
> **No, mi compañero(a) de cuarto acaba de**
>   **regresar del supermercado.**

*****Acabar** is often used with the **se** for unplanned occurrences to mean *to run out.*

1. ¿Tienes hambre?
2. ¿Tienes calor?
3. ¿Estás cansado(a)?
4. ¿Necesitas algo de la farmacia?
5. ¿Vas a tomar aspirinas?
6. ¿Debería llamar al doctor?

B. Preguntas

1. ¿Acaba usted de cambiar algo en su vida que pueda afectar su salud? Por ejemplo, ¿acaba de empezar un nuevo plan de ejercicios? ¿practicar algún deporte? ¿dejar de fumar? ¿dejar de comer carne? ¿comenzar una dieta?
2. ¿Acaba de ver una película interesante? ¿Cómo acabó? ¿Acabó bien o mal?
3. La última vez que fue al médico, ¿acababa de quebrarse o lastimarse algo? ¿Acababa de enfermarse? ¿O sólo fue a hacerse un examen general?

En otras palabras...

Para dar consejos; para expresar compasión o falta de compasión

Para dar consejos

Here are some ways to give advice in Spanish.

Usted debe (tú debes)...
Usted debiera (tú debieras)...
Le (te) aconsejo que (+ *subj.*)...
Es mejor que (+ *subj.*)...
Le (te) recomiendo que (+ *subj.*)...

Para expresar compasión o falta de compasión

When people tell you something sad, how do you show that you sympathize with them, feel sorry about what they're going through? Here are some ways to do that.

¡Qué lástima!
¡Qué desgracia! (= ¡Qué mala suerte!)
¡Qué barbaridad! *Good grief!*
Espero que te mejores. *(I hope you get better.)*
¡Pobrecito(a)! ¡Pobre de ti!
¡Qué molestia! *What a pain!*
¡Qué horror! *How awful!*
Eso debe ser terrible.
¡Ay, Dios mío!
¡Caramba! ¡Caray!
Siento mucho que (+ *subj.*)...
¡Cuánto lo siento!

Oftentimes, however, when people are telling you a tale of woe, you don't necessarily feel sorry for them. Here are some ways to express lack of sympathy.

¿Y qué? ¿Qué más da? ¿Qué importancia tiene? *So what?*
Es de esperar. *It's to be expected.*
¿Qué esperaba(s)? *What did you expect?*
La culpa es suya (tuya). *It's your own fault.*
¡Buena lección! Ahora aprenderá(s) a... Eso le (te) enseñará a...

Práctica

A. Consejos. Déle consejos a las personas que se quejan de lo siguiente. Invente varios consejos diferentes para cada caso. Use la forma de **tú.**

MODELO: Sufro de insomnio.
Debieras evitar la cafeína. Te aconsejo que no tomes alcohol. Te recomiendo que hagas más ejercicios. Si no puedes dormir, no te quedes en la cama; levántate hasta que tengas sueño.

1. Mi compañera de cuarto fuma y yo soy alérgica al humo.
2. Hace tres días que mi novio no me llama.
3. No puedo dormir por la noche, pero por la mañana tengo mucho sueño y no puedo levantarme.
4. Siempre me duele la espalda.
5. Necesito bajar de peso.

B. Su amigo Paco. Por lo general, Paco tiene mala suerte, pero a veces él mismo se la busca *(sometimes he brings it on himself)*. Paco le cuenta sus problemas; a veces usted siente compasión y a veces no, según el caso. Exprésalo en las siguientes situaciones.

1. Me quebré la nariz en un accidente de esquí.
2. Fracasé en el examen de biología porque no había estudiado.
3. Alguien me robó la bicicleta.
4. Tengo catarro porque salí sin el abrigo ayer.
5. Tengo que mudarme de apartamento; me olvidé de pagar el alquiler *(rent)* durante dos meses.
6. Mi hermano tuvo un accidente automovilístico y está en el hospital.
7. No conseguí el trabajo porque llegué dos horas tarde a la entrevista.
8. Me lastimé el brazo ayer mientras trabajaba.

> *«Gran parte de la salud es desearla.»*
> —Fernando de Rojas, La celestina, Acto X

Repaso

A. ¿Padece usted de tensión? Dése puntos (1 a 5) por cada respuesta.

1 casi siempre   2 a menudo   3 a veces   4 raramente   5 nunca

1. Como por lo menos una comida caliente y nutritiva al día.
2. Duermo por lo menos unas siete u ocho horas por noche—por lo menos cuatro noches por semana.
3. Doy y recibo cariño regularmente.
4. Tengo por lo menos un(a) pariente a una distancia de menos de cincuenta millas que me podría ayudar si necesitara ayuda.
5. Hago ejercicios por unos quince a treinta minutos tres veces por semana.
6. Fumo menos de diez cigarrillos diarios.
7. Tomo menos de cinco bebidas alcohólicas a la semana.
8. Mi peso es apropiado para mi altura.
9. Tengo dinero suficiente para todo lo que necesito.
10. Mis creencias religiosas o filosóficas me dan fuerza *(strength)*.
11. Asisto regularmente a reuniones sociales.

12. Tengo un grupo de amigos o conocidos a quienes veo y con quienes hablo regularmente.
13. Tengo por lo menos un(a) amigo(a) con quien puedo hablar de asuntos *(matters)* personales.
14. Tengo buena salud, en general (incluso buena vista, buen oído, buenos dientes, etcétera).
15. Cuando estoy enojado(a) o preocupado(a), hablo abiertamente de mis sentimientos.
16. Hablo regularmente con la gente con quien vivo de asuntos domésticos o diarios—los quehaceres de la casa, el dinero, el trabajo, etcétera.
17. Salgo a divertirme por lo menos una vez a la semana.
18. Sé organizar muy bien mi tiempo.
19. Tomo menos de tres tazas de café, té o bebidas con cafeína, como la Coca-Cola, al día.
20. Me dedico un poco de tiempo a mí mismo(a) todos los días.

Calcule el total y réstele *(subtract)* 20. Si el resultado es:

Menos de 30:	Usted vive tranquilamente, sin tensiones.
Entre 30 y 49:	Vive con más estrés de lo que los expertos consideran sano.
Entre 50 y 75:	¡Cuidado! ¿Cuáles de los veinte aspectos podría cambiar?
Más de 75:	Sufre de demasiada tensión. Es posible que tenga graves problemas como consecuencia de eso.

B. ¿Cuáles son las partes del cuerpo humano indicadas?

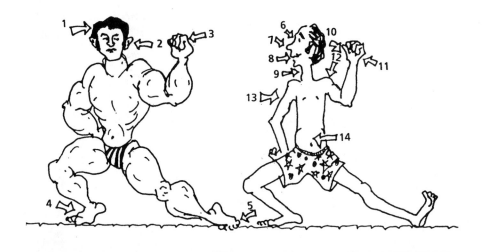

C. Temas

1. En el lugar donde usted vive, ¿qué tiempo hace generalmente? ¿Qué cambios hay durante las cuatro estaciones? Si usted tuviera que escoger la ciudad que tuviera el mejor clima, ¿cuál sería? ¿Por qué?
2. En su opinión, ¿qué enfermedades son consecuencias (por lo menos, en parte) del modo de vivir norteamericano? ¿Qué cambios se debieran hacer para conseguir un mejor nivel de salud?
3. ¿Qué es la anorexia nerviosa? En su opinión, ¿por qué padecen de este síndrome muchas adolescentes?
4. Si usted fuera actor o actriz y tuviera que aumentar veinte o treinta libras de peso para un papel, ¿qué haría?
5. ¿Cuáles son las causas del estrés? ¿Cómo se lo puede evitar? ¿Cuándo sufre usted más del estrés?

D. Composición estructurada: Una tarjeta postal.

Composición estructurada: Una tarjeta postal. Imagine que usted está de vacaciones en algún país hispano. Escríbale una tarjeta postal a su profesor(a) de español, siguiendo este modelo.

(lugar y fecha)

Estimado(a) profesor(a):

1. Dos o tres oraciones que describan el tiempo que hace
2. Dos o tres oraciones que describan su estado de salud o el de sus compañeros de viaje
3. Un breve comentario sobre el país, sus costumbres o las actividades de la gente

En su tarjeta usted debe incluir: una oración con **como si** y una oración con **si** + el imperfecto del subjuntivo.

Cordialmente,
(su nombre y apellido)

Capítulo 10

LA IMAGEN Y LOS NEGOCIOS

«A todas nos gusta tener la piel suave y un perfume francés.»

Presentación del tema

En todas partes del mundo la gente vive bombardeada con anuncios comerciales: en la televisión, en revistas, en periódicos, por correo, etcétera. Durante años los anuncios nos han sugerido cómo debemos vestir, a quién nos debemos parecer y qué tipo de productos debemos comprar para dar una buena imagen. A menudo nos han convencido de que si compramos esos productos conseguiremos la felicidad, la juventud, el éxito, la belleza, etcétera. Han tratado de esconder diferencias de clase social y problemas económicos. Nos han vendido la idea de que se puede resolver cualquier problema en la vida comprando un producto determinado.

> **«Dos lugares hay en el mundo: el Tener y el No Tener.» —dicho**

La mayoría de los anuncios comerciales sugieren que los productos modernos son mejores que los tradicionales. Muchos anuncios son dirigidos a gente sin recursos *(resources)* que vive en países pobres. Estas personas tienen poco dinero pero a menudo viven en familias extensas y combinan sus ingresos. Miran los anuncios en la televisión y quieren los productos que ven.

Algunas personas opinan que la publicidad es mala porque ha contribuido a cambiar nuestros valores. Nos han hecho malgastar dinero y comprar cosas que no necesitamos. Estos mismos críticos de la publicidad afirman que deberíamos invertir nuestro tiempo y dinero en actividades más importantes, como, por ejemplo, en mejorar nuestras comunidades. Según ellos, la publicidad ha sido causa de envidia y elitismo. Por esa razón quieren prohibir la publicidad dirigida a los niños; a menudo los niños no saben distinguir entre un anuncio comercial y el programa de televisión que están mirando.

En cambio, otras personas opinan que la publicidad no es negativa. A todo el mundo le gusta ir de compras aunque sólo sea para mirar las vitrinas *(store windows)*. El ir de compras nos hace sentir bien. Comprando y usando los productos anunciados, nos identificamos con las personas que los promocionan. Así, podemos sentirnos jóvenes, ricos y bellos ¡aunque en realidad seamos viejos, pobres y feos!

Preguntas

1. ¿Cuáles son los valores o temas que los anuncios han usado con frecuencia para promocionar sus productos?
2. ¿De qué nos han convencido, muchas veces?

Vocabulario útil: La imagen y los negocios

Cognados

la compañía
el comercio
la imagen
el producto
la publicidad
el vendedor (la vendedora)

Los gastos personales

la alimentación	*food*
el alquiler	*rent*
la deuda	*debt*
el presupuesto	*budget*

Verbos

anunciar	*to announce, advertise*
deber	*to owe*
conseguir (i)	*to obtain, get*
contratar	*to employ, hire*
dirigir (j)	*to direct*
invertir (ie) en	*to invest in*
pedir (i) prestado(a)	*to borrow*
prestar	*to lend*
promocionar	*to promote*

Otras palabras

el ahorro	*savings*
el anuncio	*announcement, advertisement*
el, la comerciante	*businessperson*
el ingreso	*income*
el negocio	*business*

¡Ojo!

ahorrar to save (money, time, etc.) / **conservar** to save, preserve / **salvar** to save, rescue

gastar to spend (money or energy), to waste / **malgastar** to waste, spend badly / **pasar** to spend (time)

mantener to support (economically) / **soportar** to put up with, hold up (physically)

> «La publicidad no inventa nada. Sólo recoge lo que está en el aire y le da una nueva forma.» —José María Raventos, presidente de una agencia de publicidad

3. ¿Por qué opinan algunas personas que la publicidad es mala?
4. ¿A usted le gusta ir de compras? ¿Le pone de buen humor?
5. ¿Mira las vitrinas cuando no tiene dinero para comprar cosas?
6. ¿Qué tipo de cosas le gusta comprar? ¿Qué tipo de cosas no le gusta comprar?

Práctica

A. Sustantivos. Dé el sustantivo que corresponda a cada verbo.

> MODELO: alquilar **el alquiler**

1. comerciar   4. ahorrar   7. gastar
2. negociar   5. producir   8. deber
3. anunciar   6. imaginar

B. ¡Falta algo! Escoja la palabra apropiada para completar las siguientes oraciones.

1. Hay que _____ (ahorrar/conservar) energía.
2. _____ (Gastamos/Pasamos) tres días en Sevilla.
3. No puedo _____ (soportar/mantener) a mi tío—es muy rico y muy egoísta.
4. ¿Cuánto dinero _____ (malgastar/gastar) tú en comida el mes pasado?
5. Eduardo _____ (mantiene/soporta) a sus abuelos, a su esposa y a sus niños con un ingreso de sólo quinientos pesos al mes.
6. ¿Me podrías _____ (prestar/dirigir) ese lápiz, por favor?

> «*El dinero es como el agua; un poquito salva,*
> *y mucho ahoga* (**drowns**).» —*proverbio*

C. Entrevista: Tú y el dinero. Entreviste a un(a) compañero(a), usando las preguntas que siguen. Después, su compañero(a) lo (la) entrevista a usted. Comparen las respuestas con las de los otros estudiantes de la clase.

1. ¿En qué gastas más dinero: en la matrícula, la alimentación, el alquiler, los libros?
2. ¿Tienes un presupuesto? ¿Calculas tus gastos cada mes?
3. ¿Qué gastos han subido recientemente? ¿Cuáles han bajado?
4. ¿Qué porcentaje de tus ingresos gastas en alquiler? ¿Te importa vivir en un lugar lindo o prefieres ahorrar en alquiler y tener más dinero para otras cosas? Explica.
5. ¿Malgastas dinero a veces? ¿En qué malgastas dinero?
6. ¿Tienes deudas? ¿A quién le debes dinero?
7. Cuando quieres ahorrar dinero, ¿qué haces?

D. Actividad en grupo: Tres anuncios comerciales. Trabajando con dos o tres estudiantes, compare los siguientes anuncios. ¿Qué productos anuncian? ¿Cuál es la imagen que tratan de proyectar? ¿Están dirigidos a hombres? ¿mujeres? ¿De qué edad? ¿Qué piensa de los anuncios?

1.

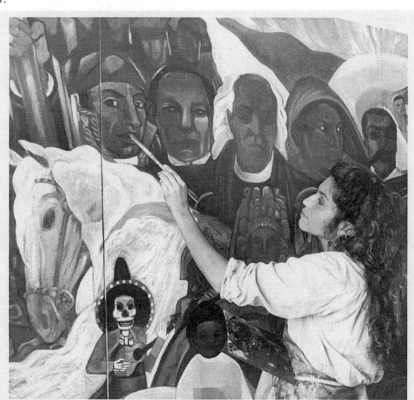

Pinceles, óleo, lienzo…expresión de libertad.

Como la obra de un pintor, la historia de la hispanidad refleja todo el colorido, cultura, música y tradiciones que viven en cada uno de los hispanos.

Este mural representa la hispanidad en California. Por eso también ilustra las contribuciones de la población hispana para la educación y el progreso de nuestro estado. Porque todo esto es posible mientras haya libertad.

Este mes de septiembre la Lotería de California se une a la comunidad hispana en la celebración de las fiestas de independencia. **¡Felicidades!**

2.

3.

"Dime, en qué andas...

y te diré quién eres."

Plymouth Voyager

Dodge Caravan

"Nosotras manejamos las originales." Chrysler no sólo inventó la minivan, la perfeccionó. Así nuestro precioso "contenido," grande o pequeño, viaja más seguro. Dodge Caravan y Plymouth Voyager son las únicas minivans en el mundo que ofrecen un asiento integrado opcional para niños. Y vienen equipadas con cinturones de hombros en los asientos traseros† para niños mayores y un seguro en la puerta corrediza. Pensando en nuestra seguridad, presentaron la primera minivan con una bolsa de aire para el conductor* como standard. Y para más comodidad, hicieron la entrada y la salida fácil y conveniente para todos, incluyendo a abuelita.

Las minivans de Chrysler son las que más se venden porque fueron las primeras y las únicas que tomaron en cuenta nuestras necesidades. Se nota que Chrysler las fabrica con la familia en mente. Nada más pregúntele a los más de tres millones** de dueños satisfechos, o mejor aún, visite su Tienda de Minivans y al igual que nosotras, dígales lo que usted quiere manejar.

Las minivans que han sido parte de más vidas que todas las demás minivans combinadas.

La Compañía de Minivans™   Dodge   CHRYSLER Plymouth

†Sólo para pasajeros que viajan junto a la puerta corrediza. *La bolsa de aire para el conductor es totalmente eficaz sólo cuando se usa con el cinturón de seguridad. **Basado en las cifras de ventas de Ward's Automotive Reports. USE SU CINTURON DE SEGURIDAD.

Para escuchar: Problemas de dinero

Conversación 1: Para hacer un pedido *(request)*. **Ramón tiene problemas financieros. Habla con Julia.**

A. Escuche la Conversación 1. Escoja la mejor respuesta.

1. Ramón quiere...
   a. hacer una compra.
   b. hacer un presupuesto.
   c. ayudar a Julia.

2. Ramón vive...
   a. en una residencia estudiantil.
   b. con sus papás.
   c. con amigos en un apartamento.

3. Julia cree que Ramón...
   a. gasta demasiado dinero.
   b. no gasta mucho dinero.
   c. debe comprar su propia ropa.

B. Escuche la Conversación 1 otra vez. ¿Qué expresiones se usan para hacer un pedido?

____ 1. Necesito tu ayuda.   ____ 3. ¿Me podrías ayudar a...?
____ 2. Quisiera...   ____ 4. ¿Me harías el favor de...?

C. ¿De qué clase de gastos hablan Ramón y Julia?

____ 1. el alquiler   ____ 5. el turismo
____ 2. la alimentación   ____ 6. la ropa
____ 3. el transporte   ____ 7. los servicios médicos
____ 4. el teléfono   ____ 8. la matrícula

Conversación 2: Para hacer una compra; para ofrecer ayuda. Ramón va a una tienda a comprarse una calculadora. También mira las computadoras.

A. Escuche la Conversación 2. Conteste las preguntas.

1. ¿Qué compra Ramón?

a.

b.

c.
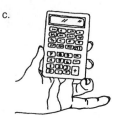

2. ¿Cuándo empezó Ramón a seguir el nuevo presupuesto que hizo?
   a. la semana anterior
   b. el día anterior
   c. no ha empezado a seguirlo todavía

B. Escuche la Conversación 2 otra vez. ¿Qué expresiones se usan para ofrecer ayuda?

____ 1. ¿Quiere que yo...?
____ 2. ¿Desea...?
____ 3. ¿En qué puedo servirlo?
____ 4. Permítame...
____ 5. Si quiere, yo podría...
____ 6. Con mucho gusto.

C. Escuche la Conversación 2 una vez más. Escoja la mejor respuesta.

1. La computadora de dos millones de pesos fue hecha...
   a. en Japón.   b. en Estados Unidos.   c. en México.
2. La computadora japonesa viene con...
   a. módem.
   b. una impresora *(printer)* laser de alta calidad.
   c. una calculadora de mano.
3. La computadora más barata no tiene...
   a. módem.   b. papel.   c. mucha memoria.
4. Por fin, Ramón decide comprar...
   a. una calculadora de quinientos pesos.
   b. una computadora de un millón de pesos.
   c. una computadora de dos millones de pesos.
5. Ramón piensa pagar con...
   a. dinero en efectivo.
   b. una tarjeta de crédito.
   c. cheques de viajero.

Gramática y vocabulario

Past participles as adjectives

Formation of the past participle

Regular past participles

To form the past participles of nearly all verbs, add **-ado** to the stems of **-ar** verbs and **-ido** to the stems of **-er** or **-ir** verbs. If an **-er** or **-ir** verb stem ends in **-a, -e,** or **-o,** the **-ido** ending takes an accent.

habl**ado**   com**ido**   viv**ido**
tra**ído**   le**ído**   o**ído**

Irregular past participles

Some past participles are irregular.

abierto	abrir	**muerto**	morir
cubierto	cubrir*	**puesto**	poner
descrito	describir	**resuelto**	resolver
dicho	decir	**roto**	romper
escrito	escribir	**visto**	ver
hecho	hacer	**vuelto**	volver

Use of the past participle

1. Past participles used as adjectives agree in gender and number with the nouns they modify.

varias guitarras hechas en México	*several guitars made in Mexico*
diez pesos prestados y pagados	*ten pesos borrowed and paid*

2. Past participles are often used with **estar;** as adjectives, they agree with the subject.

Los vasos están rotos.	*The glasses are broken.*
¿Está cerrada la ventana?	*Is the window closed?*
Los niños están dormidos.	*The children are asleep.*

3. Notice that **estar** with a past participle generally indicates the *result* of an action.

El matemático resolvió el problema; el problema está resuelto.	*The mathematician solved the problem; the problem is solved.*
El abogado abrió la oficina. La oficina está abierta.	*The lawyer opened the office. The office is open.*
Los comerciantes están sentados en el restaurante; hablan de negocios mientras toman el desayuno.†	*The businessmen are sitting (seated) in the restaurant; they're talking about business while they have breakfast.*

---

* Note that verbs built upon these verbs will also have the irregularity. Some examples are **descubierto (descubrir), deshecho (deshacer), supuesto (suponer), devuelto (devolver).**

† Notice that in English in this particular example the present participle *(sitting)* could be used. However, the use of the present participle in Spanish **(están sentándose)** would mean *are sitting down* (i.e., action in progress rather than resultant state).

Práctica

A. Descripciones. Convierta los infinitivos en adjetivos.

> **MODELO:** los precios / anunciar   **los precios anunciados**

1. una niña / cansar
2. un gato / morir
3. unos pesos / gastar
4. unos ejercicios / escribir
5. un espejo / romper
6. un favor / pedir
7. unas montañas / cubrir de nieve
8. una oportunidad / perder

B. El Día de los Reyes. Es el 6 de enero y se celebra el Día de los Reyes Magos. Diga qué ha pasado, de acuerdo con el modelo.

> **MODELO:** Los comerciantes cerraron los negocios.
> **Los negocios están cerrados.**

1. Vestimos a los niños con ropa bonita.
2. Los niños abrieron los regalos.
3. Hicimos mucha comida.
4. Pusimos la mesa.
5. Nos sentamos a la mesa a comer una gran cena.

The perfect indicative tenses

Present Perfect			*Past Perfect*		
he	hemos		había	habíamos	
has	habéis	*+ past*	habías	habíais	*+ past*
ha	han	*participle*	había	habían	*participle*

Future Perfect			*Conditional Perfect*		
habré	habremos		habría	habríamos	
habrás	habréis	*+ past*	habrías	habríais	*+ past*
habrá	habrán	*participle*	habría	habrían	*participle*

1. The perfect tenses are all formed with **haber** plus a past participle. The past participle does not agree with the subject—it always ends in **-o.**

¿Qué han hecho, niños? ¿Han roto algo?	*What have you done, children? Have you broken something?*
Recientemente hemos ahorrado diez mil pesos.	*Recently we've saved ten thousand pesos.*

> «*Amor, dinero y dolores*
> *Nunca han estado escondidos.*» —*Calderón de la Barca,*
> **El condenado de amor**

2. The present perfect (the present tense of **haber** plus a past participle) is used to tell that an action *has occurred* recently or has some bearing upon the present. It is generally used without reference to a specific time in the past, since it implies an impact upon the present.

Ya ha ido al banco y tiene el dinero en efectivo.	*He (She) has already gone to the bank and has the cash.*
Han cambiado la imagen del producto.	*They've changed the product's image.*

The preterit can often be used to convey the same general meaning as the present perfect, but the use of the present perfect implies that the impact of the situation or event is still felt; for instance, the speaker of the last example could have said **Mi hijo se graduó,** but this would have indicated more distance—emotionally or in time—from the event.

3. The past perfect (imperfect of **haber** plus a past participle) is used for past actions that *had occurred* (before another past event, stated or implied). The second event, if mentioned, is usually in the preterit.

Ya habían escogido una mesa cerca de la ventana.	*They had already chosen a table near the window.*
Ya había vendido el coche cuando llamé.	*He (She) had already sold the car when I called.*

4. The future perfect (the future of **haber** plus a past participle) implies that something *will have taken place* (or *may have taken place*) by some future time. It can also imply probability in the past, that something *must* or *might have occurred,* that it *has probably occurred.*

¿Habremos terminado para diciembre?	*Will we have finished by December?*
Usted habrá estado muy entusiasmado con el nuevo negocio, ¿no?	*You have probably been very excited about the new business, right?*
Este candidato tiene buenas cualidades. Habrá conseguido el puesto.	*This candidate has good qualities. He must have gotten the job.*

¡CÓMO PASA EL TIEMPO, QUICO...!

5. The conditional perfect (the conditional of **haber** plus a past participle) is used to express actions or events that *would have* or *might have taken place*. Like the future perfect, it can imply probability in the past, that something *had probably occurred*.

Yo no me habría olvidado de pagar la cuenta.	*I would not have forgotten to pay the check.*
¿Habrían resuelto el problema los científicos?	*Would the scientists have solved the problem?*
Lo habría soportado sin decir nada.	*He (She) must have put up with it without saying anything.*

6. The auxiliary form of **haber** and the past participle are rarely separated by another word—negative words and pronouns usually precede the auxiliary, as you have seen in the previous examples.

Práctica

A. **Quejas.** La señora Vega se queja de la situación económica. ¿Qué le dice a su esposo? Siga el modelo.

> MODELO: Aumentan el alquiler. **Han aumentado el alquiler.**

1. Los precios suben.
2. El costo de la vida aumenta el doble.
3. No ahorramos nada este mes.
4. Tú gastas todo el dinero que ganas.
5. Yo también tengo muchos gastos.
6. Tenemos que gastar todos nuestros ahorros.

B. **Una mañana de mala suerte.** El señor Ramos llegó al trabajo por la tarde. ¿Qué había pasado por la mañana allí antes de su llegada?

> MODELO: La computadora dejó de funcionar.
> **La computadora había dejado de funcionar.**

Antes de su llegada...

1. Su secretaria perdió unos documentos importantes.
2. Todos los empleados (*employees*) fueron a una reunión a las diez.
3. Olvidó una cita con un cliente importante.
4. Recibió muchas cartas de clientes insatisfechos.
5. Su abogado llamó solamente para dar malas noticias.
6. Su secretaria se enfermó.
7. Todos los empleados tuvieron una mañana terrible.

C. **El prioste.** Todos los años, en ciertos pueblos de los Andes, se elige un prioste para encargarse de *(to be in charge of)* una fiesta importante. Aunque éste es un gran honor, no es algo muy deseable. Para saber lo que hace un prioste y por qué no es un honor muy solicitado *(sought)*, haga conjeturas de acuerdo con el modelo.

MODELO: ¿Quién compró la comida para la fiesta?
El prioste la habrá comprado.

1. ¿Quién compró las bebidas?
2. ¿Quién pagó la misa?
3. ¿Quién contrató a los músicos?
4. ¿Quién consiguió los trajes y las máscaras *(masks)*?
5. ¿Quién mantuvo a los danzantes durante la semana?

> *«Quien aumenta sus riquezas, aumenta sus preocupaciones.*
> *El pobre se conforma* (contents himself) *con todo y el rico, con nada.»*
> *—Simón Grass*, **Las miserias del rico**

D. ¿Qué habrías hecho tú? Déle consejos a un amigo suyo que acaba de graduarse, de acuerdo con el modelo.

MODELO: SU AMIGO Alguien me ofreció un puesto con un sueldo *(salary)* anual de ochenta mil dólares, pero no me gustó mucho la descripción del trabajo y era en Bangladesh. ¿Qué habrías hecho tú?

USTED **No lo habría aceptado. (Lo habría aceptado, pero sólo por seis meses.)**

1. Alguien me ofreció un buen puesto, también con un sueldo de ochenta mil dólares al año—en una planta nuclear.
2. Alguien me ofreció un puesto ideal, exactamente lo que quería, pero sólo pagaban veinticinco mil dólares al año.
3. Mi novia quería que trabajara en la compañía de su papá, y me gustaba el trabajo, pero su papá es una persona muy exigente.
4. Mis papás me querían regalar un viaje a Europa o un auto nuevo.
5. Quería seguir mis estudios, pero estaba un poco cansado de estudiar y dar exámenes.

E. **Actividad en pareja: De trabajos y carreras.** Entreviste a un(a) com-
pañero(a) sobre trabajos y carreras, usando las preguntas que siguen.
Después, su compañero(a) lo (la) entrevista a usted. Esté preparado(a)
después para describir las opiniones de su compañero(a).

1. ¿Has trabajado alguna vez como empleado(a)? ¿Para qué tipo de
   compañía o negocio? ¿Qué hacías? ¿Cómo era tu jefe?
2. Cuando llegaste a la universidad, ¿habías decidido ya qué especialidad o campo de estudio seguirías? ¿Habías escogido ya una
   profesión? ¿Habías tenido antes un trabajo relacionado con esa
   profesión?
3. Desde que llegaste a la universidad, ¿has cambiado de campo o especialidad de estudio? ¿Qué cosas te han hecho cambiar de campo?
   ¿Qué cursos has seguido que te han gustado (o no te han gustado)
   mucho? ¿Qué ha influido en tu decisión?
4. Para el año 2005, ¿habrás terminado con tus estudios? ¿conseguido
   un buen puesto? ¿Habrás ganado mucho dinero? ¿Te habrás casado? ¿Tendrás hijos?

Vocabulario útil: Compra y venta

a precio reducido	*at a reduced price*
el, la dependiente	*salesclerk*
el dueño (la dueña)	*owner*
regatear	*to bargain*
la tienda	*store, shop*

The present and past perfect subjunctive

Present Perfect

haya	hayamos	
hayas	hayáis	*+ past participle*
haya	hayan	

Past Perfect

hubiera(-se)	hubiéramos(-semos)	
hubieras(-ses)	hubierais(-seis)	*+ past participle*
hubiera(-se)	hubieran(-sen)	

1. The present perfect subjunctive, formed with the present subjunctive
   of **haber** plus a past participle, is used instead of the present perfect
   indicative when the subjunctive is required.

Los hemos conocido antes.	*We have met them before.*
¿Es posible que los hayamos conocido antes?	*Is it possible that we've met them before?*
Han terminado.	*They have finished.*
Espero que hayan terminado.	*I hope they have finished.*

Remember that compound (perfect) tenses in Spanish are used similarly to English, as discussed. Compare the following:

¿Es posible que los hayamos conocido?	*Is it possible that we have met them? (present perfect subjunctive)*
¿Es posible que los conozcamos?	*Is it possible that we know them? (present subjunctive)*
Espero que hayan terminado.	*I hope they have finished. (present perfect subjunctive)*
Espero que terminen.	*I hope they finish. (present subjunctive)*

2. After a main clause in the present tense, the present perfect subjunctive is generally used rather than the imperfect subjunctive to express a completed action. Compare the Spanish with the English translation.

Me alegro de que no hayas malgastado el dinero.	*I'm glad you haven't wasted the money.*
Es posible que hayan vendido el auto.	*It's possible that they sold the car.*

> «*La publicidad es seducción... igual que el proceso de seducción entre un hombre y una mujer.*» —Gonzalo Antequera, presidente de una agencia publicitaria colombiana

3. The past perfect subjunctive, formed with the imperfect subjunctive of **haber** plus a past participle, is used instead of the past perfect indicative when the subjunctive is required.

Habían pagado la deuda.	*They had paid the debt.*
Me sorprendió que ya hubieran (hubiesen) pagado la deuda.	*It surprised me that they had already paid the debt.*
Había comprado el último boleto.	*I had bought the last ticket.*
Tenían miedo que yo hubiera (hubiese) comprado el último boleto.	*They were afraid I had bought the last ticket.*

Again, compare these sentences:

Tenían miedo que yo comprara el último boleto.	*They were afraid I would buy the last ticket. (past subjunctive)*
Tenían miedo que yo hubiera comprado el último boleto.	*They were afraid I had bought the last ticket. (past perfect subjunctive)*

The use of the past perfect subjunctive in the dependent clause indicates that the action occurred before the action or situation expressed in the main clause—it *had occurred* earlier.

Sequence of tenses with the subjunctive will be discussed further in Chapter 11.

Práctica

A. Quizás... Siga los modelos.

¿Dónde está doña Juanita?

> **MODELO:** ir de compras   **No sé. Quizás haya ido de compras.**

a. salir   b. no llegar todavía   c. acostarse

¿Dónde estaba cuando llamé hace una hora?

> **MODELO:** ir de compras   **No sé. Quizás hubiera ido de compras.**

a. salir   b. no llegar todavía   c. acostarse

B. ¿Qué ha pasado últimamente? Mencione por lo menos dos cosas que usted ha hecho últimamente, cosas que lo (la) han hecho feliz o infeliz. Otras personas de la clase deben expresar sus reacciones, empezando con «Me alegro de que...», «Es lástima que...» u otra expresión apropiada.

> **MODELO:** He visto una buena película.
> **Me alegro de que hayas visto una buena película.**
>
> Mis papás me han comprado una nueva computadora.
> **Me sorprende que tus papás te hayan comprado una nueva computadora.**

C. ¿Y antes de llegar a la universidad? Diga por lo menos dos cosas que le habían pasado antes de venir por primera vez a la universidad. Otras personas de la clase deben hacer comentarios, empezando con «Era bueno (fantástico, horrible, malo, extraño, ridículo, increíble, etcétera) que....»

> **MODELO:** Antes de llegar a la universidad, había ahorrado dos mil dólares (vendido mi motocicleta, viajado por Europa, etcétera).
> **Era sorprendente que hubieras ahorrado dos mil dólares (vendido tu motocicleta, viajado por Europa, etcétera).**

The verb *haber*

1. In addition to its use in forming compound (perfect) tenses, the verb **haber** is used impersonally in the third-person singular; in the present tense, the irregular form **hay** means *there is* or *there are*.

Hay muchos anuncios en el periódico hoy.   *There are a lot of ads in the newspaper today.*

The regular third-person forms are used in other tenses in a similar manner.

Hubo una venta de bicicletas ayer.   *There was a bicycle sale yesterday.*

2. **Haber de** means *to be supposed* or *expected to.*

Hemos de ir al mercado esta tarde.   *We are supposed to go to the market this afternoon.*

Los dependientes habían de ganar quinientos pesos la hora.   *The salesclerks were supposed to earn five hundred pesos an hour.*

3. **Hay que** means *it is necessary, one must.*

Hay que conservar energía.   *We have to conserve energy. (It's necessary to, one must.)*

Hay que is more impersonal than **tener que** or **deber. Tener que** is normally translated *to have to,* and **deber** is often translated as *should;* both of these expressions convey personal or individual obligation, but **deber** does not express as strong an obligation as **tener que**.

Tenemos que pagar la deuda.   *We have to (must) pay the debt.*
¿Por qué viniste a la ciudad?   *Why did you come to the city?*
—Tenía que trabajar.   *—I had to work.*
Debo asistir a la reunión.   *I should (ought to) attend the meeting.*

Debiera ir.   *I should go (no strong obligation).*

> «*No hay hermano*
> *Ni pariente tan cercano*
> *Ni amigo tan de verdad*
> *Como el dinero en la mano*
> *En cualquier necesidad.*» —Castillejo, **Obras morales**

Práctica

A. No es obligatorio, pero... Conteste las preguntas, de acuerdo con el modelo.

MODELO: ¿Tienes que visitar a tu abuela?
No, pero debiera visitarla. He de visitarla
hoy.

1. ¿Tienes que terminar el trabajo?
2. ¿Tienes que llamar a Juan?
3. ¿Tienes que leer el artículo?
4. ¿Tienes que escribir la recomendación?
5. ¿Tienes que mandar la carta?

B. Obligaciones. Haga tres o cuatro frases expresando varias obligaciones que usted tiene ahora. Use los verbos **haber, deber** o **tener que.**

MODELO: **Tengo que estudiar para un examen. He de**
darlo mañana. No debiera ir a cenar con
mis amigos esta noche.

The passive voice

1. In Spanish as well as in English, sentences can be in either the active voice or the passive voice. Compare the following:

Passive Voice	*Active Voice*
La casa fue vendida por los dueños, los señores Rendón. *(The house was sold by the owners, Mr. and Mrs. Rendón.)*	**Los dueños,** los señores Rendón, vendieron la casa. *(The owners, Mr. and Mrs. Rendón, sold the house.)*
Muchas ciudades magníficas fueron construidas por los mayas. *(Many magnificent cities were built by the Mayas.)*	**Los mayas** construyeron muchas ciudades magníficas. *(The Mayas built many magnificent cities.)*

The subjects of the sentences are shown in bold type. In the passive voice, the subject receives the action of the verb, rather than performing it. In the active voice, the subject performs the action of the verb.

> *«No es oro todo lo que reluce*
> *(glitters).» —proverbio*

2. The passive is constructed with a form of **ser** plus a past participle. The past participle agrees with the subject in gender and number.

subject + **ser** + past participle (+ **por** + agent)
La casa   fue   vendida   (por los dueños).

Las cien mil pesetas serán pagadas por la compañía.	*The one hundred thousand pesetas will be paid by the company.*
El dinero ha sido prestado por el Banco Central.	*The money has been lent by Central Bank.*

AHORITA LE DOY EL PRECIO, NOMAS DEJEME PREGUNTAR COMO AMANECIÓ EL DOW JONES.

amaneció   awoke, was this morning

3. The agent of the action performed on the subject (**por** + agent) is not always expressed.

Los productos fueron comprados a precio reducido.	*The products were bought on sale.*
Una gran cantidad de petróleo mexicano fue exportada a los Estados Unidos el año pasado.	*A great deal of Mexican oil was exported to the United States last year.*
Hemos sido invitados a una conferencia.	*We have been invited to a conference.*

In some cases, the agent is expressed by **de** (instead of **por**).*

Era admirada de todo el mundo. *She was admired by everyone.*

4. The true passive is not used as often in Spanish as in English. The active voice is preferred. When an agent is not expressed, the passive **se** is much more common than the true passive. **Estar** plus a past participle is used to express the result of an action, as discussed on page 250 of this chapter. Compare the following:

---

* **De** is often used when the verb in the past participle expresses feeling, emotion, or belief; however, **por** is used more frequently even in these cases.

Se abrió una zapatería en esa calle la semana pasada.	*A shoe store was opened on that street last week. (agent unimportant —***se***)*
La zapatería fue abierta por una familia de Lima.	*The shoe store was opened by a family from Lima. (agent expressed —***ser***)*
La zapatería está abierta ahora.	*The shoe store is open now. (resulting condition —***estar***)*
Se redujeron los precios de la gasolina.	*Gasoline prices were reduced. (agent unimportant —***ser***)*
Los precios de la gasolina allí fueron reducidos por el gobierno.	*Gasoline prices there were reduced by the government. (agent expressed —***ser***)*
Los precios están reducidos.	*The prices are reduced. (resulting condition —***estar***)*

Práctica

A. Hechos *(Facts)*. Haga oraciones acerca de las cosas y las personas siguientes. Use la voz pasiva de los siguientes verbos: **pintar, elegir, inventar, construir, escribir, explorar.**

> **MODELO:** Eduardo Frei / presidente de Chile / 1993
> **Eduardo Frei fue elegido presidente de Chile en 1993.**

1. el suroeste de Estados Unidos / Vásquez de Coronado / 1540
2. las ciudades de Chichén-Itzá y Uxmal / mayas / antes del siglo 11
3. el teléfono / Bell / 1876
4. los cuadros *La Tirana* y *La reina María Luisa* / Goya / 1799
5. *El Quijote* / Cervantes / 1605

B. Con la voz pasiva. Siga los modelos.

> **MODELO:** Se promocionarán los nuevos modelos.
> **Los nuevos modelos serán promocionados.**

1. Se bajarán los precios.
2. Se ahorrará mucho dinero.
3. Se conservará mucha energía.
4. Se comprarán las oficinas.

> **MODELO:** He comprado la casa. **La casa ha sido comprada.**

5. Han invitado a muchas personas.
6. Has pagado la deuda.
7. Ha gastado el dinero.
8. Han contratado a los abogados.

> **MODELO:** Todavía no han resuelto los problemas.
> **Para mañana los problemas habrán sido resueltos.**

9. Todavía no han terminado el trabajo.
10. Todavía no han pintado la oficina.

11. Todavía no han anunciado la decisión.
12. Todavía no han mandado los cheques.

C. *¿Ser o estar?* Complete las oraciones con una forma del verbo **ser** (en la voz pasiva, si la acción recae en *[is performed on]* el sujeto) o **estar** (si se trata del resultado de una acción, un estado). En algunas oraciones puede usarse **ser** o **estar.** Dé el equivalente en inglés de cada oración.

> MODELOS: ¿**Está** roto el vaso?
> El dinero **fue** gastado el mes pasado.

1. ¿ _____ perdidas las llaves?
2. ¡Mira! Las montañas _____ cubiertas de nieve.
3. El verbo **ser** _____ explicado por la profesora.
4. Aquí las tiendas se cierran a las seis, pero en España _____ abiertas hasta las ocho o las nueve.
5. Los comerciantes _____ sentados a la mesa.
6. ¿ _____ muerto el toro?

En otras palabras...

Para hacer un pedido; Para hacer una compra; Para ofrecer ayuda

Para hacer un pedido

1. in a restaurant or in the street

   Quisiera un café, por favor.
   ¿Me puede traer un café, por favor?
   ¡Oiga! ¿Podría usted ayudarme?

   Note: To get the attention of the waiter or a person in the street, you can say, «**Oiga**», «**Disculpe**», or «**Por favor**». Polite forms like **podría** and **quisiera** are often used in requests, and it's better to avoid **quiero** or **deseo,** which are very direct and can sound childish or impolite.

2. in a shop or business

   Buenos días. ¿Podría usted ayudarme?
   Buenos días. Busco (Necesito) un suéter blanco. Mi talla *(size)* es treinta y ocho.
   Buenas tardes. Quisiera cambiar algunos cheques de viajero.

   Remember to greet the clerk or shopkeeper before making a request; it's considered rude not to.

Para hacer una compra

While most stores and shops have **precios fijos** *(fixed prices)*, in the street, flea market, or countryside, it is common to bargain, especially for crafts. This is not considered rude, and the rules are fairly simple. After asking the price and receiving a reply, you (1) praise the item or say you like it, (2) explain you can't pay much, and (3) offer about half the price mentioned.

> Es muy linda (la manta), pero no puedo gastar mucho. Podría ofrecerle tres mil pesetas. (Asking price was 6,000 pesetas.)
>
> Me gusta (la cartera), pero no tengo mucho dinero. ¿Podría usted aceptar diez mil pesos? (Asking price was 20,000 pesos.)

Usually, the person selling will then offer a new price, approximately two-thirds or three-quarters of the original. You can then accept (**«Muy bien. Me lo llevo.»**) or continue bargaining if you enjoy it, by offering a slightly lower price.

Para ofrecer ayuda

Offering help or assistance goes hand in hand with requests. In a shop, the clerk or owner will normally say, **«¿En qué puedo servirle?»** In a restaurant, the waiter will be likely to say, **«¿Qué gusta(n) ordenar?»** or **«¿Qué quisiera(n)?»** or **«¿Qué les puedo traer?»** If you are in a position of offering assistance yourself, you might say the following:

> ¿Quiere(s) que yo... (+ *subj.*)?
> ¿Desea(s) que yo... (+ *subj.*)?
> Haré... con mucho gusto.
> Si quiere, yo podría...
> Permítame (Permíteme) ayudarle(te) a...

Práctica

A. Situaciones. ¿Cómo haría usted un pedido en cada una de las siguientes situaciones?

1. Usted está sentado(a) en un restaurante. El camarero no le hace caso *(is not paying attention to you)*. Quiere pedir una limonada.
2. Usted entra en el correo; necesita cuatro estampillas para mandar cartas por avión a Estados Unidos.
3. Usted entra en una zapatería. Quiere comprarse un par de sandalias.
4. Usted está en un banco. Quiere cambiar un cheque de viajero.
5. Alguien le ha robado el dinero. Usted no sabe qué hacer ni adónde ir.
6. El hombre sentado delante de usted en el cine lleva un sombrero grande y usted no puede ver la película.

B. Breves encuentros. Inicie conversaciones breves relacionadas con cada una de las siguientes situaciones.

1. You walk into a clothing store. The owner greets you and asks, "Can I help you?" You say yes, you're looking for a jacket. He asks you what size you wear (**«¿Cuál es su talla?»**). You reply that you

are a size thirty-eight. You ask if he can show you some brown or blue jackets. He says of course, and you choose one you like. He asks if you are paying cash, and you ask if he will take a credit card instead. He replies yes, and you buy the jacket.

2. You and a friend go into a restaurant to have dinner. Half an hour later you have finished half a carafe **(garrafa)** of wine but still have not been given a menu **(el menú).** You get the waiter's attention, get a menu, and order dinner. You ask if he could bring you two glasses of water.

3. You are walking down the street on your way to the train station and you see an elderly lady carrying two heavy suitcases. Tell her you are going to the station and ask if you can help her with her luggage.

Repaso

A. Mercado al aire libre. Este juego es para toda la clase. Cada persona trae uno o dos objetos para «vender» en el mercado (un libro, una planta, o cualquier objeto). Dos tercios (2/3) de la clase son los «turistas» que miran los objetos y regatean* por los que quieren. Los otros tratan de vender su mercancía. Después de un rato, cada persona «compra» algo y explica por qué. Luego, otro grupo de turistas llegan.

 B. Actividad en grupo: La publicidad de ayer. Trabajen en grupos. Escojan uno de los productos en la página 265 y escriban un anuncio comercial de tres o cuatro oraciones. ¿A quién se dirige el anuncio? ¿Por qué se debe comprar el producto?

---

* See page 263 for how to bargain.

1.

LINCOLN

EL NUEVO CUPE DE CINCO PASAJEROS

Los ingenieros Lincoln han conquistado un nuevo triunfo con la construcción de este Cupé de cinco pasajeros. Se combinan en él las ventajas de amplitud de los coches característicos de mayor tamaño con las bellas y elegantes líneas de la carrocería de los modelos deportivos, lo cual constituye un atractivo fascinador para todas aquellas personas que además de ser dueños manejan su automóvil.

Además del espacio subyente para el número aumentado de pasajeros para este tipo de coche, su diseño especial incluye puertas excepcionalmente amplias, que permiten a las personas del compartimiento trasero tomar asiento sin perturbar a aquellos de los asientos delanteros. Se obtiene la deseada ventilación con bajar el parabrisa y las ventanas del cuarterón trasero.

El baúl metálico de la parte posterior, especialmente construido, está equipado con dos maletas y una sombrera para colocar el equipaje. Este baúl metálico forma un armonioso acabado para un coche Lincoln bello en demasía.

2.

Prolongue su Juventud

La potencia tonificante de las sales minerales y demás valiosos elementos científicamente combinados, hacen del Jarabe de Fellows un reconstituyente de gran alcance que se puede tomar en toda época del año.

LAS elusivas cualidades de la juventud, son dones preciosos que pueden preservarse en la madurez. Fortalezca a tiempo su organismo con el Jarabe de Fellows. Cuide su salud con sus propiedades vigorizantes y forme una reserva perdurable de vitalidad y energía. Conserve el espíritu de la juventud fortaleciéndose con el Jarabe de Fellows, que ha sido siempre el tónico moderno durante 60 años de eficacia insólita.

En las Farmacias de 58 países es **FELLOWS** el tónico predilecto.

JARABE DE **FELLOWS**

3.

DE FACIL Y SIMPLE MANEJO!

ESTUFAS

DE

KEROSENE

"PERFECTION"

CONSUMEN KEROSENE NACIONAL

Sírvase visitarnos!

TROPICAL OIL COMPANY

OFICINA DE VENTAS

Capítulo 11

■

DIVERSAS CARAS DEL HUMOR

Presentación del tema

Aunque existen variaciones de una cultura a otra, básicamente el sentido del humor es algo universal. Hay chistes en distintas versiones que circulan por todo el mundo, por años y hasta por generaciones. Se puede distinguir ciertos tipos comunes, como las adivinanzas *(riddles)*, los equívocos *(puns)*, las historias irónicas, los chistes «tontos». También hay chistes de moda. A veces, están de moda los chistes sobre algún tipo de animal u objeto, o los que se burlan de algún grupo, como los chistes contra médicos o abogados. Naturalmente, siempre hay chistes políticos. Como dijo una vez un español: «Sin la política, ¿qué haríamos para reírnos?»

Aquí hay algunos chistes del mundo hispano. ¿Puede usted comprenderlos todos? ¿Reconoce algunos?

Chistes

1. En una calle de Madrid hay tres zapateros *(shoemakers)*. Uno de ellos pone este letrero: «La mejor zapatería de Europa». Luego, otro zapatero pone este letrero: «La mejor zapatería del mundo». Finalmente, el tercer zapatero se limita a poner: «La mejor zapatería de esta calle».

* * * *

2. —Doctor, por las mañanas me levanto con el canto del gallo *(rooster)*, trabajo como un burro, como como un león y duermo como una marmota. Sin embargo, no me siento bien. ¿Qué debo hacer?
   —No lo sé, amigo mío, pero si yo fuera usted, consultaría a un veterinario.

* * * *

3. Un médico le dice a un paciente:
   —No debe preocuparse por el dolor que tiene en la pierna derecha. Son cosas de la vejez.
   —Pero, doctor, la otra pierna tiene la misma edad y no me duele en absoluto.

* * * *

4. —Dígame, ¿su padre murió de muerte natural?
   —No, señor. Le asistieron dos médicos.

* * * *

5. Un norteamericano que estaba de vacaciones en una isla vio a un muchacho sentado debajo de una palmera. Quería ayudarlo, y empezó a conversar con él.
   —Mira, debieras recoger los cocos *(coconuts)* que están por aquí.
   —¿Para qué, señor?
   —Para venderlos.

—¿Para qué, señor?

—Para ganar dinero.

—¿Para qué, señor?

—Para comprar un negocio.

—¿Para qué, señor?

—¡Para poder descansar y gozar de la vida sin preocupaciones!

—Pero, señor, ¡esto es lo que estoy haciendo ahora!

* * * *

6. El marido llega a casa y se encuentra a su mujer en la cama con otro hombre.

—¿Qué están haciendo aquí?

La esposa al amante:

—Ya te dije que mi marido era un perfecto idiota.

* * * *

7. —¿Cómo sacarías un elefante de un río?

—Mojado.

* * * *

8. —¿En qué se parece un elefante y un sedante *(sedative)*?

—El elefante es un paquidermo y el sedante «paquiduermas (para-que-duermas)».

* * * *

9. En clase el profesor pregunta a un alumno:

—¿Sabes por qué la hora de Europa está adelantada sobre la hora de América?

—¡Claro! Porque América se descubrió más tarde.

* * * *

Preguntas

1. ¿Qué chistes no comprendió usted? ¿Por qué? ¿Cuáles había usted oído antes?

2. ¿Cuáles de los chistes son adivinanzas? ¿Conoce usted alguna que pueda traducirse al español?

3. ¿Qué chistes le parecen «chistes tontos»? ¿Por qué cree usted que es popular ese tipo de chiste?

4. ¿Es posible traducir los chistes de una lengua a otra o no? Explique.

5. En general, ¿qué tipo de chiste le gusta? ¿Cuáles de los chistes de la lista le gustaron? ¿Por qué?

6. ¿Qué tipo de chiste está de moda ahora?

> *«Vale más reír que llorar.» —proverbio. La risa, en realidad, es muy buena para la salud; ayuda a producir anticuerpos (antibodies) para combatir la enfermedad.*

Vocabulario útil: El humor

Cosas cómicas

la broma, el chiste	*joke*
divertido, chistoso, gracioso	*funny, amusing*
genial	*congenial; brilliant*
el sentido del humor	*sense of humor*
el tipo	*type; guy*
la tira cómica	*comic strip*

Verbos

bromear	*to joke*
burlarse de	*to make fun of*

Reacciones

estar decepcionado(a)	*to be disappointed*
estar orgulloso(a) (de)	*to be proud (of)*
¡Esto es el colmo!	*This is the limit (the last straw)!*
¡Menos mal!	*That's a relief! Just as well.*
¡No faltaba más!	*That's all we (you, I) needed!*
¡Qué alivio!	*What a relief!*
¡Qué decepción!	*What a disappointment!*
¡Qué va!	*Come on, now!*

En la casa

la alcoba	*bedroom*
el baño, el retrete, el excu-sado, el cuarto de baño	*bathroom*
la cocina	*kitchen*
el comedor	*dining room*
el cuarto, la habitación, la pieza	*room*
la escalera	*stairway*
los muebles: la cama, el sofá, el sillón	*furniture: bed, sofa, armchair*
la pared	*wall*
el pasillo	*hallway*
el piso	*floor, story*
la sala	*living room*
el suelo	*floor*

> *¡Ojo!*
>
> **el chiste verde** off-color (dirty) joke
> **curioso(a)** funny, odd, curious / **raro(a), extraño(a)** odd, strange
> **meter la pata** to put one's foot in one's mouth
> **ocurrente** witty
> **tomarle el pelo a alguien** to put someone on, pull someone's leg

Práctica

A. Sinónimos. Dé el sinónimo de las siguientes palabras.

1. el chiste
2. la habitación
3. el excusado
4. gracioso
5. el dormitorio
6. contar chistes

B. ¿Dónde está Lalo? Diga en qué cuarto estará Lalo cuando dice lo siguiente.

1. Pon la leche en el refrigerador, por favor.
2. ¡Ay, qué cansado estoy! La próxima vez tomemos el ascensor para llegar al quinto piso.
3. Sentémonos en los sillones y conversemos un poco.
4. Tengo mucho sueño. ¡Qué bueno estar en la cama!
5. No entre, por favor. Está ocupado.
6. Sigue un poco más y llegarás a tu alcoba, la tercera puerta a la derecha.
7. La sopa está muy sabrosa. Pásame la ensalada, por favor.

C. ¿Qué se dice? Responda con expresiones apropiadas en las siguientes situaciones.

1. Usted está orgulloso(a) de su casa porque ha trabajado mucho para arreglarla bien. Una persona viene de visita y va de una pieza en otra, criticándolo todo.
2. Usted ha perdido su tarjeta de crédito. Suena el teléfono. Es el dependiente de una tienda y le dice que ha encontrado la tarjeta.
3. Usted cree que ha ganado dos millones de dólares en la lotería con el número 1786543. Luego, ve que el número indicado es 1786542.
4. Es 28 de diciembre. Un amigo lo (la) llama por teléfono para decirle que hay un elefante en su jardín.

D. Actividad. ¿Qué le hace reír a usted? Solo(a) o en grupos, escriba diálogos humorísticos *(captions)* para cada uno de los siguientes dibujos. Compárelos con los originales en el apéndice D. ¿Encuentra usted alguna diferencia cultural entre las dos versiones?

1.

2.

3.

4.

Para escuchar: En Bucaramanga

Conversación 1: Para expresar alivio, gratitud y comprensión. Mike y Julia hablan con la señora Gutiérrez, la mamá de Julia.

A. Escuche la Conversación 1. ¿Cuál es el dibujo que muestra el lugar donde están?

1.

2.

B. Escuche la Conversación 1 otra vez. Conteste **V** (verdadero) o **F** (falso).

_____ 1. La señora Gutiérrez espera a Julia desde las diez.
_____ 2. Los jóvenes llegaron temprano.
_____ 3. Mike y la señora Gutiérrez ya se conocían.
_____ 4. Los jóvenes viajaron por autobús.
_____ 5. Fue un viaje muy largo y aburrido.
_____ 6. Mike le dice a la señora Gutiérrez, «Habrá estado muy preocupada».

Conversación 2: Para expresar incredulidad y enojo. Julia habla con don César, su papá.

A. Escuche la Conversación 2 y conteste la pregunta que sigue: ¿Por qué está molesto el señor Gutiérrez?

B. Escuche la Conversación 2 otra vez. ¿Cuáles son tres cosas que el señor Gutiérrez dice de Mike? ¿Cuáles son tres cosas que Julia dice de Mike?

C. Escuche la Conversación 2 una vez más. Para cada expresión a la izquierda, escoja una expresión a la derecha con un significado similar.

_____ 1. ¿Estás bromeando?   a. ¿Por qué te enojas?
_____ 2. ¡Qué va!   b. ¡Qué barbaridad!
_____ 3. ¡Sólo esto me faltaba!   c. ¿Hablas en serio?
_____ 4. ¿En qué te molesta?   d. ¡Esto es el colmo!

Gramática y vocabulario

Sequence of tenses with the subjunctive, summary

You have seen that the subjunctive is used in a dependent clause after certain verbs or impersonal expressions that occur in a main clause (for a review of the subjunctive, see Chapters 5 and 7). This chart summarizes the sequence of tenses with the subjunctive:

Main Clause (Indicative)	Dependent Clause (Subjunctive)
present (present perfect) **future** **command**	**present or present perfect subjunctive**
past (preterit, imperfect, past perfect) **conditional**	**imperfect or past perfect subjunctive**

«No hay música más dulce que la risa de un niño.»
—_Oscar de León P. Mientras que un niño ríe unas **400 veces** por día, un adulto sólo lo hace 15 veces diarias._

In general, the *present* or *present perfect subjunctive* is used in a dependent clause when the main clause contains a verb requiring the subjunctive that is in the:

1. present tense

Espero que ganen.	*I hope they win (will win, are winning). (present subjunctive)*
Espero que hayan ganado.	*I hope they have won. (present perfect subjunctive)*

2. present perfect tense

Han pedido que no fumemos.	*They have requested that we not smoke.*

3. future

Insistirán en que te quedes.	*They will insist that you stay.*

4. command

Dígale que vaya ahora.	*Tell him to go now.*

In general, the *imperfect* or *past perfect subjunctive* is used in a dependent clause when the verb in the main clause requires the subjunctive and is in the:

1. preterit

Me alegré de que me llamaran. ¡Qué alivio!	*I was happy that they called me. What a relief! (imperfect subjunctive)*
Me alegré de que me hubieran llamado. ¡Qué alivio!	*I was happy that they had called me. What a relief! (past perfect subjunctive)*

2. imperfect

Dudaba que vinieras (que hubieras venido).	*I doubted that you would come (that you had come).*

3. past perfect

Papá no había permitido que fuera. —¡Menos mal!	*Papa had not permitted me to go. —It's a good thing!*

4. conditional

Mis papás me aconsejarían que no trabajara tanto.	*My parents would advise me not to work so much.*

As you will remember from Chapter 10, compound tenses are generally used in Spanish just as they are in English; in the example **Espero que ganen,** for instance, you can use **ganen** if you mean *win* and **hayan ganado** if you mean *have won.* The progressive tenses (formed with **estar**) will be discussed in Chapter 12.

Práctica

A. ¡Falta algo! Complete las siguientes oraciones con el modo subjuntivo (presente o imperfecto) de los verbos entre paréntesis.

1. Temo que ella no _____ (tener) sentido del humor.
2. Era mejor que ellos no _____ (venir) al comedor.
3. Estaré aquí cuando tú _____ (regresar).
4. Esperábamos que él no _____ (contar) chistes tontos.
5. Le he pedido que me _____ (llamar) hoy mismo.
6. Dinos el problema para que lo _____ (resolver).
7. Negaron que tú _____ (estar) orgulloso de tus notas.
8. ¡Esto es el colmo! Se besan sin que mamá los _____ (ver).
9. No había visto nada que me _____ (gustar).
10. No permitiría que nosotros _____ (bromear).
11. Han insistido en que tú _____ (cenar) con nosotros esta noche.
12. Sentía mucho que ellos _____ (estar) decepcionados.
13. Teníamos miedo de que las paredes _____ (oír).
14. Quería que Isabel nos _____ (contar) la broma, pero ella no quiso.
15. Dígale a Raúl que _____ (poner) las flores en la mesa.

B. Traducción

1. I was happy that they were having a good time.
2. Wait until we pay the bill (check).
3. Wouldn't you be afraid that he'd complain?
4. I will not believe it unless I see it.
5. She has insisted that they not buy the furniture.

C. Recomendaciones. Complete las frases *con sus opiniones* y los tiempos apropiados (del indicativo o del subjuntivo) de los verbos entre paréntesis.

Una buena película

1. Creo que la película _____ [nombre de una película] _____ (ser) muy chistosa.
2. Habría preferido que mi actor favorito, _____, también _____ (estar) en esa película.
3. Después de que nosotros _____ (ver) esa película, me sentí _____ .

Un buen libro

4. Conozco un libro que _____ (ser) muy gracioso; se llama _____ [nombre de un libro].
5. Un amigo mío me aconsejó que lo _____ (leer).
6. Ojalá que tú también lo _____ (leer).
7. Estoy seguro(a) que no vas a poder dejar de leerlo hasta que lo _____ (terminar).

Un buen programa de televisión

8. ¿Buscas un programa de televisión que te _____ (hacer) reír?
9. Mira _____ [nombre del programa] cuando _____ (tener) tiempo.
10. Trata de _____ [tema del programa]. El actor principal es _____, y la actriz principal es _____. Pienso que _____ (ser) muy _____ [adjetivo].
11. Se ve el _____ [día de semana] a las _____ [hora del día] por el canal _____ [nombre del canal], en caso de que _____ (tener) la oportunidad de verlo.

If clauses (2)

1. When an *if* clause expresses something hypothetical or contrary to fact, a past subjunctive is used. The conditional or conditional perfect is generally used in the main clause (if there is a main clause).

Si ella estuviera aquí, ¿qué haría?	*If she were here, what would she do? (Fact: she isn't here.)*
Si yo hubiera sido el autor de ese cuento, lo habría terminado de manera diferente.	*If I had been the author of that story, I would have ended it differently. (Fact: I wasn't the author.)*
¡Como si no se burlaran de mí! ¡No faltaba más!	*As if they weren't making fun of me! That's all I needed! (Fact: they were making fun of me.)*

2. However, if the speaker or writer is *not* discussing something contrary to fact, if the statement is assumed to be true, the indicative is used. After **si** a verb in the present tense is always in the indicative (never the present subjunctive). Compare:

Si Juan es tan listo, no va a meter la pata.	*If Juan is so smart, he won't put his foot in his mouth. (indicative in* if *clause)*
Si Juan fuera tan listo, no metería la pata.	*If Juan were so smart, he wouldn't put his foot in his mouth. (subjunctive in* if *clause)*
Si Juan hubiera sido tan listo, no habría metido la pata.	*If Juan had been so smart, he wouldn't have put his foot in his mouth. (subjunctive in* if *clause)*

Práctica

A. Cambie al pasado. Siga el modelo.

MODELO: Si escucha el disco, se reirá.
Si escuchara el disco, se reiría.
Si hubiera escuchado el disco, se habría reído.

BUENO, YO LE DIRÉ EL SECRETO DE
LA VIDA SI UD. ME DICE CÓMO PRO-
GRAMAR MI VÍDEO GRABADORA...

1. Si me llama, saldré con él.
2. Si le ofrecen el trabajo, lo aceptará.
3. Si subes la escalera, lo verás.
4. Si hoy es martes, estarán en la oficina.
5. Si la casa tiene dos baños, la compraremos.

> *Maestro: Si ahora viviera Napoleón, ¿qué le preguntarías?*
> *Alumno: Le preguntaría qué hizo para vivir tanto tiempo.*

B. ¡Falta algo! Complete las siguientes oraciones con las formas apropiadas de los verbos entre paréntesis.

1. Si todos los economistas formaran una ronda (círculo) alrededor de la tierra, no _____ (llegar) a ninguna conclusión.

2. Una niña en el hospital, antes de que le sacaran las amígdalas *(tonsils)*: «Mamá, si ellos me _____ (dar) un bebé, ¿me permites llevarlo a casa?»

3. Si a usted le preocupa su peso, no _____ (ir) al polo norte ni al polo sur; allí uno pesa más. Viaje, más bien, al ecuador, donde usted pesará menos.

4. «¿Es de raza este perro?» «Señorita, si este perro _____ (poder) hablar, no lo haría con ninguno de nosotros.»

5. El juez al padre divorciado: «Voy a asignarle *(grant)* a su esposa la suma de doscientos mil pesos por mes para alimentar y mantener a su hijo.» «Es muy amable, Su Señoría. Si usted _____ (hacer) eso, yo también voy a tratar de pasarles algo de vez en cuando.»

6. El padre, enojado: «Pepito, la semana pasada eras el penúltimo *(next to last)* de la clase, y ahora eres el último.» Pepito: «Pero papá, no tengo la culpa. Si Miguelito no _____ (enfermarse)...»

 C. Actividad en pareja: Entrevista. Entreviste a un(a) compañero(a), usando las siguientes preguntas. Después, su compañero(a) lo (la) entrevista a usted. Esté preparado(a) para pasarle la información a la clase.

1. Si pudieras pasar las vacaciones de verano en cualquier lugar del mundo, ¿adónde irías? ¿Para qué?
2. ¿Qué habrías hecho el fin de semana pasado si no hubieras tenido ninguna obligación? ¿Qué hiciste realmente?
3. Si pudieras viajar en una máquina a través del tiempo, ¿a qué siglo y lugar te transportarías? ¿Con quién hablarías? ¿Qué preguntas le harías?
4. Si pudieras cambiar algo en tu vida, ¿qué cambiarías?

Conjunctions

Y to *e, o* to *u*

Use **e** instead of **y** when the following word begins with **i-** or **hi-** (but not when it begins with **hie-**).

padre e hijo *father and son*	gracia e ironía *humor and irony*
Fernando e Isabel *Ferdinand and Isabella*	verano e invierno *summer and winter*
fuego y hielo *fire and ice*	

Use **u** instead of **o** when the following word begins with **o-** or **ho-**.

plata u oro *silver or gold*	dinero u honor *money or honor*
cómico u ocurrente *funny or witty*	uno u otro *one or another*

Pero versus *sino*

Pero is normally used to mean *but;* however, if the first phrase or clause is negative and the second clause contradicts whatever preceded, **sino** is used. **Sino** means *but on the contrary, but rather* and is followed by information that contradicts and replaces the previous information.

No llegó temprano, sino tarde.	*He didn't arrive early, but late.*
No llegó temprano, pero por lo menos vino.	*He didn't arrive early, but at least he came.*

| Papá no está en la cocina, sino en la sala. | *Papa isn't in the kitchen; he's in the living room.* |
| Papá no está en la cocina, pero no sé dónde está. | *Papa isn't in the kitchen, but I don't know where he is.* |

Sino que is often used to introduce a clause (which by definition contains a conjugated verb):

| No parecía decepcionada, sino que sonreía. | *She didn't seem disappointed; she was smiling.* |

Práctica

A. Combinaciones. Una *(combine)* las siguientes palabras con **y** o **e.**

> MODELOS: chistes / anécdotas   genial / inteligente
> **chistes y anécdotas   genial e inteligente**

1. ida / vuelta
2. español / inglés
3. anglos / hispanos
4. nieve / hielo
5. carne / hueso
6. inmigrantes / emigrantes

B. ...y más combinaciones. Una las siguientes palabras con **o** o **u.**

> MODELOS: gracia / humor   invierno / otoño
> **gracia o humor   invierno u otoño**

1. oreja / ojo
2. oro / plata
3. espalda / hombro
4. unos / otros
5. ayer / hoy
6. mujer / hombre

C. ¿Pero, sino o sino que? Complete las siguientes oraciones con **pero, sino** o **sino que.**

1. No fue Goya el que pintó la *Vista de Toledo,* _____ el Greco.
2. Le dijeron que era imposible, _____ lo hizo.
3. La universidad más antigua del Nuevo Mundo no es Harvard, _____ la Universidad de Santo Domingo (fundada en 1538).
4. Ese chiste no me hace gracia, _____ me parece cruel.
5. La playa de Puerto Vallarta, México, es muy famosa, _____ la de Acapulco es aun más famosa.
6. Bernardo O'Higgins, un héroe de la independencia de Sudamérica, no era irlandés, _____ chileno.

Por versus *para*

The most common meaning of both **por** and **para** in English is *for,* so these words are often misused by English speakers. In general, **por** often has to do with source, cause, or motive, while **para** has to do with intended destination, purpose, or use.

| El apartamento fue pintado por los dueños para la familia que lo alquila. | *The apartment was painted by the owners for the family that rents it.* |

«¿Por qué nací, padre?»
—«Pregunte más bien para
qué nació.» Unamuno, *Abel
Sánchez*

*"Why was I born, father (for what
reason)?"—"Ask instead for what
purpose you were born."
Unamuno,* Abel Sánchez

Maestro: ¿Por qué llegas tarde a clase?
Alumna: Porque me seguía un muchacho, por la calle.
Maestro: Pero ésta no es una razón para llegar tarde.
Alumna: Es que el muchacho caminaba muy despacio.

Para *is used to express:*

1. direction or destination *(toward)*

   Salieron para Colombia ayer.   *They left for Colombia yesterday.*

2. intended recipient *(for someone or something)*

   Estos muebles son para ti.
   —Gracias. Muy agradecido.
   Estas tiras cómicas son para él.
   ¿Trabaja usted para ellos?

   *This furniture is for you. —Thank
   you. I'm very grateful.*
   These cartoons are for him.
   Do you work for them?

3. purpose *(in order to)*

   ¿Para qué están aquí los obre-
   ros? ¿Para arreglar el techo?
   Para hacerlo reír, hay que ser
   muy gracioso.

   *Why are the workers here? To fix the
   roof?*
   *In order to make him laugh, one has
   to be very funny.*

4. a specific point in time

   Tengo que contestar para el
   viernes.
   Vamos a casa de mis abuelos
   para la Semana Santa.

   I have to answer by Friday.

   *We're going to my grandparents'
   house for Easter (Holy Week).*

Quico

5. lack of correspondence in a comparison

Ese sofá es muy grande para la sala.	*That sofa is very big for the living room.*
Para su edad, el niño es muy fuerte.	*For his age, the child is very strong.*
Ella es muy joven para José.	*She's very young for José.*

6. intended use

Una silla es para sentarse; un sillón es para descansar.	*A chair is to sit in; an armchair is to rest in.*
Me siento muy orgulloso de la nueva computadora; tiene acentos para escribir en francés y alemán.	*I feel very proud of the new computer; it has accents to write in French and German.*

> **Maestro: ¿Por qué es famoso Colón?**
> **Alumno: Por su memoria.**
> **Maestro: ¿Por su memoria?**
> **Alumno: En la plaza hay una estatua con un letrero (sign): 'A la memoria de Colón.'**

Por *is used to express:*

1. cause, motive *(on account of, for the sake of, because of)*

¿Por qué se burlaron de él? ¿Por malicia?	*Why did they laugh at him? Out of malice?*
Lo hicimos por ellos.	*We did it for them (for their sake).*
¿Por qué me tomas el pelo?	*Why are you putting me on?*

2. *through, along, by, by means of* (a mode of transportation or communication)

Todos los domingos damos un paseo por esta calle y por la plaza principal.	*Every Sunday we take a walk along this street and through the main square.*
La broma fue contada por José Luis. Tiene mucha gracia.*	*The joke was told by José Luis. He is very funny.*
Cállate, Pepito. Estoy hablando por teléfono.	*Be quiet, Pepito. I'm talking on the telephone (by phone).*
¿Vas por avión?	*Are you going by plane?*

---

* **Por** is used to express the agent in a passive construction, as discussed in Chapter 10.

Vocabulario útil:
Expresiones con *por* y *para*

darse por vencido(a)	*to give up, surrender*
estar para	*to be about to; to be in the mood for*
estar por	*to be in favor of*
para mí (ti, etcétera)	*as far as I'm (you're, etc.) concerned*
para siempre	*forever*
por completo	*totally, completely*
por eso	*for that reason*
por lo menos	*at least*
por otra parte	*on the other hand*
por si acaso	*just in case*
por todos lados, por todas partes	*everywhere*

---

3. *in exchange for*

En 1763 los españoles cambiaron la Florida por la Habana (que había sido capturada por los ingleses en 1762).

In 1763 the Spanish exchanged Florida for Havana (which had been captured by the English in 1762).

¡Esto es el colmo! ¿Pagaste quince dólares por un libro de chistes?

This is the last straw! You paid fifteen dollars for a joke book?

Compraron una casa con cinco habitaciones, cuarto de baño y cocina por tres millones de pesetas.

They bought a house with five rooms, a bathroom, and a kitchen for three million pesetas.

4. the object of an errand

Pablo, ve al mercado por leche y queso.

Pablo, go to the market for milk and cheese.

5. *in place of (as a substitute for, on behalf of)*

Hoy Isabel trabaja por mí en el banco.*

Isabel is working instead of me (taking my place) in the bank today.

Acepté el premio por José; él está enfermo.

I accepted the prize for José; he's sick.

---

* Notice the difference between **trabajar por** and **trabajar para** (p. 280, item 2).

6. duration or length of time

¿Por cuántas semanas te vas
   de vacaciones? —Por dos
   semanas.

*For how many weeks are you going
   on vacation? —For two weeks.*

Iremos a Espana por dos
   meses.*

We'll go to Spain for two months.

7. unit of measure, *per*

Los huevos están a cincuenta
   pesos por docena.

Eggs are fifty pesos a dozen.

¿Cuánto gana por mes?

How much do you earn a month?

Práctica

A. ¿Por o para? Haga oraciones con **por** o **para.**

> **MODELO:** No contó el chiste verde / cortesía
> **No contó el chiste verde por cortesía.**

1. Esa cama es demasiado grande / nuestra alcoba
2. Estaremos en Barcelona / el sábado
3. Vamos a Toledo / una semana
4. Olvidé su nombre / estar muy nervioso
5. Fue a la sala / hablar con los invitados
6. Pagué cien pesos / la falda
7. Tengo las mil pesetas / comprar la mesa
8. «Salió de Guatemala / entrar en Guatepeor»

B. El Día de los Santos Inocentes. Complete el párrafo con **por** o **para.**
Después, conteste las preguntas que siguen.

Cuando yo era niño, en México, siempre me divertía mucho todos los
28 de diciembre. ¿ ___(1)___ qué? Porque ese día es el Día de los Santos
Inocentes, un día ___(2)___ hacer bromas más o menos inocentes.
___(3)___ ejemplo, siempre pedía algo prestado y luego decía a la
víctima, «Inocente palomita que te has dejado engañar, sabiendo que
en este día nada se puede prestar.» Otra cosa que a los niños nos
hacía mucha gracia era cambiar el azúcar ___(4)___ la sal y la sal
___(5)___ el azúcar; después, mirábamos a papá y mamá mientras
tomaban el desayuno. Una vez fuimos al mercado ___(6)___ chile,
que pusimos en la sopa ___(7)___ ver la reacción de mamá. Y otra
vez, mi hermano mayor, ___(8)___ ser muy travieso (*mischievous*),
puso un anuncio en el periódico: «Casa en venta, diez habitaciones,

---

*__Por__ is also used in expressions with the word **vez: por primera vez** *for the first time.*

muy barata. Los dueños salen ___(9)___ Venezuela y tienen que venderla ___(10)___ la semana entrante *(coming)*. ___(11)___ más información, llame al número... (y dio nuestro número de teléfono).» A los niños nunca les faltan ideas ___(12)___ tomarles el pelo a sus amigos y parientes el Día de los Santos Inocentes—¡así se divierten mucho!

Preguntas:

¿Cuál es el día que corresponde al 28 de diciembre en la cultura norteamericana? De niño(a), ¿qué hacía usted ese día? ¿Le gusta a usted bromear o tomarles el pelo a otras personas? ¿Ha sido alguna vez víctima de una broma graciosa pero inocente?

C. Chistes. Complete los párrafos con **por** o **para**.

Hay un incendio (fuego) en un edificio grande donde trabajan un paraguayo, un argentino y un uruguayo. Ellos están en el piso más alto y parece que no hay posibilidad de salvación. El argentino mira ___(1)___ todas partes ___(2)___ ver si hay alguna salida. No ve nada y decide saltar *(jump)*. ___(3)___ morir ___(4)___ algo, grita «¡ ___(5)___ Argentina!» cuando se tira ___(6)___ la ventana. ___(7)___ no ser menos, el uruguayo dice «¡ ___(8)___ Uruguay!» y también salta. El paraguayo está ___(9)___ saltar cuando decide buscar una salida otra vez ___(10)___ si acaso. Ve una escalera y corre hacia ella gritando «¡ ___(11)___ la escalera!»

* * * *

Un señor mandó un cheque ___(1)___ matricularse en una escuela que ofrecía un curso de telepatía ___(2)___ correspondencia. ___(3)___ dos semanas esperó y esperó. Finalmente decidió que no se daría ___(4)___ vencido. Llamó ___(5)___ teléfono ___(6)___ quejarse. «No mandamos ese curso ___(7)___ correo», dijo la secretaria que contestó. «Lo mandamos ___(8)___ telepatía.» «Todavía no he recibido nada», dijo el hombre. «Ya lo sé. Se ve claro que usted fracasaría ___(9)___ completo en el curso.»

D. Actividad en grupo: Opiniones. Discuta las siguientes preguntas con tres o cuatro compañeros. Después esté preparado(a) para comentar sobre las opiniones de su grupo.

1. ¿Crees que dos personas pueden estar enamorados «para siempre» o no? ¿Por qué?
2. ¿En qué ocasión te has dado por vencido(a)? Explica.
3. Para ti, ¿cuál es el momento más agradable del día? ¿Por qué?

En otras palabras...

Para expresar alivio, gratitud y comprensión;
Para expresar incredulidad y enojo

Para expresar alivio, gratitud y comprensión

In Chapter 3, you saw various ways to express approval, disapproval, and surprise. You have also looked at various ways of expressing emotions such as fear, hope, surprise, etc. that require the subjunctive (Chapter 5). Here are some ways to express other kinds of emotion:

1. alivio *(relief)*

   ¡Qué bien!   ¡Cuánto me alegro! ¡Qué alegría!
   ¡Qué alivio!   ¡Menos mal!
   ¡Gracias a Dios!   ¡Por fin! *(when something good has*
                                    finally happened)

2. gratitud

   Gracias. Mil (Muchas) gracias.   Usted es muy amable.

3. comprensión *(empathy)*

   Debe(s) estar muy contento(a). *You must be very happy.*
   Estará(s) muy orgulloso(a). *You must be very proud.*
   Se (Te) sentirá(s) muy decepcionado(a). *You must feel very disappointed.*

Note that expressing empathy (that you understand what someone else is feeling or thinking) is different from expressing sympathy, discussed in Chapter 9.

Para expresar incredulidad y enojo

1. incredulidad *(disbelief)*

   ¿Habla(s) en broma?   ¡Qué ridículo!
   ¿Está(s) bromeando?   Increíble.
   ¡Pero lo dice(s) en broma!   Imposible.
   ¡Pero no habla(s) en serio!   No puede ser.
   ¿Me está(s) tomando el pelo? ¡No me diga(s)!
   ¿De veras? No lo creo.   Vaya. ¡Qué va! *Come on now!*

2. enojo *(anger)*

   ¡Esto es el colmo!
   ¡Esto es demasiado!
   ¡Qué barbaridad!
   ¡No faltaba más!

Práctica

A. ¡Eso es increíble! Dé una reacción de incredulidad a cada una de las siguientes afirmaciones.

1. Todos los norteamericanos son materialistas.
2. Los únicos cursos importantes de esta universidad son los de español.
3. Todos los profesores de esta universidad son geniales.
4. Ayer mi novia ganó el concurso *(contest)* de «Miss Universo».
5. Mi hermano se graduó a los doce años de la universidad.

B. Situaciones. Dé la respuesta apropiada de acuerdo con cada una de las siguientes situaciones.

> **MODELO:** alguien le dice que ganó la lotería
> **¡Qué suerte! ¡Estarás muy contento(a)! (¡Te sentirás muy feliz!)**

1. alguien le cuenta que su mamá está en el hospital
2. alguien le dice que se va a casar
3. su hermana se lleva el coche de usted sin pedir permiso; es la tercera vez que hace lo mismo este mes
4. hay un accidente de avión; usted teme que sea el mismo avión en que viaja su papá, pero resulta que no lo es
5. su novio(a) le dice: «Estás muy guapo(a) hoy. ¡Qué suéter más bonito!»

«*No se olviden nunca de reír. Porque para sufrir siempre habrá mucho tiempo.*» —Mario Moreno (Cantinflas), actor mexicano

---

Repaso

A. Use su imaginación. Complete las siguientes oraciones.

1. Si yo fuera director(a) de televisión...
2. Voy a viajar por todo el mundo si...
3. Antes de venir a la universidad, esperaba que mi compañero(a) de cuarto...; tenía miedo que...
4. Me habría divertido mucho (más) el fin de semana pasado si...
5. No me casaría con... si...
6. Si hubiera tenido tiempo...

 B. ¿Quién es? Este juego es para grupos de cuatro jugadores o más. Una persona sale del cuarto mientras las otras seleccionan o a alguien del grupo o a alguna otra persona conocida de todos. Luego, la persona que está afuera vuelve al grupo y trata de adivinar quién es el individuo seleccionado, haciendo preguntas que empiezan con **si.** Ejemplos: **Si esta persona se casara, ¿con qué tipo de hombre (mujer) se casaría? Si fuera un animal (un país, un edificio), ¿qué animal sería? Si escribiera un cuento, ¿qué tipo de cuento escribiría?** Se turnan *(They take turns)* en el grupo para contestar hasta que la persona que juega adivina correctamente o se da por vencida.

C. Actividad en grupo: De chistes buenos y chistes pesados *(tiresome, inappropriate).* Trabajen en grupos de tres a cuatro personas. Lean el siguiente chiste y contesten las preguntas. Estén preparados después para comentar sobre las opiniones de su grupo.

> En Aragón, una región de España, la gente tiene fama de ser muy terca *(stubborn).* Cuentan que un matrimonio aragonés vivía cerca de un lago, y un día tuvieron una gran disputa. El marido decía que en cierto pueblo no había más de dos vacas, pero la mujer insistía en que había tres. El hombre se puso tan furioso que tomó a su esposa y la tiró al lago. La pobre mujer no sabía nadar. Después de un rato, sólo se le veía la mano encima del agua, señalando, con tres dedos.
>
> * * * *

1. Para ti, ¿está bien o mal contar chistes como éste, con referencia a una cualidad especial de cierto grupo? ¿O depende de las circunstancias?
2. Si fueras aragonés(a), ¿te ofendería escuchar este chiste o no? ¿Por qué?
3. Algunos dicen que los únicos que tienen derecho a contar un chiste sobre un grupo o nacionalidad son las personas de ese grupo o nacionalidad. ¿Estás de acuerdo o no? ¿Por qué?
4. ¿Qué chistes o actores cómicos *(comedians)* te parecen ofensivos o te molestan ahora? ¿Cuáles te gustan? Explica.

D. Composición estructurada: ¡Viva la gracia! Escriba una descripción de una película (o tira cómica o libro) que, según su opinión, es muy divertida(o). Siga estas instrucciones.

1. Escriba un breve resumen *(summary)* de lo que pasa (el primer párrafo).
2. Explique por qué le hizo gracia y dé su propia reacción o comentario personal (segundo párrafo).
3. Invente un título interesante para su composición.

Capítulo 12

LA IMAGINACIÓN CREADORA

1.

Don Quijote de la Mancha y su compañero Sancho Panza.

Presentación del tema

Existen muchos ejemplos de la imaginación creadora en el mundo hispano; aquí hay algunos importantes.

Dos de los personajes más conocidos de la literatura mundial son don Quijote de la Mancha y su compañero Sancho Panza (véase la foto en la página 289), creados por Miguel de Cervantes (1547–1616). Su famosa novela *El Ingenioso Hidalgo Don Quijote de la Mancha* trata de un hombre que lee tantas novelas de caballería *(chivalry, about knighthood)* que empieza a creer que la vida caballeresca es la realidad. Toma el nombre de Don Quijote de la Mancha y sale en busca de aventuras. Interpreta todo lo que encuentra según los libros que había leído. En una de sus aventuras más conocidas, don Quijote ataca unos molinos de viento *(windmills)* creyendo que son gigantes *(giants)*. Hoy en muchas lenguas, el nombre «Don Quijote» se usa para referirse a alguien que es muy idealista.

El arquitecto Antonio Gaudí y Cornet (1852–1926) diseñó la iglesia La Sagrada Familia en Barcelona, España (véase la foto número 2). Dedicó cuarenta y tres años de su vida a su construcción y murió antes de terminarla. Gaudí creía que la arquitectura era una totalidad orgánica compuesta de muchas artes distintas. Las estructuras que diseñó dan la apariencia de ser objetos naturales que se amoldan *(conform)* a las leyes de la naturaleza.

2.

3.

Laura Esquivel, escritora y guionista *(scriptwriter)* de cine, nació en México en 1952. Cuando terminó sus estudios universitarios, se especializó en teatro infantil. Luego pasó al cine, inspirada por su esposo, Alfonso Arau, uno de los directores más famosos de México. Su primera novela, *Como agua para chocolate*, fue un éxito mundial y ha sido traducida a veinte idiomas. La novela, una historia de amor imposible, transcurre *(takes place)* básicamente en la cocina. Laura Esquivel, como su personaje Tita, es una cocinera experta. La cocina es para ella un lugar sagrado, un centro generador de vida, y las recetas *(recipes)* son muy importantes. «Todos tenemos nuestro pasado encerrado *(enclosed)* en recetas de cocina», dice la autora. En la foto número 3 se ve una escena de la película *Como agua para chocolate*.

El pintor Francisco José de Goya y Lucientes (1746–1828) era pintor oficial de la corte española. Pintó muchos retratos de la familia real. También hizo muchos dibujos que satirizaban los abusos políticos, sociales y religiosos de esa época. En 1808, cuando los franceses invadieron España, Goya empezó a crear una serie de cuadros llamados *Los desastres de la guerra (The Disasters of War)*. En la foto número 4 se ve su famosa pintura *El tres de mayo, 1808*. Los soldados franceses aparecen sin caras; sin embargo, en las caras de los campesinos españoles se ven el horror, el orgullo y la resignación ante la muerte.

4.

César Milstein, un biólogo molecular, nació en la Argentina. De niño, después de leer las biografías de Leeuwenhoek y Pasteur, se entusiasmó por la ciencia. En 1984 ganó el Premio Nóbel de Medicina por su técnica de inmunología para producir anticuerpos monoclonales *(monoclonal antibodies)*. Estos anticuerpos se usan principalmente para la investigación y para diagnosticar enfermedades.

Alicia Alonso, directora general del Ballet Nacional de Cuba, nació en la Habana en 1921. En 1945 era *prima ballerina* del American Ballet Theatre. En esa época bailaba en la compañía norteamericana y también viajaba con frecuencia a su país para formar allí una compañía cubana. Después de la Revolución Cubana, Alonso volvió a Cuba y durante quince años no pudo regresar a los Estados Unidos. En 1960 se quedó casi ciega *(blind)* pero siguió bailando y dirigiendo su compañía. Diez años más tarde recuperó parcialmente la vista por medio de una operación quirúrgica *(surgical)*.

Aunque hay grandes ejemplos de creación humana, según la definición que el diccionario nos da de **crear,** muchas personas crean o inventan algo casi todos los días. **Crear** quiere decir «producir una cosa que no existía, hacer algo nuevo». La persona creadora hace uso de todas sus facultades (capacidades). Por ejemplo, le da a la comida que prepara un sabor y colorido especial o saca una excelente fotografía usando su imaginación. La persona creadora también hace uso de nuevas combinaciones—por ejemplo, puede escribir una composición estableciendo una comparación, o un contraste, entre cosas que otros nunca han comparado o contrastado. O puede diseñar un traje original combinando colores, telas y adornos. La creación humana no es algo que sólo tienen los grandes pensadores y artistas; también se ve en todos los aspectos de la vida diaria.

Preguntas

1. Cuando se usa el nombre «don Quijote» para referirse a alguien, ¿qué quiere decir? ¿Conoce usted a alguien «tipo don Quijote»?
2. ¿Dónde está la iglesia La Sagrada Familia? ¿Quién la diseñó? ¿Por qué no fue terminada?
3. ¿Ha visto usted *Como agua para chocolate*? ¿Le gustó? ¿Ha visto alguna película del director español Pedro Almodóvar u otro(a) director(a) hispano(a)? ¿Le gustó? ¿Por qué sí por qué no?
4. Mire el cuadro de Francisco de Goya, *El tres de mayo, 1808.* Describa la escena según su punto de vista: ¿qué trataba de decir Goya cuando pintó este cuadro?
5. ¿Quién es César Milstein? ¿Por qué ganó el Premio Nóbel de Medicina?
6. Alicia Alonso todavía bailaba cuando tenía sesenta años. ¿Qué otra cosa de su vida es extraordinaria?
7. ¿Conoce usted el trabajo de algunas de las personas creadoras mencionadas aquí? ¿Qué otras cosas sabe usted sobre estas personas?
8. ¿Cuál es la definición de **crear** que nos da el diccionario?
9. Dé un ejemplo de alguien que usted conoce que es creador en la vida diaria; por ejemplo, alguien que sepa cocinar, sacar fotos, tejer, coser, dibujar, hacer carpintería... ¿Puede dar algún ejemplo de algo que usted o alguna otra persona haya creado o inventado recientemente?
10. ¿Se considera usted una persona creadora? Explique.

> *«La imaginación es el laboratorio en donde se fabrica todo a nuestro gusto.» —dicho*

Vocabulario útil: La creación humana

Cognados

el arquitecto (la arquitecta)
la arquitectura
el carpintero (la carpintera)
la carpintería
la colección de estampillas (antigüedades)
el escultor (la escultora)
la escultura
el fotógrafo (la fotógrafa)
el invento
el pintor (la pintora)

Otras palabras

creador(a)	*creative*
el creador (la creadora)	*creator*
el dibujo	*drawing*
la investigación	*research*
la pintura	*painting*
el retrato	*portrait*
la tela	*fabric*

Verbos

adornar	*to decorate*
componer (*conj. like* **poner**)	*to compose*
coser	*to sew, stitch*
crear	*to create*
dibujar	*to draw*
diseñar	*to design; to draw*
entusiasmarse por	*to be (get) enthusiastic about*
ilustrar	*to illustrate*
inventar	*to invent*
investigar	*to research*
producir (zc)	*to produce*
tejer	*to weave, to knit*

Práctica

A. ¿Quién es? Para cada uno de los siguientes sustantivos, dé el sustantivo derivado que se aplica a personas.

> **MODELO:** la escultura   **el escultor (la escultora)**

1. la pintura
2. la arquitectura
3. la carpintería
4. la fotografía
5. la creación

B. ¿Y el verbo? Dé el verbo que corresponde a cada sustantivo.

MODELO: el adorno   **adornar**

1. el invento
2. el tejido
3. la creación
4. el dibujo
5. la composición
6. el diseño
7. la investigación
8. la ilustración

C. Preguntas

1. ¿Sabe usted coser? ¿tejer? ¿Diseña la ropa que cose o teje?
2. ¿Tiene colección de estampillas? ¿de monedas *(coins)*? ¿de alguna otra cosa?
3. ¿A usted le interesa la fotografía? ¿Salen bien las fotos que saca? ¿De qué o de quién saca fotos, generalmente?
4. ¿Se entusiasma usted por la carpintería? ¿la jardinería?
5. ¿Es usted buen(a) cocinero(a)? ¿Qué clase de comida le gusta preparar?
6. ¿Sabe dibujar? ¿pintar? ¿Siguió una clase de arte alguna vez?

Para escuchar: Alternativas

Conversación 1: Para disculparse; Para expresar vacilación *(hesitation)*; Para resumir una idea. Un año ha pasado. La vida de Julia ha cambiado. Se van a oír dos conversaciones alternativas que muestran lo que le ha pasado. En la primera conversación, Julia está casada y lleva una vida que a su papá le gusta mucho.

A. Escuche la Conversación 1 y conteste las preguntas que siguen:

¿Con quién se casó Julia? ¿Qué está haciendo ella? ¿Qué está haciendo su esposo?

B. Escuche la Conversación 1 otra vez. Conteste **V** (verdad) o **F** (falso).

____ 1. El esposo de Julia dice «Disculpa que llegue tarde»; tenía mucho trabajo.
____ 2. Julia fue a una clase de cocina por la mañana.
____ 3. Julia expresa su creatividad por medio de la fotografía.
____ 4. El esposo de Julia tiene hambre y quiere que Julia le sirva la cena.
____ 5. «A fin de cuentas...» y «Total que...» son expresiones que se pueden usar para resumir una idea.

Conversación 2: Para cambiar de tema. En la segunda conversación, Julia ha tomado una decisión que le parece muy extraña a su papá.

A. Escuche la Conversación 2, entre Mike y Julia. Conteste las preguntas que siguen:

¿Dónde va a estar Julia en el verano? ¿en un año?

B. Escuche la Conversación 2 otra vez. Conteste **V** (verdad) o **F** (falso).

_____ 1. Mike recibió una carta de un fotógrafo que está en Brasil y va a ir allí a trabajar con él.

_____ 2. Va a hacer un reportaje fotográfico acerca de Río de Janeiro.

_____ 3. Julia va a ir a Francia a estudiar literatura francesa.

_____ 4. Mike y Julia piensan separarse por un año.

_____ 5. Julia piensa mucho en el matrimonio.

_____ 6. Los dos están en la Plaza Bolívar.

_____ 7. «A propósito», «sin embargo» y «por el contrario» son expresiones que se pueden usar para cambiar de tema.

C. Según su opinión, ¿con qué estilo de vida está Julia más contenta: con el de la Conversación 1 o con el de la Conversación 2? ¿Por qué?

Gramática y vocabulario

The present participle and the progressive forms

The present participle

1. To form present participles, add **-ando** to the stems of **-ar** verbs and **-iendo** to the stems of **-er** or **-ir** verbs.

   habl**ando**   com**iendo**   viv**iendo**

2. If the **-er** or **-ir** verb stem ends in a vowel, add **-yendo** rather than **-iendo** (since an unaccented *i* between two vowels becomes a *y*).

   cre**yendo**   ca**yendo**   o**yendo**   tra**yendo**

3. The present participle of **ir** is **yendo.**

4. In stem-changing **-er** and **-ir** verbs, the stem changes from *e* to *i* or *o* to *u* (as in the third persons singular and plural of the preterit).

   d**i**ciendo   d**u**rmiendo   s**i**guiendo
   p**i**diendo   m**u**riendo   s**i**ntiendo
   pref**i**riendo   p**u**diendo   v**i**niendo

5. Present participles are invariable except that reflexive or object pronouns can follow and be attached to them.

   Clara se despertó creyendo que   *Clara woke up thinking she'd heard*
      había oído algo.   *something.*

Juan pasó toda la tarde ador- nando el árbol de Navidad.	*Juan spent the whole afternoon* *decorating the Christmas tree.*
No conociéndolos bien, decidí no hablarles de política.	*Not knowing them well, I decided* *not to talk politics with them.*

Note that when pronouns are attached an accent is required to maintain the syllable stressed in the infinitive.

6. Sometimes the present participle can be used to mean *by* plus a present participle in English.

No vas a solucionar nada llorando, Martita.	*You're not going to solve anything by* *crying, Martita.*

> «*Hablando se entiende la gente.*»
> —*proverbio*

The progressive forms

Present progressive

estoy	estamos	
estás	estáis	+ *present*
está	están	*participle*

Past (imperfect) progressive

estaba	estábamos	
estabas	estabais	+ *present*
estaba	estaban	*participle*

Past (preterit) progressive

estuve	estuvimos	
estuviste	estuvisteis	+ *present*
estuvo	estuvieron	*participle*

Future progressive

estaré	estaremos	
estarás	estaréis	+ *present*
estará	estarán	*participle*

Conditional progressive

estaría	estaríamos	
estarías	estaríais	+ *present participle*
estaría	estarían	

1. The progressive forms, **estar** plus a present participle, are used when
attention to a specific moment is emphasized. They indicate that an
action *is (was, will be, would be) taking place (in progress)* at a specific
time, at this or that moment in time.

¿Qué está haciendo? ¿Perdiendo tiempo otra vez?	*What are you doing? Wasting time* *again?*
Ana estaba cosiendo una blusa para su hija.	*Ana was sewing a blouse for her* *daughter.*

Cristina estará haciendo investi-
gaciones científicas ahora.

*Cristina must be doing scientific
research now.*

Estaría bailando ahora si no
tuviera que estudiar.
—¡Así es la vida!

*I would be dancing now if I didn't
have to study. —That's life!*

The progressive is used far less in Spanish than in English, since the
simple forms in Spanish (for instance, the present) usually translate
the English progressive.* It is normally used in reference to a very
specific time frame. The use of the preterit progressive is rare.

2. **Andar, ir, seguir,** and **venir** can also be used to form the progressive,
   although these constructions are not as common as the progressive
   with **estar.**

Anda buscando a alguien que
lo ayude a programar la
computadora.

*He's looking for someone to help
him program the computer.*

Iban cantando por la calle.

They went singing down the street.

---

* The present progressive is never used for future or anticipated actions, when the simple
present is often used: **El martes salgo para Montevideo.**

El muchachito seguía mirándola. ¡Qué mujer más rara! Viene componiendo música desde que tenía quince años.

The little boy kept watching her. What a strange woman! She's been composing music since she was fifteen years old.

RAMONA — por Lino Palacio

Práctica

A. ¿Cómo se puede ser más creador(a)? Conteste según el modelo.

> MODELO: mirar la vida como algo nuevo cada día
> **Mirando la vida como algo nuevo cada día.**

1. observar bien los alrededores *(one's surroundings)*
2. escribir los pensamientos en un diario
3. usar bien el tiempo
4. seguir los sentimientos e impulsos
5. tener confianza en sí mismo *(oneself)*
6. utilizar las horas más creadoras del día

B. Pablo Picasso: una persona creadora. Diga qué estaba haciendo Picasso en los años siguientes.

> MODELO: 1897 / estudiar en la Real Academia de Bellas Artes de Madrid (a la edad de 16 años)
> **En 1897 estaba estudiando en la Real Academia de Bellas Artes de Madrid.**

1. 1900 / vivir en París; descubrir las obras de Toulouse-Lautrec y de otros pintores
2. 1906 / pintar *Les demoiselles d'Avignon,* una obra revolucionaria
3. 1907 / trabajar con los «Ballets Rusos» de Sergio Diaghilev; hacer el montaje de escenarios *(sets)*
4. 1908 / desarrollar el estilo cubista
5. entre 1930 y 1935 / ilustrar obras literarias y hacer esculturas con materiales como hierro *(iron)*, cartón *(cardboard)*, bronce, etcétera

> *«Todo niño es artista. El problema estriba (lies, rests) en que lo siga siendo cuando crezca.»* —*Pablo Picasso*

6. 1937 / pintar *Guernica,* que trata de la Guerra Civil Española
7. entre 1937 y 1944, durante la Segunda Guerra Mundial / sufrir hambre y miseria
8. 1947 / producir cerámica muy original
9. entre 1953 y 1954 / dibujar; hacer 180 dibujos, muchos de minotauros y toreros
10. entre 1955 y 1973 / todavía crear nuevos estilos y técnicas artísticas*

C. ¿Qué estamos haciendo? Todos estamos haciendo algo original. Siga el modelo.

> **MODELO:** Maribel / hacer un pastel
> **Maribel está haciendo un pastel.**

1. tú / tejer un suéter
2. Felipe y Pablo / plantar flores en el jardín
3. Paco / escribir una carta a su novia
4. nosotros / coser
5. yo / tocar la guitarra

 D. Actividad en pareja: ¿Qué estabas haciendo...? Entreviste a un(a) compañero(a), usando las preguntas que siguen. Después, su compañero(a) lo (la) entrevista a usted.

1. ¿Qué estabas haciendo anoche a las diez? ¿el sábado a las diez?
2. ¿Qué estarías haciendo ahora si no tuvieras clase?
3. ¿Qué estarías haciendo ahora si tuvieras mucho dinero y si no tuvieras clase?
4. ¿En qué estabas pensando al entrar en la clase?
5. ¿Qué estarás haciendo mañana a mediodía? ¿a las seis de la tarde?

Relative pronouns

Relative pronouns replace nouns and are used to join simple sentences. For example:

Conozco a un carpintero. El carpintero trabaja aquí. → Conozco a un carpintero **que** trabaja aquí.	*I know a carpenter. The carpenter works here.* → *I know a carpenter who works here.*
Pienso en unos amigos. Los amigos viven en Salamanca. → Los amigos en **quienes** pienso viven en Salamanca.	*I'm thinking about some friends. The friends live in Salamanca.* → *The friends I'm thinking about (about whom I'm thinking) live in Salamanca.*

1. The relative pronoun **que** *(that, which, who, whom)* can refer to either people or things.

---

* A la edad de 92 años, en 1973, Picasso todavía se mantenía activo y creador.

El postre que preparaste estaba muy rico.

The dessert (that) you prepared was very delicious.

El poeta que escribió «Hora Cero» se llama Ernesto Cardenal.

The poet who wrote "Zero Hour" is named Ernesto Cardenal.

Quien cannot be used in the preceding example—**que** is essential. Note that relative pronouns cannot be omitted in Spanish as they often are in English.

2. **Quien** (plural **quienes**), meaning *who* or *whom,* is used to refer to people. It is frequently used after prepositions (often the preposition **a**).

> «*Dime con quien andas y te diré quien eres.*»
> —*proverbio*

Los amigos a quienes busco son peruanos.

The friends I'm looking for (for whom I'm looking) are Peruvian.

La señora con quien me encontré ayer es escultora.

The woman I met yesterday is a sculptor.

La pintora de quien me hablabas vive en Madrid, ¿no?

The painter you were talking to me about (about whom you were talking) lives in Madrid, doesn't she?

Los carpinteros en quienes pienso son de El Salvador.

The carpenters I'm thinking about (about whom I'm thinking) are from El Salvador.

Que is not used after a preposition to refer to people; **quien(es)** must be used in the preceding examples and has the meaning *whom.* **Quien(es)** can sometimes mean *who,* but with this meaning it frequently distinguishes between a person and an object.

El autor de este libro, quien es muy conocido, es Germán Arciniegas.

The author of this book, who is very well known, is Germán Arciniegas.

Notice that although in informal English a sentence can end with a preposition, this is not possible in Spanish.

¿Quién es el estudiante con quien habla el profesor?

Who is the student the teacher is talking to (to whom the teacher is talking)?

3. **Cuyo** *(whose, of which)* agrees in gender and number with the noun it modifies (person or thing), not with the possessor.*

---

*To say *whose* when asking a question, use **¿De quién...?**: **¿De quién es esta composición?**

En un lugar de La Mancha, de cuyo nombre no quiero acordarme...	*In a place in La Mancha, the name of which I don't wish to remember...*
Una novela cuyos personajes viven en Macondo...	*A novel the characters of which live in Macondo...*

4. **El cual (que), la cual (que), los cuales (que),** and **las cuales (que)** are sometimes used instead of **que** or **quien**:

a. to avoid confusion

El dibujo más interesante de la colección, el cual (el que) nos impresionó mucho...	*The most interesting drawing of the collection, which impressed us a lot . . . (i.e., the drawing impressed the speaker, not necessarily the whole collection)*
Los ensayos leídos en la clase de historia, los cuales eran muy interesantes...	*The essays read in history class, which were very interesting. . .*

b. after prepositional phrases or prepositions with two or more syllables (e.g., **hacia, para, detrás, contra**) and after **por** and **sin** to avoid confusion with the conjunctions **porque** and **sin que**:

La biblioteca detrás de la cual (la que) hay un museo de arte...	*The library behind which there is an art museum . . .*
Las antigüedades por las cuales (las que) pagamos cien mil pesos...	*The antiques for which we paid one hundred thousand pesos . . .*
La tela azul, sin la cual (la que) no podría terminar el vestido...	*The blue cloth, without which I couldn't finish the dress . . .*

5. **El (la) que** and **los (las) que** have a use that **el cual** does not have. These forms can mean *he (she, the one) who* or *those who.*

> «*No hay mejor escuela que la que el tiempo da.*» —proverbio

Mi primo, el que vive en México, viene a visitarnos el domingo.	*My cousin, the one who lives in Mexico, is coming to visit us on Sunday.*
Los que no ayudan, no comen.	*Those who don't help don't eat.*

Vocabulario útil: El mundo literario

Cognados

el autor (la autora)
la (auto)biografía
la ciencia ficción
el estilo
la fantasía (fantástica)
la novela (romántica, histórica, detectivesca, de misterio)
el, la novelista
la poesía
el, la poeta (also, la poetisa)
publicar
satírico

Otras palabras

el cuento	*story*
el ensayo	*essay*
el escritor (la escritora)	*writer*

¡Ojo!

el personaje character in film or literature; personnage / **el carácter** character, personality

el tiempo time (as an abstract concept) / **la hora** time (of day) / **la vez** time (instance) / **el rato** short time or while

---

Quien can also mean *he who;* it is often used in proverbs.

Quien más sabe, más duda.   *He who knows most doubts most.*

> *«Quien habla dos lenguas vale por dos.»*
> *—proverbio*

Práctica

A. La creación literaria. Una *(combine)* las oraciones con **que** o **quien(es),** de acuerdo con los modelos.

> **MODELOS:** Nicolás Guillén es poeta. Describió a Cuba como «un largo lagarto *(alligator)* verde».
> **Nicolás Guillén es el poeta que describió a Cuba como «un largo lagarto verde».**

Son editores. Juana publicó un libro con ellos.
**Son los editores con quienes Juana publicó
un libro.**

1. Estoy buscando un libro de poemas. Se llama *Rimas*.
2. Pablo Neruda era un poeta chileno. Ganó el Premio Nóbel.
3. Son escritores peruanos. El profesor estaba hablando con ellos.
4. Voy a una conferencia sobre Gabriela Mistral. Empieza a las dos.
5. Cervantes era novelista. Se dijo de él: «Él es la vida y la naturaleza.»

B. Escritores hispanos. Una las oraciones con una forma de **cuyo,** de acuerdo con el modelo.

> MODELO: Tino Villanueva es un escritor chicano. Su poesía
> es satírica.
> **Tino Villanueva es un escritor chicano cuya
> poesía es satírica.**

1. Jorge Luis Borges era un escritor argentino. Sus cuentos son muy populares en Estados Unidos.
2. Germán Arciniegas es un autor colombiano. Sus ensayos tratan de la cultura sudamericana.
3. José Martí era un poeta cubano. Sus *Versos sencillos* son muy famosos.
4. Julio Cortázar era un escritor argentino. Sus novelas son imaginativas y fantásticas.
5. Juan Rulfo es un autor mexicano. Su lenguaje es de estilo muy coloquial.

C. «Lo que me molesta» y «Lo que me encanta». En una hoja *(sheet)* de papel o en la pizarra, escriba dos listas, una con ocho cosas que le molestan y otra con ocho cosas que le encantan. Use pronombres relativos.

> MODELOS: **Lo que me molesta:**
> **(1) la gente que habla en el cine durante una
> película**
> **(2) las personas a quienes siempre hay que
> esperar porque siempre llegan tarde**
> **(3) los profesores cuya escritura no se puede
> leer en la pizarra...**

D. Un domingo por la tarde. Escriba por lo menos ocho oraciones señalando algunos de los errores que encuentre en el dibujo en la página 305. Use pronombres relativos. Puede empezar así:

1. La señora _____ está tejiendo usa...
2. La señora con _____ ella está hablando tiene...

E. Actividad en pareja: ¿Qué te gusta leer? Entreviste a un(a) compañero(a) sobre sus gustos literarios, usando las preguntas que siguen. Después, su compañero(a) lo (la) entrevista a usted. Esté preparado(a) para pasar la información a la clase.

1. ¿Cuál es el nombre de un(a) novelista cuyas obras te gustan mucho? ¿Por qué te gustan? Entre sus obras, ¿cuál fue la que más te gustó?

2. En Estados Unidos y Canadá la gran mayoría de los libros que se venden son novelas románticas, detectivescas o de misterio. Para mucha gente representan un escape de la realidad. ¿A ti te gustan estas clases de libros o prefieres leer libros que traten de la vida real?

3. ¿Lees biografías o autobiografías? Entre las que has leído, ¿cuáles eran las más interesantes?

4. ¿Cuál es un personaje literario con quien te identificaste? Por ejemplo, un personaje creado por Margaret Atwood, Stephen King, James Michener, Toni Morrison, Anne Rice u otro(a) autor(a) popular de ahora. (Si no puedes pensar en un personaje literario, puede ser un personaje de una película.)

5. ¿Lees poesía? ¿Hay un(a) poeta cuyos versos hayas leído varias veces? ¿Cómo se llama?

6. ¿Qué clase de revistas te gusta leer? ¿Te gustan las revistas que traen información o las que entretienen con humor, artículos sobre el deporte, la moda, etcétera? ¿Cómo se llama una revista que te guste?

7. ¿Hay un periódico por medio del cual te informes de lo que pasa en el mundo? ¿Cómo se llama? ¿Lo lees todos los días?

The neuter *lo, lo que (lo cual)*

1. The neuter **lo** can be used with a masculine singular adjective to express an abstract idea or quality.

Lo cierto es que es un invento
  muy útil.

*The (one) sure thing is that it's a very
  useful invention.*

Lo único que comprendí de esa
  obra fue el título.

*The only thing I understood about
  that play was the title.*

2. **Lo** can refer to an idea or quality already mentioned.

¡Esas fotos son horribles!
  —No, querida, no lo son.

*Those photos are terrible! —No, dear,
  they aren't.*

Es divertido hacer su propia
  ropa. —Sí, lo sé.

*It's fun to make your own clothing.
  —Yes, I know.*

3. Similarly, **lo cual** and **lo que** are used to refer to an idea previously stated.

Gabriela Mistral era una gran
  escritora chilena, por lo cual
  ganó el Premio Nóbel de
  Literatura en 1945.

*Gabriela Mistral was a great Chilean
  writer, for which reason she won
  the Nobel Prize for Literature in
  1945.*

Mi abuela está aprendiendo a
  tejer, lo cual (lo que) la ayuda
  a pasar el tiempo mientras
  está en el hospital.

*My grandmother is learning to knit,
  which helps her pass the time
  while she is in the hospital.*

4. Notice, however, that the English relative pronoun *what* has to be expressed by **lo que** (not **lo cual**).

No entiendo lo que quiere decir,
  señor.

*I don't understand what you mean,
  Sir.*

«Desdichado quien se alegra
  de lo que tiene y no de lo
  que hace o es.»

*"Unfortunate is he who is happy
  about what he has and not what
  he does or is."*

Quico

Práctica

A. Preguntas

1. ¿Qué es lo que le gusta más de esta universidad (escuela)? ¿Qué es lo que le gusta menos?
2. ¿Qué es lo mejor de la vida estudiantil? ¿lo peor?
3. ¿Qué es lo más interesante de la personalidad de su compañero(a) de cuarto (o de algún miembro de su familia si no tiene compañero[a] de cuarto)? ¿lo más extraño? ¿lo que más le molesta?

B. Opiniones. Diga si está de acuerdo o no con cada una de las siguientes afirmaciones, usando **Sí, lo es (son),** o **No, no lo es (son).** A continuación, haga un comentario personal al respecto.

> MODELO: Es muy fácil sacar fotos bonitas.
> **Sí, lo es. Y también es muy divertido. (No, no lo es. Hay que tener mucho cuidado con la composición de la foto, la luz, la película, etcétera.)**

1. Coser es muy aburrido.
2. Es mejor hacer tarjetas personales que comprar tarjetas ya hechas.
3. En general, los platos de cerámica hechos a mano son mejores y más bonitos que los hechos a máquina.
4. Es divertido practicar la carpintería.
5. Es más interesante cocinar que escribir.

C. Proverbios. Complete los siguientes proverbios con **lo que** o **el que.** Las respuestas están en el apéndice D.

1. Ni _____ ama ni _____ manda quieren compañía.
2. _____ saben tres, público es *(is public knowledge)*.
3. _____ espera, desespera, si no alcanza _____ desea.
4. Paga _____ debes y sabrás _____ tienes.
5. A _____ mal vive, el miedo le sigue.

D. Un poco de imaginación. Complete las frases con **el (la) que, lo (que), los (las) que, cuyo(a), que** o **quien** y sus propias palabras.

1. _____ más me gusta de mi mejor amigo(a) es...
2. _____ bueno de tener sentido del humor es...
3. El escultor (la escultora) o pintor(a) _____ obras me interesan más es...
4. ... es una cosa sin _____ no puedo vivir.
5. En esta clase, _____ llega tarde a menudo es...
6. En esta universidad, _____ no estudian...
7. Una persona por _____ siento mucha admiración es...
8. La persona _____ inventó... fue un verdadero genio.

> *«Hay que tomar lo bueno con lo malo.»*
> *—dicho*

Diminutives

1. Diminutives are often used to express smallness in size or to show affection. The most common diminutive endings are **-ito, -illo, -ecito,** and **-ecillo** (and their feminine and plural forms). A final vowel is often dropped before a diminutive ending is added.

amiguita*	pueblecito	chiquilla*	panecillo (*roll*)
muchachito	viejecito	soldadillo	florecilla
delgadito (*thin*)	jovencita	pajarillo	

2. Sometimes diminutives can express ridicule—the ending **-illo** or **-ecillo** is sometimes used for this purpose.

No me gustan las obras de ese autorcillo.   *I don't like the works of that (would be) author.*

¡Qué coquetilla!   *What a little flirt!*

Práctica

A. ¿... y sin diminutivos? Repita las oraciones sin usar diminutivos.

> **MODELO:** ¿Quieres que te lea un cuentito?
> **¿Quieres que te lea un cuento?**

1. Dame un besito.
2. ¿Cómo se llama el gatito?
3. ¿Dónde están los chiquillos?
4. ¡Qué delgadita estás!
5. Tráeme un cafecito, por favor.
6. Viene solito.
7. ¡Fíjate en las florecillas!
8. ¿Quién vive en esa casita?

B. Use su imaginación. Escriba una oración usando tantos diminutivos como le sea posible.

> **MODELO:** El soldadillo delgadito le dio un besito a la jovencita coquetilla.

En otras palabras...

Para disculparse; para expresar vacilación; para resumir una idea; para cambiar de tema

Para disculparse

How do you excuse yourself or apologize for something? How do you express forgiveness if someone apologizes to you? Here are some ways to do that:

Lo siento (mucho). Siento mucho que (+ subj.)...
Perdón. Perdóneme. (Perdóname.)

---

*A final **-go (-ga)** becomes **gu** (amiguito) and a final **-co (-ca)** becomes **qu** (chiquillo).

Discúlpeme. (Discúlpame.)
La culpa fue mía. *It was my fault.*

Está bien.
No importa.
No tenga(s) pena. *No need to be embarrassed.*

Para expresar vacilación

Here are some phrases you can use when you need time to think (hesitation phrases).

A ver. *Let's see.*
Buena pregunta.
Yo diría... / ¿Cómo diría?
Tendría que pensarlo.
Depende (de)... *It depends (on) . . .*
Pues... / Bueno... / Este...

Para resumir una idea

Summarizing, or drawing conclusions, is important in both speaking and writing. Here are some ways to indicate that you are coming to the point, expressing a conclusion.

A fin de cuentas..., Después de todo... *In the final analysis . . .*
Al fin y al cabo... *In the end (to make a long story short) . . .*
Total (que)... *So . . .*
En conclusión..., En resumen... *(formal) In summary . . .*
En síntesis... *In short . . .*

Para cambiar de tema

The ability to make a transition, or change of subject, is also important in both speaking and writing. Here are some ways to do this in Spanish.

En cambio... *On the other hand . . ., In contrast . . .*
Por el (lo) contrario... *However . . ., On the contrary . . .*
Por otra parte... *On the other hand . . .*
Sin embargo... *However . . .*
Hablando de todo un poco...
Cambiando de tema... *To change the subject . . .*
A propósito,... *By the way . . .*
A propósito de... *Regarding . . ., Talking about . . .*
En cuanto a..., Con respecto a... *As far as . . . is concerned, . . .*

Práctica

A. Disculpas. Dé la respuesta apropiada de acuerdo con cada una de las siguientes situaciones.

1. Su mamá le dice: «Siento mucho que tu papá y yo no los podamos acompañar ni a ti ni a tus amigos al cine.»
2. Usted llega media hora tarde a una reunión en casa de su hermano.
3. Usted llega media hora tarde a una cita que tiene con un profesor.
4. Usted tropieza con *(bump into)* alguien en el supermercado.
5. Alguien le dice: «Me olvidé presentarte a María en la fiesta de anoche. Lo siento mucho.»

B. Entrevista. Usted tiene una entrevista para obtener un trabajo de verano y piensa mucho antes de responder a las preguntas que le hacen. Demuéstrelo mediante el uso de las frases que sirven para expresar vacilación. *(Express this by using a "hesitation phrase.")*

1. ¿Por qué cree usted que tiene las cualificaciones necesarias para hacer este tipo de trabajo?
2. ¿Para qué tipo de persona desea usted trabajar?
3. ¿Podría usted trabajar para una persona un poco exigente y agresiva?
4. Una de sus cartas de recomendación dice que usted es inteligente pero no muy trabajador(a). ¿Qué dice usted?
5. ¿Qué tipo de trabajo piensa usted tener dentro de diez años?

C. ¡Socorro! *(Help!)* La siguiente composición está incompleta; necesita frases de transición. Ayude a quien la escribe a sacar mejor nota, completándola con las expresiones apropiadas.

_____ la literatura española del siglo XVI, no hay duda de que el escritor más famoso de entonces es Miguel de Cervantes. Su conocido *Don Quijote* es una parodia de las novelas de caballería. En esas novelas, el caballero andante *(knight errant)* siempre es una encarnación del héroe típico. _____, don Quijote y su amigo Sancho Panza son fieles retratos humanos, y la novela muestra la realidad cotidiana *(daily)* de la época. _____ de Sancho Panza, la obra lo presenta como un personaje materialista cuya idiosincrasia contrasta con el idealismo de don Quijote. Los dos personajes reflejan un extenso panorama de cualidades humanas que van de lo ridículo a lo sublime. La novela trata algunos problemas fundamentales, como por ejemplo: ¿Qué somos los seres humanos: lo que creemos ser o lo que los demás *(other people)* creen que somos? ¿Existe una verdad ideal, como cree don Quijote en su locura, o no hay más realidad que la que percibimos por los sentidos *(senses)*? _____, Cervantes no nos da la respuesta. _____, nos hace pensar y nos inspira a que busquemos la respuesta nosotros mismos.

«La vida es un enigma; el arte es su revelación. ¿Nos dice la verdad? No. ¿Para qué? Nos hace olvidarla.» —Benevente, **De sobremesa**

Repaso

A. **Actividad en grupo: ¿Qué estoy haciendo?** Piense en una acción que sepa decir en español: por ejemplo, **Estoy tejiendo, cosiendo, jugando a las cartas (o a algún deporte), abriendo un paquete, tocando un instrumento musical.** Exprese la acción en gestos para los otros miembros del grupo. (Habrá que repetir la acción varias veces.) Después le toca a la persona que adivina lo que usted está haciendo expresar otra acción con gestos, etcétera.

B. **Traducción.** Dé el equivalente en español de las palabras en inglés. Cuidado: a veces, habrá que usar el infinitivo en español para traducir una palabra que termina en *-ing* en inglés.

1. *Without seeing me,* salió del restaurante.
2. *After having breakfast,* dimos un paseo.
3. *I don't like sewing* a menos que no tenga otra cosa que hacer.
4. *Seeing is believing.*
5. *On arriving home,* notamos que la puerta estaba abierta.
6. *By getting up early,* terminó el trabajo a mediodía.
7. *Following their advice,* nos quedamos en el hotel cerca de la playa.
8. *I was reading a good book* cuando me fijé en la hora.

C. **Temas**

1. La mayoría de la gente alcanza la cima *(height)* de su poder creador a los treinta o cuarenta años de edad, pero algunos otros renacen a la edad de setenta o más. A esta edad, vuelven a ver el mundo tal como lo visualizaron cuando eran niños. Picasso dijo una vez: «Anteriormente, yo pintaba como Rafael, pero me ha tomado toda una vida aprender a pintar como un niño.» ¿Puede usted mencionar algunos ejemplos de personas creadoras durante sus años avanzados *(later)*? En su opinión, ¿qué induce la continuación del poder creador?
2. ¿Qué nos ayuda a ser creadores? Para el autor alemán Federico Schiller era el aroma de las manzanas podridas *(rotten)*. Ernest Hemingway necesitaba «un lugar limpio y bien iluminado». Honorato de Balzac se vestía de monje *(monk)* para alcanzar su inspiración. ¿Qué lo ayuda a usted a ser creador? ¿Alguna comida? ¿bebida? ¿cierto tipo de música? ¿el ejercicio? ¿Existe un cierto lugar o momento en particular durante el cual trabaja usted mejor... o cuando se le ocurren las ideas más creadoras?
3. Comente la cita de Erich Fromm: «Ser creador significa considerar todo el proceso de vida como un proceso de nacimiento... la mayoría de la gente muere antes de nacer totalmente. El poder creador significa nacer antes de morir.»

D. La poesía concreta. La poesía «concreta» es una combinación de palabras y diseños o imágenes que ilustran una cosa o un concepto. Escriba un poema «concreto»; aquí hay algunos ejemplos.

E. Composición estructurada: Una persona creadora. Escriba un párrafo sobre una persona que, según su opinión, es muy creadora. Siga estas instrucciones.

1. Escriba una oración que presente a la persona que escogió. Por ejemplo: **Según mi opinión, Isabel Allende, la escritora chilena, es una persona muy creadora.**
2. En por lo menos cinco oraciones, describa lo que hace la persona que escogió. Si sabe algo sobre su vida, cuéntelo en dos o tres oraciones, diciendo dónde nació, dónde vive, algún hecho *(fact)* que influyó en su vida, etcétera.
3. Termine con una oración de conclusión: ¿Por qué escogió usted a esta persona?
4. Invente un título interesante para su párrafo.

Para escuchar: Suplemento

This optional supplement to the **Para escuchar** sections consists of authentic selections from *Radio Española*, shortened but unsimplified. Therefore, the selections will contain words with which you are probably not familiar. Developing tolerance for ambiguity and learning to get main ideas from a listening passage without understanding every word are skills that a successful language learner acquires. So don't worry if you don't understand everything: just try to get enough from the passages to do the following exercises.

Selección 1: Entrevista con un vampiro

Cognados

el arquetipo	el emblema	inmortal	las orgías
la capa	la energía	el mago póstumo	el ritual
el demonio	la esencia vital	la noche de Valpurgis	las sepulturas
el dragón	el halo	el ocultismo	el vehículo

A. Escuche la entrevista con Vladimir Bathory, un hombre español muy misterioso. ¿De quién dice que es la reencarnación?

B. Escuche la entrevista otra vez y conteste las preguntas.

    1. ¿Bebe sangre el señor Bathory?
      a. Sí.   b. No.
    2. ¿Cómo se considera el señor Bathory?
      a. Decrépito y feo.   b. Romántico y atractivo.

Selección 2: Las telenovelas, novelas-río o culebrones

Cognados

la audiencia	la explicación	la irrupción	las sagas
la bendición	el fenómeno	el menú televisivo	los senti-
desdeñado	fundamental	diario	mientos
equis (X)	el iberoamericano y	molestar	triunfar
evoluciona	latinoamericano	reflejar	

A. Escuche la selección. Presenta varias razones que las telenovelas tienen aceptación universal. ¿Cuál es *una* de estas razones?

B. Escuche la selección otra vez. Conteste *V* (verdadero) o *F* (falso).

    ____ 1. Las telenovelas, también conocidas como novelas-río o culebrones *(large snakes),* tienen sus antecedentes en las novelas de intriga *(intrigue)* y las radionovelas.

    ____ 2. Según Luis Rodolfo Rojas, profesor de la Universidad de Zulía en Maracaibo (Venezuela) y doctor en comunicación audiovisual, las telenovelas nacieron veinte años después de la televisión en Latinoamérica.

_____ 3. Según Chari Gómez Miranda, periodista y presentadora de telenovelas en España, los antihéroes de las telenovelas se quedan convertidos en héroes al final y la gente se identifica con ellos.

_____ 4. Dice la señora Gómez Miranda que en el mundo de las telenovelas la familia es menos importante y hay menos respeto para la gente mayor que en la vida actual.

_____ 5. Según la señora Gómez Miranda, no hay que preocuparse por los héroes, porque el guionista *(scriptwriter)* siempre hace que salgan bien.

Selección 3: Entrevista con Rigoberta Menchú

Cognados

asesinados	las garantías	la militancia	reinvindicar
los colectivos	se incorporó	patentes	la solidaridad
el comité	la injusticia	el principio	el título de
la defensora	instalada	la práctica	propiedad
el exterminio	se integrara	totalidad	la utopía
fortalecer	las masacres	los refugiados	las víctimas

A. Rigoberta Menchú ganó el Premio Nóbel de la Paz en 1993. Durante muchos años trabajó para crear la Declaración Universal sobre los Derechos de los Pueblos Indígenas. Escuche la entrevista. ¿De dónde es Rigoberta? ¿Qué les pasó a sus familiares?

B. Escuche la entrevista otra vez y escoja la respuesta más apropiada.

1. Según la selección, hay más injusticia en...
   a. el Tercer Mundo.   b. los países industrializados.
2. Rigoberta es representante del...
   a. Sindicato de Trabajadores   b. Comité de Unidad Campesina.
      Unidos.
3. Dice Rigoberta que ella mamó *(was a suckling to)*...
   a. la lucha campesina.   b. el arte precolombino.
4. Hizo una «promesa de lucha» y desde entonces...
   a. vive con sus tíos.   b. no tiene hogar.
5. Rigoberta quiere volver a su país cuando...
   a. termine sus estudios universitarios.
   b. todos los refugiados puedan volver sin riesgo *(risk)*.

APPENDIX A

———■———

Capitalization, punctuation, syllabication, and word stress

Capitalization

A. Names of languages and adjectives or nouns of nationality are not capitalized in Spanish; names of countries are.

Robin es inglés, pero habla muy bien el español, como un hispano.	*Robin is English, but he speaks Spanish very well, like a Hispanic.*
Entre los años 1865 y 1870 hubo una guerra entre Paraguay y la «triple alianza» de Argentina, Brasil y Uruguay.	*Between the years 1865 and 1870 there was a war between Paraguay and the "triple alliance" of Argentina, Brazil, and Uruguay.*

B. The first-person singular **yo** is not capitalized, as *I* is in English.

C. Days of the week and names of months are lowercased in Spanish.

En enero, durante el verano, vamos a la playa todos los domingos por la tarde.	*In January, during the summer, we go to the beach every Sunday afternoon.*

D. In Spanish titles, only the first word and any subsequent proper nouns are capitalized.

El amor en los tiempos del cólera	Love in the Time of Cholera
La casa de Bernarda Alba	The House of Bernarda Alba

E. Usted and **ustedes** are capitalized only when abbreviated: **Ud. (Vd.), Uds. (Vds.).** Similarly, **señor (Sr.), señora (Sra.), señorita (Srta.)** are capitalized only in abbreviations.

Punctuation

A. The question mark and exclamation mark appear, in inverted form, at the beginning of a question or exclamation. They are not always placed at the beginning of a sentence, but rather at the beginning of the actual question or exclamation.

¡Qué tal! ¿Cómo estás?	*Hi! How are you?*
Si usted pudiera viajar a Sudamérica, ¿a qué país viajaría?	*If you could travel to South America, to what country would you travel?*

B. Guillemets (« ») are used instead of the quotation marks used in English.

«¡Felicitaciones!» me dijo.	*"Congratulations!" he said to me.*

Syllabication

A. A single consonant (including *ch, ll,* and *rr*) forms a syllable with the following vowel(s).

co-ci-na   de-sa-rro-lla-do
mu-cha-cha   lla-ma
ba-rrio   hu-ma-ni-dad

B. Syllables are usually divided between two consonants.

Mar-ta   gen-te
sal-go   ár-bol

C. However, most consonants with *l* or *r* form a consonant group that can't be divided.

a-bril   a-gra-da-ble
re-gla   de-mo-cra-cia
so-pra-no   ha-bla-dor

D. Groups of two or more consonants are normally divided so that the final consonant goes with the following vowel(s).

pers-pec-ti-va   **ins-t**an-te

However, this rule does not apply when there is a combination of consonants that can't be divided (one of the consonants is *r* or *l*).

mo**ns-tr**uo (**tr** can't be divided)   sor-**pr**en-der (**pr** can't be divided)

E. Combinations of strong vowels (*a, e, o*) are divided to form separate syllables.

ca-es   le-er   ca-no-a   pa-se-o

However, a weak vowel (*i* or *u*) combines with a strong vowel or with another weak vowel to form a diphthong, which functions with a consonant or consonants as a single syllable if unaccented.

ciu-dad   puer-to   bai-lar   au-di-to-rio

Note that in combinations of a weak and strong vowel where the weak vowel is accented, the two vowels are divided into separate syllables.

mí-o   pa-ís   re-ír   po-li-cí-a

Word stress

A. Words that end in a vowel, *n,* or *s* are stressed on the next-to-the-last syllable.

dul-ce   **dis**-co   man-**za**-nas   o-**ri**-gen

B. Words that end in a consonant other than *n* or *s* are stressed on the final syllable.

ju-ven-**tud**   ve-**jez**   pa-**pel**   ad-mi-**rar**

C. An accent changes the pattern; a word is always stressed on a syllable with an accent.

a-**diós**   **ár**-bol   **pá**-ja-ro   **ó**-pe-ra

Numbers, dates, and time

Cardinal numbers

0	cero	29	veintinueve (veinte y nueve)
1	uno, una	30	treinta
2	dos	31	treinta y un(o), una
3	tres	40	cuarenta
4	cuatro	50	cincuenta
5	cinco	60	sesenta
6	seis	70	setenta
7	siete	80	ochenta
8	ocho	90	noventa
9	nueve	100	ciento (cien)
10	diez	101	ciento un(o, a)
11	once	110	ciento diez
12	doce	200	doscientos(as)
13	trece	300	trescientos(as)
14	catorce	400	cuatrocientos(as)
15	quince	500	quinientos(as)
16	dieciséis (diez y seis)	600	seiscientos(as)
17	diecisiete (diez y siete)	700	setecientos(as)
18	dieciocho (diez y ocho)	800	ochocientos(as)
19	diecinueve (diez y nueve)	900	novecientos(as)
20	veinte	1000	mil
21	veintiún, veintiuno, veintiuna (veinte y un[o, a])	1100	mil ciento (mil cien)
		1500	mil quinientos(as)
22	veintidós (veinte y dos)	2000	dos mil
23	veintitrés (veinte y tres)	100.000	cien mil
24	veinticuatro (veinte y cuatro)	200.000	doscientos(as) mil
25	veinticinco (veinte y cinco)	1.000.000	un millón (de)
26	veintiséis (veinte y seis)	2.000.000	dos millones (de)
27	veintisiete (veinte y siete)	2.500.000	dos millones quinientos(as) mil
28	veintiocho (veinte y ocho)		

Ordinal numbers

1st	primer(o, a)	6th	sexto(a)
2nd	segundo(a)	7th	séptimo(a)
3rd	tercer(o, a)	8th	octavo(a)
4th	cuarto(a)	9th	noveno(a)
5th	quinto(a)	10th	décimo(a)

A. Cardinal numbers are invariable . . .

cuatro hermanas y cinco hermanos

four sisters and five brothers

except **ciento** and **uno** and their compound forms:

doscientas personas   *two hundred people*
un viudo y una viuda   *a widower and a widow*
treinta y una familias   *thirty-one families*
veintiún maridos y veintiuna esposas *twenty-one husbands and twenty-one wives*

B. Ciento becomes **cien** before a noun or before **mil** or **millones.**

Cien años de soledad es una novela famosa de Gabriel García Márquez.

One Hundred Years of Solitude *is a famous novel by Gabriel García Márquez.*

Hace cien mil años el hombre neandertal vivía en España.

One hundred thousand years ago Neanderthal man lived in Spain.

C. Above 999 **mil** must be used.

En mil novecientos cincuenta y nueve Fidel Castro llegó al poder en Cuba.

In nineteen (hundred) fifty-nine Fidel Castro came to power in Cuba.

D. Un millón de (dos millones de, etc.) are used for millions.

España tiene unos 40 millones de habitantes.

Spain has about 40 million inhabitants.

E. Ordinal numbers have to agree in gender with the nouns they modify.

la décima vez *the tenth time*   el noveno día *the ninth day*

F. The final **o** of **primero** and **tercero** is dropped before a masculine singular noun.

¿Es el primer o el tercer día del mes?

Is it the first or third day of the month?

G. El primero is used in dates for the first of the month; cardinal numbers are used for other days of the month.

El primero de mayo es el Día de los Trabajadores; el cinco de mayo es el día de la batalla de Puebla contra los franceses en México.

The first of May is Labor Day; the fifth of May is the day of the battle of Puebla against the French in Mexico.

H. Ordinal numbers are used with names of kings or queens up to **décimo(a),** *tenth;* beyond that cardinal numbers are normally used.

Isabel Primera (I)   Carlos Quinto (V)   Alfonso Doce (XII)

I. Note that ordinal numbers are used for fractions up to *tenth*, except that **medio** is used for *half* and **tercio** for *third*. **La mitad (de algo)** is used for *half of a definite amount*.

una cucharada y media	*a teaspoon and a half*
medio español y medio inglés	*half Spanish and half English*
la mitad de una manzana	*half an apple*
dos tercios del trabajo	*two-thirds of the work*
un cuarto (quinto) del libro	*a fourth (fifth) of the book*

Days of the week

domingo	*Sunday*	jueves	*Thursday*
lunes	*Monday*	viernes	*Friday*
martes	*Tuesday*	sábado	*Saturday*
miércoles	*Wednesday*		

Months of the year

enero	*January*	julio	*July*
febrero	*February*	agosto	*August*
marzo	*March*	se(p)tiembre	*September*
abril	*April*	octubre	*October*
mayo	*May*	noviembre	*November*
junio	*June*	diciembre	*December*

Seasons

la primavera	*spring*	el otoño	*autumn*
el verano	*summer*	el invierno	*winter*

Time of day

The verb **ser** is used to tell time in Spanish.

¿Qué hora es?	*What time is it?*
Era la una.	*It was one o'clock.*
Son las tres en punto.	*It's exactly three o'clock.*
Son las diez y media.	*It's 10:30.*
Serán las cuatro y cuarto (quince).	*It must be 4:15.*
Son las siete menos diez.	*It's 6:50.*
Eran las nueve y veinte de la noche.	*It was 9:20 at night.*

APPENDIX C

—■—

Use of prepositions

A. *Verbs that are followed by* ***a*** *before an infinitive:*

acostumbrarse a to get used to
aprender a to learn (how) to
atreverse a to dare to
ayudar a to help to
bajar a to come down to
comenzar a to begin to
contribuir a to contribute to
correr a to run to
decidirse a to decide to
empezar a to begin to

enseñar a to teach (how) to
enviar a to send to
invitar a to invite to
ir a to go to
obligar a to force or oblige to
oponerse a to oppose
pasar a to go to
salir a to go out to
venir a to come to
volver a to do (something) again

B. *Verbs followed by* ***a*** *before an object:*

acercarse a to approach
acostumbrarse a to get used to
asistir a to attend
bajar a to come down to
contribuir a to contribute to
correr a to run to
corresponder a to correspond
   to
dar a to face
dirigir a to direct to
invitar a to invite
ir a to go to

jugar a to play
llegar a to arrive (at)
manejar a to drive to
oler a to smell of
oponerse a to oppose
pasar a to go to
referirse a to refer to
salir a to go out to
subir a to get on
venir a to come to
volver a to return to

C. *Verbs followed by* ***con*** *before an object:*

acabar con to finish, put an
   end to
amenazar con to threaten with
casarse con to marry
consultar con to consult with

contar con to count on
encontrarse con to run into, meet
enfrentarse con to face
romper con to break (up) with
soñar con to dream about

D. *Verbs followed by* ***de*** *before an infinitive:*

acabar de to have just
acordarse de to remember to
alegrarse de to be happy to
cansarse de to get tired of

dejar de to stop
haber de to be supposed to
olvidarse de to forget to
tratar de to try to

E. *Verbs followed by **de** before an object:*

acordarse de to remember
arrepentirse de to regret
bajar de to get off
burlarse de to make fun of
cansarse de to get tired of
constar de to consist of
cuidar(se) de to take care of (oneself)
darse cuenta de to realize
depender de to depend on
despedirse de to say good-bye to
disfrutar de to enjoy
enamorarse de to fall in love with

equivocarse de to (verb) the wrong (noun)*
gozar de to enjoy
jactarse de to boast about
olvidarse de to forget
padecer de to suffer from
preocuparse de to worry about
quejarse de to complain about
reírse de to laugh at
salir de to leave
servir de to serve as
sufrir de to suffer from
tratar de to deal with, be about

F. *Verbs followed by **en** before an infinitive:*

consentir en to consent to
insistir en to insist on

tardar en to delay in, take (so long, so much time) to

G. *Verbs followed by **en** before an object:*

confiar en to trust in, to
convertirse en to change into
entrar en to go in, enter
especializarse en to major in

fijarse en to notice
fracasar en to fail
influir en to influence
pensar en to think about

H. *Verbs followed by **por** before an infinitive:*

preocuparse por to worry about

I. *Verbs followed by **por** before an object:*

estar por to be in favor of
luchar por to fight for
preguntar por to ask about

preocuparse por to worry about; take care of
votar por to vote for

*****Me equivoqué de autobús.** I took the wrong bus. **Me equivoqué de puerta.** I went to the wrong door.

APPENDIX D

———■———

Answers to exercises

Capítulo 4: **Pequeño test del sexo opuesto**

1. menos   2. menos   3. más   4. menos   5. más

Capítulo 8: **Identificaciones históricas**

1. los aztecas
2. los africanos
3. los judíos y los árabes
4. los mulatos
5. los mayas
6. los mestizos
7. los incas
8. los griegos

Capítulo 9: **¿Qué sabe usted del sueño?**

1. V
2. V
3. F (Aun los que duermen bien cambian de posición muchas veces.)
4. F
5. F (Todos sueñan, pero sólo algunos lo recuerdan.)
6. F (Un baño frío o caliente es demasiado estimulante. Pero un baño tibio *[lukewarm]* relaja los músculos y produce somnolencia.)
7. F
8. V
9. V

Capítulo 11: **Actividad**

1. Mírale ahora, ¿te das cuenta cómo sin nosotros no es nadie?
2. ¿Qué clase de pregunta idiota es ésa? ¡Claro que las armas no se comen!
3. Cuando se pasa mal aquí es el domingo por la tarde, a la hora del fútbol.
4. ¿Me permite leer la página deportiva?

Capítulo 12: **Proverbios**

1. el que, el que
2. Lo que
3. El que, lo que
4. lo que, lo que
5. (A)l que

━━━━━━━━━━ ■ ━━━━━━━━━━

Regular verbs

Simple Tenses

INFINITIVE			INDICATIVE		
	Present	*Imperfect*	*Preterit*	*Future*	*Conditional*
hablar	hablo	hablaba	hablé	hablaré	hablaría
	hablas	hablabas	hablaste	hablarás	hablarías
	habla	hablaba	habló	hablará	hablaría
	hablamos	hablábamos	hablamos	hablaremos	hablaríamos
	habláis	hablabais	hablasteis	hablaréis	hablaríais
	hablan	hablaban	hablaron	hablarán	hablarían
comer	como	comía	comí	comeré	comería
	comes	comías	comiste	comerás	comerías
	come	comía	comió	comerá	comería
	comemos	comíamos	comimos	comeremos	comeríamos
	coméis	comíais	comisteis	comeréis	comeríais
	comen	comían	comieron	comerán	comerían
vivir	vivo	vivía	viví	viviré	viviría
	vives	vivías	viviste	vivirás	vivirías
	vive	vivía	vivió	vivirá	viviría
	vivimos	vivíamos	vivimos	viviremos	viviríamos
	vivís	vivíais	vivisteis	viviréis	viviríais
	viven	vivían	vivieron	vivirán	vivirían

Simple Tenses

SUBJUNCTIVE		COMMANDS
Present	Imperfect	
hable	hablara (se)	—
hables	hablaras (ses)	habla (no hables)
hable	hablara (se)	hable
hablemos	habláramos (semos)	hablemos
habléis	hablarais (seis)	hablad (no habléis)
hablen	hablaran (sen)	hablen
coma	comiera (se)	—
comas	comieras (ses)	come (no comas)
coma	comiera (se)	coma
comamos	comiéramos (semos)	comamos
comáis	comierais (seis)	comed (no comáis)
coman	comieran (sen)	coman
viva	viviera (se)	—
vivas	vivieras (ses)	vive (no vivas)
viva	viviera (se)	viva
vivamos	viviéramos (semos)	vivamos
viváis	viverais (seis)	vivid (no viváis)
vivan	vivieran (sen)	vivan

Perfect Tenses

PAST PARTICIPLE	INDICATIVE			
	Present Perfect	*Past Perfect*	*Future Perfect*	*Conditional Perfect*
hablado	he hablado	había hablado	habré hablado	habría hablado
	has hablado	habías hablado	habrás hablado	habrías hablado
	ha hablado	había hablado	habrá hablado	habría hablado
	hemos hablado	habíamos hablado	habremos hablado	habríamos hablado
	habéis hablado	habíais hablado	habréis hablado	habríais hablado
	han hablado	habían hablado	habrán hablado	habrían hablado
comido	he comido	había comido	habré comido	habría comido
	has comido	habías comido	habrás comido	habrías comido
	ha comido	había comido	habrá comido	habría comido
	hemos comido	habíamos comido	habremos comido	habríamos comido
	habéis comido	habíais comido	habréis comido	habríais comido
	han comido	habían comido	habrán comido	habrían comido
vivido	he vivido	había vivido	habré vivido	habría vivido
	has vivido	habías vivido	habrás vivido	habrías vivido
	ha vivido	había vivido	habrá vivido	habría vivido
	hemos vivido	habíamos vivido	habremos vivido	habríamos vivido
	habéis vivido	habíais vivido	habréis vivido	habríais vivido
	han vivido	habían vivido	habrán vivido	habrían vivido

Progressive Tenses

PRESENT PARTICIPLE	INDICATIVE		PRESENT PARTICIPLE	INDICATIVE
	Present Progressive	*Past Progressive*		*Present Progressive*
hablando	estoy hablando	estaba hablando	comiendo	estoy comiendo
	estás hablando	establas hablando		estás comiendo
	está hablando	estaba hablando		está comiendo
	estamos hablando	estábamos hablando		estamos comiendo
	estáis hablando	estabais hablando		estáis comiendo
	están hablando	estaban hablando		están comiendo

Perfect Tenses

SUBJUNCTIVE

Present Perfect	Past Perfect
haya hablado	hubiera (se) hablado
hayas hablado	hubieras (ses) hablado
haya hablado	hubiera (se) hablado
hayamos hablado	hubiéramos (semos) hablado
hayáis hablado	hubierais (seis) hablado
hayan hablado	hubieran (sen) hablado
haya comido	hubiera (se) comido
hayas comido	hubieras (ses) comido
haya comido	hubiera (se) comido
hayamos comido	hubiéramos (semos) comido
hayáis comido	hubierais (seis) comido
hayan comido	hubieran (sen) comido
haya vivido	hubiera (se) vivido
hayas vivido	hubieras (ses) vivido
haya vivido	hubiera (se) vivido
hayamos vivido	hubiéramos (semos) vivido
hayáis vivido	hubierais (seis) vivido
hayan vivido	hubieran (sen) vivido

Progressive Tenses

Past Progressive	PRESENT PARTICIPLE	Present Progressive (INDICATIVE)	Past Progressive (INDICATIVE)
estaba comiendo	viviendo	estoy viviendo	estaba viviendo
estabas comiendo		estás viviendo	estabas viviendo
estaba comiendo		está viviendo	estaba viviendo
estábamos comiendo		estamos viviendo	estábamos viviendo
estabais comiendo		estáis viviendo	estabais viviendo
estaban comiendo		están viviendo	estaban viviendo

APPENDIX F

—■—

Spelling-changing, stem-changing, and irregular verbs

Orthographic Changes

Some rules to help you conjugate verbs that have orthographic (spelling) changes are:

1. A *c* before *a, o,* or *u* is pronounced like a *k* in English; a *c* before *e* or *i* is pronounced like *s* (except in certain parts of Spain, where it is pronounced like *th*). A *c* changes to *qu* before *e* or *i* to preserve the *k* sound.

2. A *g* before *a, o,* or *u* is pronounced like a *g* in English, but before *e* or *i* it is pronounced like a Spanish *j* (*h* in English). Before *e* or *i, g* is often changed to *gu* to preserve the *g* sound. Similarly, a *g* may be changed to *j* to preserve the *h* sound before *a, o,* or *u*.

3. A *z* is changed to *c* before *e* or *i*.

4. An unstressed *i* between two vowels is changed to *y*.

Examples of orthographic changes are noted in the list of verbs that follows.

Verb Index

In the following list, the numbers in parentheses refer to the verbs conjugated in the charts on pages 330–341. Footnotes are on page 329.

acordar o *to* ue (*see* contar)
acostar o *to* ue (*see* contar)
adquirir i *to* ie, i (*see* sentir)
agradecer c *to* zc (*see* conocer)
alargar g *to* gu[1]
almorzar o *to* ue, z *to* c[2] (*see* contar)
analizar z *to* c[2]
andar (1)
aparecer c *to* zc (*see* conocer)
aplicar c *to* qu[3]
aprobar o *to* ue (*see* contar)
arrepentirse e *to* ie, i (*see* sentir)
atacar c *to* qu[3]
atender e *to* ie (*see* perder)

buscar c *to* qu[3]
caber (2)
caer (3)
cerrar e *to* ie (*see* pensar)
comenzar e *to* ie, z *to* c[2] (*see* pensar)
componer (*see* poner)
concluir y[4] (*see* huir)
conducir (4) c *to* zc, j
confiar (*see* enviar)
conocer (5) c *to* zc
conseguir (*see* seguir)
construir y[4] (*see* huir)
contar (6) o *to* ue
contribuir y[4] (*see* huir)
costar o *to* ue (*see* contar)
crecer c *to* zc
creer (7) i *to* y[5]

criticar c *to* qu[2]
cruzar z *to* c[2]
dar (8)
decir (9)
defender e *to* ie (*see* perder)
demonstrar o *to* ue (*see* contar)
desaparecer c *to* zc (*see* conocer)
despedir e *to* i (*see* pedir)
despertar e *to* ie (*see* pensar)
destruir y[4] (*see* huir)
detener (*see* tener)
diagnosticar c *to* qu[3]
dirigir g *to* j
divertirse e *to* ie, i (*see* sentir)

doler o *to* ue (*see* volver)
dormir (10) o *to* ue, u
elegir e *to* ie, j (*see* pedir)
empezar e *to* ie, z *to* c² (*see* pensar)
encontrar o *to* ue (*see* contar)
enriquecer c *to* zc (*see* conocer)
entender e *to* ie (*see* perder)
enviar (11)
envolver o *to* ue (*see* volver)
escoger g *to* j
establecer c *to* zc (*see* conocer)
estar (12)
exigir g *to* j
explicar c *to* qu³
extender e *to* ie (*see* perder)
favorecer c *to* zc (*see* conocer)
gozar z *to* c²
haber (13)
hacer (14)
herir e *to* ie, i (*see* sentir)
hervir e *to* i (*see* pedir)
huir (15) y⁴
impedir e *to* i (*see* pedir)
influir y⁴ (*see* huir)
intervenir (*see* venir)
introducir c *to* zc, j (*see* conducir)
invertir e *to* ie, i (*see* sentir)
ir (16)
jugar (17) g *to* gu¹
justificar c *to* qu³
juzgar g *to* gu¹
leer i *to* y⁵ (*see* creer)

llegar g *to* gu¹
llover o *to* ue (*see* volver)
mantener (*see* tener)
mentir e *to* ie, i (*see* sentir)
merecer c *to* zc (*see* conocer)
morir o *to* ue, u (*see* dormir)
mostrar o *to* ue (*see* contar)
nacer c *to* zc (*see* conocer)
negar e *to* ie, g *to* gu¹ (*see* pensar)
nevar e *to* ie (*see* pensar)
obtener (*see* tener)
ofrecer c *to* zc (*see* conocer)
oír (18)
oponer (*see* poner)
padecer c *to* zc (*see* conocer)
pagar g *to* gu¹
parecer c *to* zc (*see* conocer)
pedir (19) e *to* i
pensar (20) e *to* ie
perder (21) e *to* ie
pertenecer c *to* zc (*see* conocer)
poder (22)
poner (23)
preferir e *to* ie, i (*see* sentir)
probar o *to* ue (*see* contar)
producir c *to* zc, j (*see* conducir)
publicar c *to* qu³
quebrar e *to* ie (*see* pensar)
querer (24)
reaparecer c *to* zc (*see* conocer)
reconocer c *to* zc (*see* conocer)
recordar o *to* ue (*see* contar)

reducir c *to* zc, j (*see* conducir)
reír (25)
renacer c *to* zc (*see* conocer)
repetir e *to* i (*see* pedir)
resolver o *to* ue (*see* volver)
rezar z *to* c²
rogar o *to* ue, g *to* gu¹ (*see* contar)
saber (26)
salir (27)
seguir e *to* i, gu *to* g⁶ (*see* pedir)
sembrar e *to* ie (*see* pensar)
sentar e *to* ie (*see* pensar)
sentir (28) e *to* ie, i
ser (29)
servir e *to* i (*see* pedir)
sonreír (*see* reír)
soñar o *to* ue (*see* contar)
sostener (*see* tener)
sugerir e *to* ie, i (*see* sentir)
tener (30)
tocar c *to* qu³
traducir c *to* zc, j (*see* conducir)
traer (31)
tropezar e *to* ie, z *to* c² (*see* pensar)
utilizar z *to* c²
valer (32)
vencer c *to* z
venir (33)
ver (34)
vestir e *to* i (*see* pedir)
visualizar z *to* c²
volar o *to* ue (*see* contar)
volver (35) o *to* ue

---

¹In verbs ending in **-gar,** the g is changed to gu before e: **jugué, llegué, negué, pagué, rogué.**
²In verbs ending in **-zar,** the z is changed to c before e: **almorcé, analicé, comencé, empecé, especialicé, gocé, recé.**
³In verbs ending in **-car,** the c is changed to qu before an e: **ataqué, busqué, critiqué, equivoqué, publiqué.**
⁴In verbs like **concluir,** a y is inserted before any ending that does not begin with i: **concluyo, construyo, contribuyo, destruyo, huyo.**
⁵An unstressed i between two vowels is changed to y: **creyó, leyó.**
⁶In verbs ending in **-guir,** the gu is changed to g before a and o: **sigo (siga).**

Verb Conjugations

INFINITIVE			INDICATIVE		
	Present	*Imperfect*	*Preterit*	*Future*	*Conditional*
1. andar	ando	andaba	anduve	andaré	andaría
	andas	andabas	anduviste	andarás	andarías
	anda	andaba	anduvo	andará	andaría
	andamos	andábamos	anduvimos	andaremos	andaríamos
	andáis	andabais	anduvisteis	andaréis	andaríais
	andan	andaban	anduvieron	andarán	andarían
2. caber	quepo	cabía	cupe	cabré	cabría
	cabes	cabías	cupiste	cabrás	cabrías
	cabe	cabía	cupo	cabrá	cabría
	cabemos	cabíamos	cupimos	cabremos	cabríamos
	cabéis	cabíais	cupisteis	cabréis	cabríais
	caben	cabían	cupieron	cabrán	cabrían
3. caer	caigo	caía	caí	caeré	caería
	caes	caías	caíste	caerás	caerías
	cae	caía	cayó	caerá	caería
	caemos	caíamos	caímos	caeremos	caeríamos
	caéis	caíais	caísteis	caeréis	caeríais
	caen	caían	cayeron	caerán	caerían
4. conducir	conduzco	conducía	conduje	conduciré	conduciría
	conduces	conducías	condujiste	conducirás	conducirías
	conduce	conducía	condujo	conducirá	conduciría
	conducimos	conducíamos	condujimos	conduciremos	conduciríamos
	conducís	conducíais	condujisteis	conduciréis	conduciríais
	conducen	conducían	condujeron	conducirán	conducirían
5. conocer	conozco	conocía	conocí	conoceré	conocería
	conoces	conocías	conociste	conocerás	conocerías
	conoce	conocía	conoció	conocerá	conocería
	conocemos	conocíamos	conocimos	conoceremos	conoceríamos
	conocéis	conocíais	conocisteis	conoceréis	conoceríais
	conocen	conocían	conocieron	conocerán	conocerían
6. contar	cuento	contaba	conté	contaré	contaría
	cuentas	contabas	contaste	contarás	contarías
	cuenta	contaba	contó	contará	contaría
	contamos	contábamos	contamos	contaremos	contaríamos
	contáis	contabais	contasteis	contareis	contaríais
	cuentan	contaban	contaron	contarán	contarían

SUBJUNCTIVE		COMMANDS	PARTICIPLES	
Present	*Imperfect*		*Present*	*Past*
ande	anduviera (se)	—	andando	andado
andes	anduvieras (ses)	anda (no andes)		
ande	anduviera (se)	ande		
andemos	anduviéramos (semos)	andemos		
andéis	anduvierais (seis)	andad (no andéis)		
anden	anduvieran (sen)	anden		
quepa	cupiera (se)	—	cabiendo	cabido
quepas	cupieras (ses)	cabe (no quepas)		
quepa	cupiera (se)	quepa		
quepamos	cupiéramos (semos)	quepamos		
quepáis	cupierais (seis)	cabed (no quepáis)		
quepan	cupieran (sen)	quepan		
caiga	cayera (se)	—	cayendo	caído
caigas	cayeras (ses)	cae (no caigas)		
caiga	cayera (se)	caiga		
caigamos	cayéramos (semos)	caigamos		
caigáis	cayerais (seis)	caed (no caigáis)		
caigan	cayeran (sen)	caigan		
conduzca	condujera (se)	—	conduciendo	conducido
conduzcas	condujeras (ses)	conduce (no conduzcas)		
conduzca	condujera (se)	conduzca		
conduzcamos	condujéramos (semos)	conduzcamos		
conduzcáis	condujerais (seis)	conducid (no conduzcáis)		
conduzcan	condujeran (sen)	conduzcan		
conozca	conociera (se)	—	conociendo	conocido
conozcas	conocieras (ses)	conoce (no conozcas)		
conozca	conociera (se)	conozca		
conozcamos	conociéramos (semos)	conozcamos		
conozcáis	conocierais (seis)	conoced (no conozcáis)		
conozcan	conocieran (sen)	conozcan		
cuente	contara (se)	—	contando	contado
cuentes	contaras (ses)	cuenta (no cuentes)		
cuente	contara (se)	cuente		
contemos	contáramos (semos)	contemos		
contéis	contarais (seis)	contad (no contéis)		
cuenten	contaran (sen)	cuenten		

INFINITIVE		*INDICATIVE*			
	Present	*Imperfect*	*Preterit*	*Future*	*Conditional*
7. creer	creo	creía	creí	creeré	creería
	crees	creías	creíste	creerás	creerías
	cree	creía	creyó	creerá	creería
	creemos	creíamos	creímos	creeremos	creeríamos
	creéis	creíais	creísteis	creeréis	creeríais
	creen	creían	creyeron	creerán	creerían
8. dar	doy	daba	di	daré	daría
	das	dabas	diste	darás	darías
	da	daba	dio	dará	daría
	damos	dábamos	dimos	daremos	daríamos
	dais	dabais	disteis	daréis	daríais
	dan	daban	dieron	darán	darían
9. decir	digo	decía	dije	diré	diría
	dices	decías	dijiste	dirás	dirías
	dice	decía	dijo	dirá	diría
	decimos	decíamos	dijimos	diremos	diríamos
	decís	decíais	dijisteis	diréis	diríais
	dicen	decían	dijeron	dirán	dirían
10. dormir	duermo	dormía	dormí	dormiré	dormiría
	duermes	dormías	dormiste	dormirás	dormirías
	duerme	dormía	durmió	dormirá	dormiría
	dormimos	dormíamos	dormimos	dormiremos	dormiríamos
	dormís	dormíais	dormisteis	dormiréis	dormiríais
	duermen	dormían	durmieron	dormirán	dormirían
11. enviar	envío	enviaba	envié	enviaré	enviaría
	envías	enviabas	enviaste	enviarás	enviarías
	envía	enviaba	envió	enviará	enviaría
	enviamos	enviábamos	enviamos	enviaremos	enviaríamos
	enviáis	enviabais	enviasteis	enviaréis	enviaríais
	envían	enviaban	enviaron	enviarán	enviarían
12. estar	estoy	estaba	estuve	estaré	estaría
	estás	estabas	estuviste	estarás	estarías
	está	estaba	estuvo	estará	estaría
	estamos	estábamos	estuvimos	estaremos	estaríamos
	estáis	estabais	estuvisteis	estaréis	estaríais
	están	estaban	estuvieron	estarán	estarían

SUBJUNCTIVE		COMMANDS	PARTICIPLES	
Present	*Imperfect*		*Present*	*Past*
crea	creyera (se)	—	creyendo	creído
creas	creyeras (ses)	cree (no creas)		
crea	creyera (se)	crea		
creamos	creyéramos (semos)	creamos		
creáis	creyerais (seis)	creed (no creáis)		
crean	creyeran (sen)	crean		
dé	diera (se)	—	dando	dado
des	dieras (ses)	da (no des)		
dé	diera (se)	dé		
demos	diéramos (semos)	demos		
deis	dierais (seis)	dad (no deis)		
den	dieran (sen)	den		
diga	dijera (se)	—	diciendo	dicho
digas	dijeras (ses)	di (no digas)		
diga	dijera (se)	diga		
digamos	dijéramos (semos)	digamos		
digáis	dijerais (seis)	decid (no digáis)		
digan	dijeran (sen)	digan		
duerma	durmiera (se)	—	durmiendo	dormido
duermas	durmieras (ses)	duerme (no duermas)		
duerma	durmiera (se)	duerma		
durmamos	durmiéramos (semos)	durmamos		
durmáis	durmierais (seis)	dormid (no durmáis)		
duerman	durmieran (sen)	duerman		
envíe	enviara (se)	—	enviando	enviado
envíes	enviaras (ses)	envía (no envíes)		
envíe	enviara (se)	envíe		
enviemos	enviáramos (semos)	enviemos		
enviéis	enviarais (seis)	enviad (no enviéis)		
envíen	enviaran (sen)	envíen		
esté	estuviera (se)	—	estando	estado
estés	estuvieras (ses)	está (no estés)		
esté	estuviera (se)	esté		
estemos	estuviéramos (semos)	estemos		
estéis	estuvierais (seis)	estad (no estéis)		
estén	estuvieran (sen)	estén		

INFINITIVE			INDICATIVE		
	Present	*Imperfect*	*Preterit*	*Future*	*Conditional*
13. haber	he	había	hube	habré	habría
	has	habías	hubiste	habrás	habrías
	ha	había	hubo	habrá	habría
	hemos	habíamos	hubimos	habremos	habríamos
	habéis	habíais	hubisteis	habréis	habríais
	han	habían	hubieron	habrán	habrían
14. hacer	hago	hacía	hice	haré	haría
	haces	hacías	hiciste	harás	harías
	hace	hacía	hizo	hará	haría
	hacemos	hacíamos	hicimos	haremos	haríamos
	hacéis	hacíais	hicisteis	haréis	haríais
	hacen	hacían	hicieron	harán	harían
15. huir	huyo	huía	huí	huiré	huiría
	huyes	huías	huiste	huirás	huirías
	huye	huía	huyó	huirá	huiría
	huimos	huíamos	huimos	huiremos	huiríamos
	huís	huíais	huisteis	huiréis	huiríais
	huyen	huían	huyeron	huirán	huirían
16. ir	voy	iba	fui	iré	iría
	vas	ibas	fuiste	irás	irías
	va	iba	fue	irá	iría
	vamos	íbamos	fuimos	iremos	iríamos
	vais	ibais	fuisteis	iréis	iríais
	van	iban	fueron	irán	irían
17. jugar	juego	jugaba	jugué	jugaré	jugaría
	juegas	jugabas	jugaste	jugarás	jugarías
	juega	jugaba	jugó	jugará	jugaría
	jugamos	jugábamos	jugamos	jugaremos	jugaríamos
	jugáis	jugabais	jugasteis	jugaréis	jugaríais
	juegan	jugaban	jugaron	jugarán	jugarían
18. oír	oigo	oía	oí	oiré	oiría
	oyes	oías	oíste	oirás	oirías
	oye	oía	oyó	oirá	oiría
	oímos	oíamos	oímos	oiremos	oiríamos
	oís	oíais	oísteis	oiréis	oiríais
	oyen	oían	oyeron	oirán	oirían

SUBJUNCTIVE		COMMANDS	PARTICIPLES	
Present	*Imperfect*	*Present*	*Past*	
haya	hubiera (se)		habiendo	habido
hayas	hubieras (ses)			
haya	hubiera (se)			
hayamos	hubiéramos (semos)			
hayáis	hubierais (seis)			
hayan	hubieran (sen)			
haga	hiciera (se)	—	haciendo	hecho
hagas	hicieras (ses)	haz (no hagas)		
haga	hiciera (se)	haga		
hagamos	hiciéramos (semos)	hagamos		
hagáis	hicierais (seis)	haced (no hagáis)		
hagan	hicieran (sen)	hagan		
huya	huyera (se)	—	huyendo	huido
huyas	huyeras (ses)	huye (no huyas)		
huya	huyera (se)	huya		
huyamos	huyéramos (semos)	huyamos		
huyáis	huyerais (seis)	huid (no huyáis)		
huyan	huyeran (sen)	huyan		
vaya	fuera (se)	—	yendo	ido
vayas	fueras (ses)	ve (no vayas)		
vaya	fuera (se)	vaya		
vayamos	fuéramos (semos)	vayamos		
vayáis	fuerais (seis)	id (no vayáis)		
vayan	fueran (sen)	vayan		
juegue	jugara (se)	—	jugando	jugado
juegues	jugaras (ses)	juega (no juegues)		
juegue	jugara (se)	juegue		
juguemos	jugáramos (semos)	juguemos		
juguéis	jugarais (seis)	jugad (no juguéis)		
jueguen	jugaran (sen)	jueguen		
oiga	oyera (se)	—	oyendo	oído
oigas	oyeras (ses)	oye (no oigas)		
oiga	oyera (se)	oiga		
oigamos	oyéramos (semos)	oigamos		
oigáis	oyerais (seis)	oíd (no oigáis)		
oigan	oyeran (sen)	oigan		

INFINITIVE			*INDIVATIVE*		
	Present	*Imperfect*	*Preterit*	*Future*	*Conditional*
19. pedir	pido	pedía	pedí	pediré	pediría
	pides	pedías	pediste	pedirás	pedirías
	pide	pedía	pidió	pedirá	pediría
	pedimos	pedíamos	pedimos	pediremos	pediríamos
	pedís	pedíais	pedisteis	pediréis	pediríais
	piden	pedían	pidieron	pedirán	pedirían
20. pensar	pienso	pensaba	pensé	pensaré	pensaría
	piensas	pensabas	pensaste	pensarás	pensarías
	piensa	pensaba	pensó	pensará	pensaría
	pensamos	pensábamos	pensamos	pensaremos	pensaríamos
	pensáis	pensabais	pensasteis	pensaréis	pensaríais
	piensan	pensaban	pensaron	pensarán	pensarían
21. perder	pierdo	perdía	perdí	perderé	perdería
	pierdes	perdías	perdiste	perderás	perderías
	pierde	perdía	perdió	perderá	perdería
	perdemos	perdíamos	perdimos	perderemos	perderíamos
	perdéis	perdíais	perdisteis	perderéis	perderíais
	pierden	perdían	perdieron	perderán	perderían
22. poder	puedo	podía	pude	podré	podría
	puedes	podías	pudiste	podrás	podrías
	puede	podía	pudo	podrá	podría
	podemos	podíamos	pudimos	podremos	podríamos
	podéis	podíais	pudisteis	podréis	podríais
	pueden	podían	pudieron	podrán	podrían
23. poner	pongo	ponía	puse	pondré	pondría
	pones	ponías	pusiste	pondrás	pondrías
	pone	ponía	puso	pondrá	pondría
	ponemos	poníamos	pusimos	pondremos	pondríamos
	ponéis	poníais	pusisteis	pondréis	pondríais
	ponen	ponían	pusieron	pondrán	pondrían
24. querer	quiero	quería	quise	querré	querría
	quieres	querías	quisiste	querrás	querrías
	quiere	quería	quiso	querrá	querría
	queremos	queríamos	quisimos	querremos	querríamos
	queréis	queríais	quisisteis	querréis	querríais
	quieren	querían	quisieron	querrán	querrían

SUBJUNCTIVE		COMMANDS	PARTICIPLES	
Present	*Imperfect*		*Present*	*Past*
pida	pidiera (se)	—	pidiendo	pedido
pidas	pidieras (ses)	pide (no pidas)		
pida	pidiera (se)	pida		
pidamos	pidiéramos (semos)	pidamos		
pidáis	pidierais (seis)	pedid (no pidáis)		
pidan	pidieran (sen)	pidan		
piense	pensara (se)	—	pensando	pensado
pienses	pensaras (ses)	piensa (no pienses)		
piense	pensara (se)	piense		
pensemos	pensáramos (semos)	pensemos		
penséis	pensarais (seis)	pensad (no penséis)		
piensen	pensaran (sen)	piensen		
pierda	perdiera (se)	—	perdiendo	perdido
pierdas	perdieras (ses)	pierde (no pierdas)		
pierda	perdiera (se)	pierda		
perdamos	perdiéramos (semos)	perdamos		
perdáis	perdierais (seis)	perded (no perdáis)		
pierdan	perdieran (sen)	pierdan		
pueda	pudiera (se)	—	pudiendo	podido
puedas	pudieras (ses)			
pueda	pudiera (se)			
podamos	pudiéramos (semos)			
podáis	pudierais (seis)			
puedan	pudieran (sen)			
ponga	pusiera (se)	—	poniendo	puesto
pongas	pusieras (ses)	pon (no pongas)		
ponga	pusiera (se)	ponga		
pongamos	pusiéramos (semos)	pongamos		
pongáis	pusierais (seis)	poned (no pongáis)		
pongan	pusieran (sen)	pongan		
quiera	quisiera (se)	—	queriendo	querido
quieras	quisieras (ses)	quiere (no quieras)		
quiera	quisiera (se)	quiera		
queramos	quisiéramos (semos)	queramos		
queráis	quisierais (seis)	quered (no queráis)		
quieran	quisieran (sen)	quieran		

INFINITIVE	Present	Imperfect	Preterit	Future	Conditional
			INDICATIVE		
25. reír	río	reía	reí	reiré	reiría
	ríes	reías	reíste	reirás	reirías
	ríe	reía	rió	reirá	reiría
	reímos	reíamos	reímos	reiremos	reiríamos
	reís	reíais	reísteis	reiréis	reiríais
	ríen	reían	rieron	reirán	reirían
26. saber	sé	sabía	supe	sabré	sabría
	sabes	sabías	supiste	sabrás	sabrías
	sabe	sabía	supo	sabrá	sabría
	sabemos	sabíamos	supimos	sabremos	sabríamos
	sabéis	sabíais	supisteis	sabréis	sabríais
	saben	sabían	supieron	sabrán	sabrían
27. salir	salgo	salía	salí	saldré	saldría
	sales	salías	saliste	saldrás	saldrías
	sale	salía	salió	saldrá	saldría
	salimos	salíamos	salimos	saldremos	saldríamos
	salís	salíais	salisteis	saldréis	saldríais
	salen	salían	salieron	saldrán	saldrían
28. sentir	siento	sentía	sentí	sentiré	sentiría
	sientes	sentías	sentiste	sentirás	sentirías
	siente	sentía	sintió	sentirá	sentiría
	sentimos	sentíamos	sentimos	sentiremos	sentiríamos
	sentís	sentíais	sentisteis	sentiréis	sentiríais
	sienten	sentían	sintieron	sentirán	sentirían
29. ser	soy	era	fui	seré	sería
	eres	eras	fuiste	serás	serías
	es	era	fue	será	sería
	somos	éramos	fuimos	seremos	seríamos
	sois	erais	fuisteis	seréis	seríais
	son	eran	fueron	serán	serían
30. tener	tengo	tenía	tuve	tendré	tendría
	tienes	tenías	tuviste	tendrás	tendrías
	tiene	tenía	tuvo	tendrá	tendría
	tenemos	teníamos	tuvimos	tendremos	tendríamos
	tenéis	teníais	tuvisteis	tendréis	tendríais
	tienen	tenían	tuvieron	tendrán	tendrían

	SUBJUNCTIVE	COMMANDS	PARTICIPLES	
Present	*Imperfect*		*Present*	*Past*
ría	riera (se)	—	riendo	reído
rías	rieras (ses)	ríe (no rías)		
ría	riera (se)	ría		
riamos	riéramos (semos)	riamos		
riáis	rierais (seis)	reíd (no riáis)		
rían	rieran (sen)	rían		
sepa	supiera (se)	—	sabiendo	sabido
sepas	supieras (ses)	sabe (no sepas)		
sepa	supiera (se)	sepa		
sepamos	supiéramos (semos)	sepamos		
sepáis	supierais (seis)	sabed (no sepáis)		
sepan	supieran (sen)	sepan		
salga	saliera (se)	—	saliendo	salido
salgas	salieras (ses)	sal (no salgas)		
salga	saliera (se)	salga		
salgamos	saliéramos (semos)	salgamos		
salgáis	salierais (seis)	salid (no salgáis)		
salgan	salieran (sen)	salgan		
sienta	sintiera (se)	—	sintiendo	sentido
sientas	sintieras (ses)	siente (no sientas)		
sienta	sintiera (se)	sienta		
sintamos	sintiéramos (semos)	sintamos		
sintáis	sintierais (seis)	sentid (no sintáis)		
sientan	sintieran (sen)	sientan		
sea	fuera (se)	—	siendo	sido
seas	fueras (ses)	sé (no seas)		
sea	fuera (se)	sea		
seamos	fuéramos (semos)	seamos		
seáis	fuerais (seis)	sed (no seáis)		
sean	fueran (sen)	sean		
tenga	tuviera (se)	—	teniendo	tenido
tengas	tuvieras (ses)	ten (no tengas)		
tenga	tuviera (se)	tenga		
tengamos	tuviéramos (semos)	tengamos		
tengáis	tuvierais (seis)	tened (no tengáis)		
tengan	tuvieran (sen)	tengan		

INFINITIVE			*INDICATIVE*		
	Present	*Imperfect*	*Preterit*	*Future*	*Conditional*
31. traer	traigo	traía	traje	traeré	traería
	traes	traías	trajiste	traerás	traerías
	trae	traía	trajo	traerá	traería
	traemos	traíamos	trajimos	traeremos	traeríamos
	traéis	traíais	trajisteis	traeréis	traeríais
	traen	traían	trajeron	traerán	traerían
32. valer	valgo	valía	valí	valdré	valdría
	vales	valías	valiste	valdrás	valdrías
	vale	valía	valió	valdrá	valdría
	valemos	valíamos	valimos	valdremos	valdríamos
	valéis	valíais	valisteis	valdréis	valdríais
	valen	valían	valieron	valdrán	valdrían
33. venir	vengo	venía	vine	vendré	vendría
	vienes	venías	viniste	vendrás	vendrías
	viene	venía	vino	vendrá	vendría
	venimos	veníamos	vinimos	vendremos	vendríamos
	venís	veníais	vinisteis	vendréis	vendríais
	vienen	venían	vinieron	vendrán	vendrían
34. ver	veo	veía	vi	veré	vería
	ves	veías	viste	verás	verías
	ve	veía	vio	verá	vería
	vemos	veíamos	vimos	veremos	veríamos
	veis	veíais	visteis	veréis	veríais
	ven	veían	vieron	verán	verían
35. volver	vuelvo	volvía	volví	volveré	volvería
	vuelves	volvías	volviste	volverás	volverías
	vuelve	volvía	volvió	volverá	volvería
	volvemos	volvíamos	volvimos	volveremos	volveríamos
	volvéis	volvíais	volvisteis	volveréis	volveríais
	vuelven	volvían	volvieron	volverán	volverían

SUBJUNCTIVE		COMMANDS	PARTICIPLES	
Present	*Imperfect*		*Present*	*Past*
traiga	trajera (se)	—	trayendo	traído
traigas	trajeras (ses)	trae (no traigas)		
traiga	trajera (se)	traiga		
traigamos	trajéramos (semos)	traigamos		
traigáis	trajerais (seis)	traed (no traigáis)		
traigan	trajeran (sen)	traigan		
valga	valiera (se)	—	valiendo	valido
valgas	valieras (ses)	val (no valgas)		
valga	valiera (se)	valga		
valgamos	valiéramos (semos)	valgamos		
valgáis	valierais (seis)	valed (no valgáis)		
valgan	valieran (sen)	valgan		
venga	viniera (se)	—	viniendo	venido
vengas	vinieras (ses)	ven (no vengas)		
venga	viniera (se)	venga		
vengamos	viniéramos (semos)	vengamos		
vengáis	vinierais (seis)	venid (no vengáis)		
vengan	vinieran (sen)	vengan		
vea	viera (se)	—	viendo	visto
veas	vieras (ses)	ve (no veas)		
vea	viera (se)	vea		
veamos	viéramos (semos)	veamos		
veáis	vierais (seis)	ved (no veáis)		
vean	vieran (sen)	vean		
vuelva	volviera (se)	—	volviendo	vuelto
vuelvas	volvieras (ses)	vuelve (no vuelvas)		
vuelva	volviera (se)	vuelva		
volamos	volviéramos (semos)	volvamos		
volváis	volvierais (seis)	volved (no volváis)		
vuelvan	volvieran (sen)	vuelvan		

VOCABULARY

━━━━━━━━━ ■ ━━━━━━━━━

Spanish-English Vocabulary

The following vocabulary includes all words used in this text except: exact cognates, cognates ending in **-ción** or **-sión**, most proper nouns, most numbers, most conjugated verb forms, regular past participles when the infinitive is listed, and adverbs ending in **-mente** when the corresponding adjective is listed. Stem-changing verbs are indicated by **(ie), (ue),** or **(i)** following the infinitive; a **(zc)** after an infinitive indicates that **c** is changed to **zc** in the first-person singular form of the present tense. The following abbreviations are used:

abbr.	abbreviation	*obj. of prep.*	object of a preposition
adj.	adjective	*obj. pron.*	object pronoun
adv.	adverb	*pl.*	plural
coll.	colloquial	*p. part.*	past participle
conj.	conjunction	*prep.*	preposition
dir. obj.	direct object	*pron.*	pronoun
f.	feminine	*recip. reflex.*	reciprocal reflexive
fam.	familiar (**tú** or **vosotros**)	*refl. pron.*	reflexive pronoun
imperf.	imperfect tense	*rel. pron.*	relative pronoun
indir. obj.	indirect object	*sing.*	singular
inf.	infinitive	*subj.*	subject
m.	masculine	*subj. pron.*	subject pronoun
n.	noun	*subjunc.*	subjunctive form of a verb

Note also that in Spanish, **rr** and **ñ** are separate letters of the alphabet, so that **arr**eglar would occur after **artículo** (for example) or **bañar** would occur after **bander**a.

A

a at; to; for; from; on

abajo below, underneath

abandonar to abandon, leave

el **abanico** fan

abierto open

el **abogado** (la **abogada**) lawyer

abolir to abolish

el **aborto** abortion

abrazar to embrace

el **abrazo** hug

abrigado heavy, warm

el **abrigo** coat, overcoat

abril April

abrir to open

absoluto absolute; **no... en absoluto** not . . . at all

absurdo absurd, ridiculous

la **abuela** grandmother

el **abuelo** grandfather; *pl.* grandparents

la **abundancia** abundance

aburrido bored; boring

aburrir to bore;

aburrirse to get bored

el **abuso** abuse

acá here

acabar to end, finish, run out; **acabar bien (mal)** to end well (badly), have a happy (sad) ending; **acabar de**+*inf.* to have just (done something)

la **academia** academy

académico academic

acaso perhaps

el **acceso** access

el **accidente** accident

la **acción** action; **Día de Acción de Gracias** Thanksgiving Day

el **aceite** oil

acelerado accelerated, hurried

el **acento** accent

aceptar to accept

acerca (de) concerning, about

acercarse (a) to approach

el **accesorio** accessory

acompañar to accompany

aconsejar to advise, counsel

acordar (ue) to agree; **acordarse de** to remember

acortar to shorten

el **acoso** harassment

acostar (ue) to put to bed; **acostarse** to go to bed

acostumbrarse (a) to become accustomed to, get used to

la **actitud** attitude, position

la **actividad** activity

activo active

el **acto** act

el **actor** actor

la **actriz** actress

actual current, present day

la **actualidad** present, present time

actualmente currently

actuar to act (out), play a role

acuático aquatic

el **acueducto** aqueduct

el **acuerdo** agreement; **¿de acuerdo?** okay?; **estar de acuerdo con** to agree with, be in agreement with; **ponerse de acuerdo** to come to an agreement; **Sí, de acuerdo.** All right, okay.

acumular to accumulate

la **acupuntura** accupuncture

acusado accused, *m.* defendant

acusar to accuse

adaptarse a to adapt to

adecuado adequate

adelantado ahead

adelante forward; **adelante con...** on with . . .; **desde ese día en adelante** from that day on; **salir adelante** to get ahead, make progress; **seguir adelante** to proceed straight ahead

además besides; also, in addition; **además de** in addition to

adentro inside

adiós good-bye

la **adivinanza** riddle

adivinar to guess

el **adjetivo** adjective

la **administración de empresas** business administration

administrar to administer, keep account of

admirar to admire

admitir to admit

el **adobe** adobe, sun-dried brick

el, la **adolescente** adolescent

adonde where

¿adónde? where?

adoptar to adopt

adorar to adore

adornar to adorn, decorate

el **adorno** decoration, accessory

la **aduana** customs house

adulto adult

el **adverbio** adverb

aéreo (pertaining to) air

aeróbico aerobic

el **aeropuerto** airport

afectar to affect

la **afirmación** statement

afirmar to state, affirm

afirmativo affirmative

afortunadamente fortunately

africano African

afroamericano African American

afuera outside

la **agencia** agency; **agencia de empleos** employment agency

la **agenda** calendar

el, la **agente** agent; **agente de viajes** travel agent

agradable pleasant

agradar to give pleasure

agradecer (zc) to thank

agradecido grateful, thankful

agregar to add

agresivo aggressive

el **agricultor** (la **agricultora**) farmer

la **agricultura** agriculture

el **agua** *f.* water

el **aguacate** avocado

el **aguardiente** brandy, hard liquor

agudo sharp

el **agujero** hole

ahora now; currently, at present; **ahora más que nunca** now more than ever; **ahora mismo** right away, immediately

ahorrar to save

el **ahorro** saving

el **aire** air; **al aire libre** in the open air

aislado isolated

el **ajedrez** chess

el **ají** green pepper

el **ajo** garlic

al (*contraction of* **a** + **el**); **al** + *inf.* on or upon doing something; **al aire libre** in the open air; **al amanecer** at dawn; **al contrario** on the contrary; **al fin** finally; **al final de** at the end of; **al mismo tiempo** at the same time; **de al lado** next door

alargar to lengthen

la **alberca** swimming pool

el **albergue** inn, hostel

la **alcachofa** artichoke

alcanzar to catch; to reach; to be enough

el **alcatraz** pelican

la **alcoba** bedroom

alcohólico alcoholic

alegrar: alegrar la vida to cheer up

alegrarse (de) to be glad, happy; **¡Cuánto me alegro!** How happy I am!

alegre cheerful, happy

la **alegría** joy, happiness; **¡Qué alegría!** How terrific!; **¡Qué alegría verte!** How nice to see you!

alemán German

la **alergia** allergy

alérgico allergic

el **alfabeto** alphabet

la **alfombra** carpet

algo *pron.* something, anything; *adv.* somewhat; **tener algo que ver con** to have something to do with

el **algodón** cotton

alguien someone, somebody; anyone, anybody

algún, alguno some; any; some sort of; *pl.* some; a few; some people; **a (en) alguna parte** somewhere; **alguna vez** ever; **algunas veces** sometimes; **de alguna manera** in some way, somehow;

en algunas partes in some places, somewhere; **sin duda alguna** with no doubt

la **alianza** alliance

la **alimentación** food

alimentar to feed, nourish

el **alimento** nourishment, food

el **alivio** relief; **¡Qué alivio!** What a relief!

allá there

allí there; **Sigan por allí.** Continue that way (direction).

el **alma** *f.* soul

el **almacén** department store

la **almeja** clam

la **almendra** almond

el **almirante** admiral

almorzar (ue) to have lunch, a large midday meal

el **almuerzo** lunch

Aló. Hello. *(telephone)*

el **alojamiento** lodging, boarding

el **alpinismo** climbing, hiking

alquilar to rent

el **alquiler** rent

alrededor (de) around

alternado: en forma alternada alternating, taking turns

la **alternativa** alternative, choice

los **altibajos** ups and downs

la **altidud** height

alto tall, high; **la clase**

alta upper class

la **altura** height; **tener seis pies de altura** to be six feet tall

alucinar to delude, hallucinate

el **alumbrado** light

el **alumno** (la **alumna**) student

amable kind

amanecer to dawn; to get up; *m. n.* dawn, daybreak

el, la **amante** lover

amar to love

amarillo yellow

ambicioso ambitious

ambiental environmental

el **ambiente** environment

ambos both

la **amenaza** threat

amenazarto threaten

americano American; **fútbol americano** football

la **amígdala** tonsil

el **amigo** (la **amiga**) friend; **ser muy amigo de** to be a good friend of

la **amistad** friendship

amistosamente in a friendly way

la **amnistía** amnesty

amoldarse (a) to conform (to)

el **amor** love

amoroso loving, affectionate; amorous

el **analfabetismo** illiteracy

analfabeto illiterate

el **anciano** (la **anciana**) elderly person

anciano old, aged

ancho wide; **tener 50 pies de ancho** to be 50 feet wide

andar to walk; to ride in; to function

andino Andean, in the Andes

la **anécdota** anecdote

angloamericano Anglo-American

el **ánimo** spirit

anoche last night

anochecer to get dark; *m. n.* dusk, nightfall

ansioso anxious

ante before; in the presence of

anteayer the day before yesterday

los **anteojos** eyeglasses

el **antepasado** (la **antepasada**) ancestor

anterior preceding; **anterior a** before

antes before, first; **antes de (que)** before

el **antibiótico** antibiotic

el **anticuerpo** antibody

el **antidepresivo** antidepressant

la **antigüedad** antique

antiguo old, ancient; former

el **antónimo** antonym

la **antropología** anthropology

el **antropólogo** (la **antropóloga**) anthropologist

anunciar to announce

el **anuncio** announcement, advertisement

el **año** year; **a fines del año** at the end of the year; **a los siete años** at the age of seven; **celebrar tus 80 años** to celebrate your 80th birthday; **durante dos años** for two years; **el año pasado** last year; **el año que viene** next year; **los años 70** the seventies; **hace un año** a year ago; **tener 19 años** to be 19 years old

aparecer (zc) to appear

la **apariencia** appearance

el **apartamento** apartment

aparte apart

el **apellido** last name

el **apéndice** appendix

el **apetito** appetite

aplicar to apply

aportar to bring

apoyar to support, back

el **apoyo** support

apreciar to appreciate

aprender to learn

aprisa quickly, hurriedly

aprobar (ue) to pass *(an exam)*

apropiado appropriate

aproximadamente approximately

aproximarse a to approach, move near

apuntar to make a note of

el **apunte** note; **tomar apuntes** to take

notes
apurarse a to hurry up; to hurry to
aquel, aquella *adj.* that; **aquél, aquélla** *pron.* that (one)
aquello *pron.* that
aquellos, aquellas *adj.* those; **aquéllos, aquéllas** *pron.* those
aquí here; **aquí cerca** nearby; **Aquí tienes.** Here you are.
el, la **árabe** Arab
arábigo Arabic
aragonés from Aragon, Spain
el **árbol** tree
el **arco** arch
el **área** *f.* area
la **arepa** corn pancake
argentino Argentinean
árido arid, dry
el **arma** *f.* weapon
armar to arm
el **arquitecto (la arqui- tecta)** architect
la **arquitectura** architecture
el **arte** art; *pl.* las **artes** arts; **bellas artes** fine arts
arterial: la presión arterial blood pressure
el **artículo** article; **artículo definido** definite article; **artículo indefinido** indefinite article
el, la **artista** artist; actor (actress)
artístico artistic
arreglar to fix
arrepentirse (ie) to

repent; **arrepentirse de** to regret
arrestar to arrest
arriba on top; up; **de arriba** above
el **arroyo** stream, creek
el **arroz** rice
asar to roast
la **ascendencia** descent, origin
ascender to ascend, go up
el **ascensor** elevator
asegurar to make sure
así in this way; like this (that); so; thus; **así así** so-so
asiático Asian
el **asiento** seat; **tomar asiento** to take a seat
asignar to assign, grant
asistir (a) to attend
asociado associate(d)
el **aspecto** aspect
la **aspirina** aspirin
la **astrología** astrology
la **astronomía** astronomy
asumir to assume
el **asunto** matter, sub- ject, issue, affair
atacar to attack
el **ataque: ataque al corazón** heart attack
la **atención** attention; **prestar atención** to pay attention
atender (ie) to attend to; to wait on, respond
el, la **atleta** athlete

atlético athletic
la **atmósfera** atmosphere
atmosférico atmospheric
atormentar to torment
atractivo attractive; *m.* attraction
atraer to attract
atrás behind
atreverse a to dare
aumentar to go up; to increase; **aumentar de peso** to gain weight; **aumentar el doble** to double
el **aumento** increase; **aumento de sueldo** increase in salary, raise
aun even
aún still, yet
aunque even though, although
auténtico authentic
la **autobiografía** autobiography
el **autobús** bus; **en auto- bús** by bus
automático automatic
el **automóvil** automo- bile, car
automovilístico *adj.* automobile, car
la **autonomía** autonomy, independence
el **autor (la autora)** author
la **autoridad** authority
el **autostop** hitchhiking; **hacer autostop** to hitchhike
¡Auxilio! Help!

avanzar to advance

la **aventura** adventure

aventurero adventurous

avergonzar to embarrass

el **avión** plane; **en avión** by plane

¡Ay! Ouch! Oh!

ayer yesterday

la **ayuda** help

ayudar to help

el **azafrán** saffron

azteca Aztec

el **azúcar** sugar

azul blue

B

bailar to dance

el **bailarín** (la **bailarina**) dancer

el **baile** dance

bajar to descend; to go down; **bajar de peso** to lose weight; **bajarse de** to get off

bajo *prep.* under; *adj.* short; low; **a precio más bajo** at a lower price; **barrios bajos** slums

el **balcón** balcony

la **bancarrota** bankruptcy

el **banco** bank; bench

la **bandera** flag

bañar to bathe; **bañarse** to take a bath

el **baño** bath; bathroom

el **bar** bar

barato cheap

la **barbaridad** atrocity;

¡Qué barbaridad! Good grief!

el **barco** boat

la **barra** bar

la **barrera** barrier; division

el **barrio** neighborhood; **barrios bajos** slums

basar (en) to base (on)

la **base** staple, basis; **a base de** based on

básico basic

el **básquetbol** basketball

bastante *adj.* enough; *adv.* rather; quite a bit; **bastante bien** pretty good

bastar to be enough, suffice; **¡Basta!** That's enough!

la **bastardilla** italics

el **bastón** stick

la **basura** garbage

la **batalla** battle

el **bautismo** baptism

el **bebé** baby

beber to drink

la **bebida** drink

la **beca** scholarship

el **béisbol** baseball

la **belleza** beauty

bello beautiful; **bellas artes** fine arts

la **bendición** blessing

beneficiar to benefit

beneficioso beneficial

besar to kiss

el **beso** kiss

la **biblioteca** library

la **bicicleta** bicycle

bien well; very; good, fine; **acabar bien** to have a happy ending; **bastante bien**

pretty good; **¿Está bien que** + *subjunc...?*; Is it okay to...?; **pasarlo bien** to have a good time

los **bienes** *pl.* goods

la **bienvenida** welcome; **dar la bienvenida a** to welcome

bienvenido welcome

bilingüe bilingual

el **billete** *(Spain)* ticket

la **biografía** biography

la **biología** biology

el **biólogo** (la **bióloga**) biologist

la **bisabuela** great-grandmother

el **bisabuelo** great-grandfather; *pl.* great-grandparents

la **bisnieta** great-granddaughter

el **bisnieto** great-grandson; *pl.* great-grandchildren

blanco white

la **blusa** blouse

la **boca** mouth

la **boda** wedding

el **bolero** Spanish dance

el **boleto** ticket

el **bolígrafo** ballpoint pen

la **bolsa (de valores)** stock market

el **bolsillo** pocket

el **bolso** bag, purse

bombardear to bombard

el **bombón** sweet, candy

bonito pretty

borracho drunk

el **bosque** forest

la **botana** appetizer

served with drinks

el **bote** rowboat; **bote de vela** sailboat

la **botella** bottle

el **botones** bellboy

el **Brasil** Brazil
brasileño Brazilian

el **brazo** arm
breve brief
brillante brilliant

la **brillantez** brilliance

la **broma** joke; **en broma** in fun, jokingly
bromear to joke

el **bronce** bronze; brass
broncearse to tan
bruto stupid

el **buceo** diving; **hacer buceo** to go diving
buen, bueno good, nice; well, okay; **¡Buen provecho!** Enjoy your meal!; **Buen viaje.** Have a good trip; **¡Buena lección!** That will teach you (him, her, etc.)!; **Bueno.** *(Mexico)* Hello. *(used as telephone greeting);* Well . . .; **Hace buen tiempo.** The weather is nice; **¡Qué buenas noticias!** What good news!; **¡Qué bueno!** Great!
burlarse de to mock; to make fun of

la **burocracia** bureaucracy

el **burrito** large tortilla rolled around meat, beans, etc.

buscar to look for; **en busca de** in search of

la **búsqueda** search

el **buzón** mailbox

C

caballeresco knightly, chivalrous

la **caballería** chivalry

el **caballero** gentleman

el **caballo** horse
caber to fit

la **cabeza** head; **le duele la cabeza** his (her) head aches

el **cabo** end; **al fin y al cabo** in the end

el **cacahuete** peanut

el **cacao** cacao tree or bean
cada each, every
caer to fall

el **café** coffee; café

la **cafeína** caffeine

la **caída** fall

la **calabaza** squash

el **calcetín** sock

la **calculadora** calculator
calcular to calculate

la **calefacción** heat, heating

el **calendario** calendar

la **calidad** quality
cálido warm, hot
caliente hot (temperature)
callar to quiet, silence; **callarse** to keep quiet

la **calle** street; **calle principal** main street

la **calma** calmness, composure

el **calor** heat, warmth; **hace calor** the weather is hot; **tener calor** to be warm, hot

la **caloría** calorie

el **calzado** footwear, shoe(s)

la **cama** bed

la **cámara** camera

el **camarero** (la **camarera**) waiter (waitress)

el **camarón** shrimp
cambiar to change; to exchange; **Cambiando de tema...** Changing the subject . . .; **cambiar de opinión** to change one's mind; **cambiar de residencia** to move; **cambiar de trabajo** to change jobs

el **cambio** change; **en cambio** on the other hand, in contrast; **la tasa de cambio** rate of exchange
caminar to walk

la **caminata** walk; **hacer una caminata** to take a walk

el **camino** road

el **camión** truck

la **camisa** shirt

la **camiseta** T-shirt

el **camote** sweet potato

el **campamento** camp; **ir de campamento** to go camping

la **campanada** stroke (of a clock)

la **campaña** campaign

el **campesino** (la **campesina**) country person

el **campo** country; field

canadiense Canadian

el **canal** channel

el **canciller** chancellor

la **canción** song

la **candela** candle

el **candidato** (la **candidata**) candidate

cansado tired

cansar to tire out; **cansarse** to become tired

el, la **cantante** singer

cantar to sing

la **cantidad** quantity

el **canto: canto de gallo** cock's crowing

el **cañón** canyon; cannon

la **capacidad** capacity

capaz able, capable

capitalista capitalist

el **capítulo** chapter

capturar to capture

la **cara** face

la **carabela** fast, light sailing ship used in the sixteenth century

el **carácter** character; nature; **de buen carácter** good-natured

caracterizar to characterize

¡Caramba! Good grief!

el **caramelo** sweet, candy

¡Caray! Good grief!

la **cárcel** jail

cardíaco heart, cardiac

el **cardiólogo** (la **cardióloga**) cardiologist

el **cargo: a cargo de** in charge of

el **Caribe** Caribbean

el **cariño** affection

cariñoso affectionate

carismático charismatic

la **carne** meat; **la carne de vaca** beef

caro expensive

la **carpintería** carpentry

el **carpintero** (la **carpintera**) carpenter

la **carta** letter

el **cartel** sign

la **cartera** wallet, small purse

el **cartógrafo** (la **cartógrafa**) map maker

el **cartón** cardboard

la **carrera** career; race; **estudiar a la carrera** to cram

la **casa** house; **en casa** in the home, at home; **fuera de casa** outside the home

el **casamiento** wedding

casar to marry; **casarse** to get married

casi almost

el **caso** case; **en caso de que** in case; **hacer caso** to pay attention

el **castillo** castle

el **catarro** head cold

la **catedral** cathedral

católico Catholic

la **causa** cause; **a causa de** because of

causar to cause

la **cebolla** onion

la **cédula** card; **cédula de identidad** I.D.

celebrar to celebrate

el **celo** jealousy; **tener celos** to be jealous

celoso jealous

celta Celtic

celtíbero Celtiberian

el **cementerio** cemetery

la **cena** dinner

cenar to eat dinner

el **cenicero** ashtray

el **censo** census

la **censura** censorship

censurar to censor

el **centavo** cent

el **centro** center; downtown; **centro comercial** shopping center

Centroamérica Central America

centroamericano Central American

la **cerámica** ceramics

cerca (de) near; **aquí cerca** nearby

el **cerdo** pork

la **ceremonia** ceremony

cero zero

la **cerveza** beer

cerrar (ie) to close; **cerrar con llave** to lock

el **ceviche** raw pickled fish

el **chaleco** vest

la **chaqueta** jacket

la **charla** talk, chat

charlar to chat, talk

¡chau! *(Southern Cone*

*of South America,
from Italian "ciao")*
So long!, Bye!

el **cheque** check;
cheque de viajero
traveler's check

la **chica** girl

el **chico** boy; *pl.* boys or
boys and girls

chico small

chileno Chilean

el **chile** chili pepper;
chile relleno
stuffed chili pepper

chino Chinese

el **chiste** joke; **chiste
verde** dirty joke

chistoso amusing,
witty, funny

el **chocolatín** chocolate
bar

ciego blind

el **cielo** sky, heaven

cien, ciento one
hundred; **por ciento**
percent

la **ciencia** science; **las
ciencias de com-
putación** computer
science; **las ciencias
políticas** political
science; **las ciencias
sociales** social
sciences

la **ciencia-ficción** science fiction

el **científico** (la **cientí-
fica**) scientist

cierto *adj.* certain, a
certain; true; *adv.* of
course, certainly; **lo
cierto es que** the
fact is that

el **cigarrillo** cigarette

el **cigarro** cigar

la **cima** height

el **cine** cinema, movie
theater

la **cinematografía**
cinematography

la **cinta** tape

la **cintura** waist

circular to circulate

la **circunstancia**
circumstance

la **cita** appointment;
date

la **ciudad** city

el, la **ciudadano** (la **ciuda-
dana**) citizen

la **claridad** light; **con
claridad** clearly

el **clarinete** clarinet

claro clear; light;
¡Claro! Of course!
¡Claro que no! Of
course not!

la **clase** class; kind, type;
clase alta upper
class; **compañero(a)
de clase** classmate;
**viajar en primera
clase** to travel first
class

clásico classical

la **cláusula** clause

el, la **cliente** customer

el **clima** climate

la **clínica** clinic

cobrar to charge

la **cocaína** cocaine

el **coche** car; **en coche**
by car

el **cochinillo** suckling
pig

la **cocina** cuisine, cook-
ing; kitchen

cocinar to cook

el **cocinero** (la **cocinera**)
cook, chef

el **coco** coconut

el **coctel** cocktail (party)

el **codo** elbow

la **coincidencia**
coincidence

la **cola** line; **hacer cola**
to stand in line

colectivo collective

el **colegio** (elementary
or secondary)
school, usually
private

el **collar** necklace

el **colmo** height, limit;
¡Esto es el colmo!
This is the last
straw!

colocar to place

colombiano
Colombian

la **colonia** colony

coloquial colloquial,
informal

colorado red

el **colorido** coloring

la **columna** column

la **comadre** close family
friend; godmother of
one's child

combatir to combat

combinar to combine

el **comediante** (la **come-
dianta**) comedian
(comedienne)

el **comedor** dining room

comentar to comment

el **comentario** com-
ment; commentary

comenzar (ie) to
begin

comer to eat

comercial
commercial

el, la **comerciante**
businessperson

el **comercio** commerce, business

cometer to commit, make

cómico comical, funny; **la tira cómica** cartoon, comic strip

la **comida** food; meal

el **comienzo** beginning; **a comienzos de** at the beginning of

la **comisión** commission

como *adv.* as, as though; like, such as; how; *conj.* since, as long as; **cómo** how (to); **como quieras** as you like; **¿Cómo se dirá...?** How does one say . . .?; **como si** as if; **tan... como** as . . . as; **tanto (...) como** as much (. . .) as

¿cómo? (¡cómo!) how? (how!); what? what did you say? what is it?; **¡cómo no!** of course!

cómodo comfortable

el **compadre** close family friend; godfather of one's child

el **compañero** (la **compañera**) companion; **compañero(a) de clase** classmate; **compañero(a) de cuarto** roommate

la **compañía** company

la **comparación** comparison

comparar to compare

comparativo comparative

compartir to share

la **compasión** compassion, pity, sympathy

la **competencia** competition

competitivo competitive

completar to complete

completo complete; full (*i.e.* no vacancies); **pensión completa** room with three meals a day included

complicado complicated

componer to compose

comportarse to behave

la **compra** purchase; **ir de compras** to go shopping

comprar to buy

comprender to understand

la **comprensión** understanding; empathy

comprensivo understanding

compuesto composed; compound

la **computación** computation; **las ciencias de computación** computer science

la **computadora** computer

común common

la **comunicación** communication

comunicar to communicate

la **comunidad** community

el **comunismo** communism

comunista communist

con with; **con gran interés en** greatly interested in; **con más razón** all the more reason; **con permiso** excuse me, with your permission; **con respecto a** with respect to, in reference to; **con tal (de) que** provided that

concentrarse en to be centered in

el **concepto** concept

la **conciencia** conscience

el **concierto** concert

concluir to finish

concreto concrete

condimentado seasoned

el **condimento** seasoning, spice, condiment

conducir (zc) to drive; to lead, conduct

la **conferencia** lecture

confesar (ie) to confess

la **confianza** confidence, trust

confundir to confuse

el **congreso** congress

la **conjetura** conjecture, guess

conmigo with me

conocer (zc) to meet; to know; to know

about, be familiar with; **¡Qué gusto conocerlo(la)!** Nice to meet you! Pleasure to meet you!

el **conocido** (la **conocida**) acquaintance; *adj.* known, well-known

el **conocimiento** knowledge

la **conquista** conquest

el **conquistador** conqueror

conquistar to conquer

la **consecuencia** consequence

consecutivo consecutive

conseguir (i) to obtain, get

el **consejero** (la **consejera**) adviser, counselor

el **consejo** piece of advice; **dar consejos** to advise

el **consentimiento** consent

conservador conservative

conservar to conserve, save

considerar to consider

consigo *pron.* with you, with him, with her, with them; with yourself, with yourselves, with himself, with herself, with oneself, with themselves

consistir to consist

consolado consoled

constante constant

constituir to constitute

construir to build

el **consuelo** consolation

la **consulta: libro de consulta** reference book

consultar to consult

consumir to consume

el **consumo** consumption

la **contabilidad** accounting

el **contacto** contact; **en contacto** in touch

contado: pagar al contado to pay cash

contaminar to pollute

contar (ue) to tell; **contar (con)** to count (on)

contemporáneo contemporary

contener (ie) to contain

contento happy

la **contestación** answer, reply

el **contestador (telefónico automático)** (automatic telephone) answering machine

contestar to answer, respond

el **contexto** context

contigo with you *(fam. sing.)*

el **continente** continent

la **continuación: a continuación** immediately after(wards), following

continuar to continue

contra against; **en pro o en contra** for or against

contrario: al contrario on the contrary; **por el contrario** on the contrary, however

contrastar to contrast

el **contraste** contrast

contratar to hire, employ

el **contrato** contract

contribuir (con) to contribute

controlar to control; to check

convencer (z) to convince

el **convento** convent

convenir (ie) to be convenient, suitable

conversar to converse

convertir (ie, i) to convert, change

el **coñac** cognac

la **copa** glass; goblet; **tomar una copa** to have a drink

copiar to copy

coqueto flirtatious

el **corazón** heart; **ataque al corazón** heart attack

la **corbata** necktie

el **cordero** lamb

la **cordillera** range, chain (of mountains)

la **corte** court (royal)

cortés courteous

la **cortesía** courtesy, politeness

corto short, brief

correcto correct, right

corregir (i) to correct

el **correo** post office; mail

correr to run

corresponder to correspond

la **correspondencia** correspondence; **curso por correspondencia** correspondence course

la **corrida: corrida de toros** bullfight

la **cosa** thing

la **cosecha** harvest

coser to sew

cósmico cosmic

la **costa** coast; **costa marítima** seacoast

costar (ue) to cost

el **costo** cost; **costo de la vida** cost of living

la **costumbre** custom, habit

cotidiano daily

el **creador** (la **creadora**) creator; *adj.* creative

crear to create

la **creatividad** creativity

creativo creative

crecer (zc) to grow; to grow up

el **crecimiento** growth

el **crédito** credit; **la tarjeta de crédito** credit card

la **creencia** belief

creer to believe, think; **Creo que no.** I don't think so.; **¿No crees?** Don't you think so? **¡Ya lo creo!** I believe it!

el **crimen** crime

cristiano Christian

Cristo Christ

la **crítica** critique, review

criticar to criticize

el **crítico** (la **crítica**) critic

la **crónica** chronicle

crudo raw

la **cruz** cross

cruzar to cross

el **cuaderno** notebook

la **cuadra** city block

el **cuadro** picture, painting

cual, cuales: el (la) cual, los (las) cuales which, whom; **lo cual** which

¿cuál? ¿cuáles? which? which one(s)? what?

la **cualidad** quality, attribute, characteristic

cualquier any; **cualquiera** anyone

cuando when, whenever

¿cuándo? when?

cuanto: en cuanto as soon as; **en cuanto a** as far as . . . is concerned; **unos cuantos** a few

¿cuánto? how much? how many?; **¡Cuánto gusto de verte!** How nice to see you!; **cuánto más...** the more . . .; **¡Cuánto me alegro!** How happy I am!; **¡Cuánto lo siento!** How sorry I am! I'm very sorry!; **¿cuánto**

tiempo? how long?

la **cuaresma** Lent

el **cuarto** room; quarter; fourth; **cuarto de al lado** room next door; **cuarto de baño** bathroom; **cuarto doble** double room; **cuarto sencillo** single room

cubano Cuban

cubierto (de) covered (with); *m.* tableware

cubista cubist (art)

cubrir to cover

la **cuchara** tablespoon

la **cucharita** teaspoon

el **cuchillo** knife

el **cuello** neck

la **cuenta** bill, check; **a fin de cuentas** in the final analysis; **darse cuenta de** to realize

el **cuento** story

el **cuerpo** body

la **cuestión** question, matter, issue

el **cuestionario** questionnaire

el **cuidado** care; **Cuidado.** Be careful.; **tener cuidado** to be careful

cuidadosamente carefully

cuidar(se) to take care of (oneself)

la **culpa** blame, guilt; **La culpa fue mía.** It was my fault; **tener la culpa** to be guilty

culpable guilty

cultivar to cultivate

el **cultivo** cultivation
culto well educated
la **cultura** culture
el **cumpleaños** birthday
cumplir to reach;
fulfill; **cumplir...
años** to be ... years
old
la **cuna** cradle
la **cuota** fee; installment,
payment
el **cura** priest
la **cura** cure
el **curandero** (la **curandera**) practitioner
of herbal medicine,
healer
curar(se) to cure
oneself
la **curiosidad** curiosity
curioso curious,
strange
el **curso** course; **curso
de computación**
computer-science
course; **seguir un
curso** to take a
course
la **custodia** custody
cuyo *rel pron.* whose,
of whom, of which

D

dado given
el, la **danzante** dancer
el **daño** harm; **hacer
daño** to harm
dar to give; **dar a** to
face, be on; **dar la
bienvenida a** to
welcome; **dar conse-
jos** to give advice;
dar importancia a

to consider (some-
thing) important;
dar un paseo to
take a walk; **dar un
paso** to take a step;
darse cuenta de to
realize; **darse la
mano** to shake
hands; **darse por
vencido** to give up,
surrender; **darse
prisa** to be in a
hurry; **¿Qué más
da?** So what?
de of, from, about; in;
on (after a superla-
tive); by; made of;
as, with; **De nada.**
You're welcome.; **de
veras** really; **más de**
more than (before a
number)
debajo de underneath
deber to owe; to be
obliged to, have to,
ought to, should; *m.
n.* duty; *pl.* home-
work
debido: debido a
due to
débil weak
la **debilidad** weakness
la **década** decade
decente decent
la **decepción** disap-
pointment
decepcionado
disappointed
decidir to decide
decir (i) to say, tell;
¿Cómo se dirá...?
How does one say...?;
es decir,... that
is, ...; **¿Es decir
que...?** Is that to

say ...?, Do you
mean ...?; **querer
decir** to mean
la **decisión** decision;
tomar una decisión
to make a decision
declarar to declare
dedicar to dedicate;
dedicarse a to dedi-
cate oneself to
el **dedo** finger; **el dedo
del pie** toe
el **defecto** defect
defender (ie) to
defend
la **defensa** defense
el **defensor** (la **defen-
sora**) defender
definido definite
degenerar to
degenerate
dejar to leave (some-
thing behind); to let,
allow; **dejar de** to
stop; **Déjeme pre-
sentarme.** Allow me
to introduce myself.
del contraction of
de + el
delante (de) in front
of, before
delgado slender
delicado delicate
delicioso delicious
la **delincuencia**
delinquency
demás rest, remain-
ing; **los demás** (the)
others
demasiado too, too
much; *pl.* too many
la **democracia**
democracy
el, la **demócrata** democrat
democrático

democratic

demográfico: la explosión demográfica population explosion

la **demoiselle** *(French)* young lady, maiden

demonios: qué demonios what in the dickens

demostrar (ue) to demonstrate, show

el **demostrativo** demonstrative

denigrante denigrating

denso thick

el, la **dentista** dentist

dentro (de) inside; within

depender (de) to depend (on)

el, la **dependiente** clerk

el **deporte** sport; **hacer deportes** to play sports

deportivo relating to sports

la **depresión** depression

deprimido depressed

derecho straight; right; **a la derecha** to the right; **seguir derecho** to proceed straight ahead

el **derecho** right; law

derivar to derive

el **dermatólogo; la dermatóloga** dermatologist

derramar to spill

el **desacuerdo** disagreement; **estar en desacuerdo con** to disagree with

desafortunadamente unfortunately

desagradable unpleasant

desaparecer (zc) to disappear

la **desaprobación** disapproval

desarrollar to develop; to unfold

el **desarrollo** evolution; development; growth

el **desastre** disaster

desayunarse to have breakfast; **desayunarse con...** to have . . . for breakfast

el **desayuno** breakfast; **tomar el desayuno** to have breakfast

descansar to rest

el **descanso** rest

descargar to let out

descender (ie) to descend

descifrar to decipher, unscramble

descompuesto broken

desconcertado disconcerted

desconocido unfamiliar, not known; *n.* stranger

descortés impolite, rude

describir to describe

descriptivo descriptive

descubierto discovered

el **descubrimiento** discovery

descubrir to discover

el **descuento** discount

desde since; from;

desde chico since childhood; **desde hace mucho tiempo** for a long time; **desde hace muchos años** for many years

desdichado unfortunate

deseable desirable

desear to wish, want

el **desempleo** unemployment

el **deseo** wish

desesperar to despair

la **desgracia** misfortune; **¡Qué desgracia!** What bad luck!

deshacer to undo, take apart

deshonesto dishonest

el **desierto** desert; *adj.* deserted, desert

la **desigualdad** inequality

desocupar to get out of, vacate

desorganizado disorganized

despacio slow

la **despedida** farewell, leavetaking

despedir (i) to fire; **despedirse (de)** to say goodbye (to)

despertar (ie) to waken; **despertarse** to wake up, awaken

despierto awake; alert

después (de) after, afterwards; **después (de) que** *conj.* after; **después de todo** in the final analysis, in the end; **poco**

después shortly afterwards

el **destino** destiny

destructivo destructive

destruir to destroy

la **desventaja** disadvantage

el **detalle** detail

detectivesco detective

determinar to determine, fix

detrás de behind

la **deuda** debt; **deuda externa** foreign debt

devolver (ue) to return, give back

devoto devout

el **día** day; **al día siguiente** on the following day; **Buenos días.** Good morning.; **de día** by day; **día de fiesta** holiday; **el Día de Acción de Gracias** Thanksgiving Day; **el Día de Año Nuevo** New Year's Day; **el Día de la Independencia** Independence Day; **el Día de las Madres** Mother's Day; **el Día de los Muertos** All Souls Day, Day of the Dead; **el Día de la Raza** Columbus Day; **el Día de los Reyes Magos** Epiphany; **el Día de San Valentín** Valentine's Day; **el Día del Trabajo** Labor Day;

hoy (en) día today, nowadays; *pl.* **en aquellos días** in those days; **en unos días** in a few days; **todos los días** every day

el **diablo** devil

diagnosticar to diagnose

el **diagnóstico** diagnosis

el **diálogo** dialogue

diario daily; *m. n.* newspaper; diary

dibujar to draw

el **dibujo** drawing

el **diccionario** dictionary

el **dicho** saying; *p. part.* said, told

diciembre December

el **dictador** dictator

la **dictadura** dictatorship

el **diente** tooth

la **dieta** diet; **estar a dieta** to be on a diet

la **diferencia** difference

diferente different

difícil difficult, hard

la **dificultad** difficulty

la **dignidad** dignity

el **diminutivo** diminutive; *adj.* tiny

dinámico dynamic, energetic

el **dinero** money; **dinero en efectivo** cash; **¡Ni por todo el dinero del mundo!** Not (even) for all the money in the world!

el **dios** god; **si Dios quiere** God willing

diplomático diplomatic

la **dirección** address, direction

directo direct

el **director** (la **directora**) conductor; director

dirigir to direct

la **disciplina** discipline

el **disco** record

la **discoteca** discotheque

discreto discreet

discriminar (a) to discriminate (against)

la **disculpa** excuse

disculpar to excuse, forgive; **disculparse** to apologize

el **discurso** speech

la **discusión** argument; discussion

discutir to discuss; to argue

diseñar to design, draw

el **diseño** design, drawing

disfrutar (de) to enjoy

disminuir to go down, decrease

la **disputa** fight, argument

la **distancia** distance; **llamada de larga distancia** long-distance call

distinguir to distinguish

distinto different, distinct, peculiar

diverso diverse, different; *pl.* several

la **diversidad** diversity

la **diversión** entertainment, diversion

divertido amusing, funny; amused

divertir (ie) to amuse, entertain; **divertirse** to have a good time

dividir to divide, separate, part; **dividirse en** to be divided into

divorciar to divorce; **divorciarse** to get a divorce

el **divorcio** divorce

doblar to double; to fold; to turn

el **doble** double; **aumentar el doble** to double

la **docena** dozen

el **doctor** (la **doctora**) doctor

el **doctorado** doctorate

documentar to document

el **documento** document

el **dólar** dollar

doler (ue) to hurt, ache; **Me duele la cabeza.** My head aches.

el **dolor** pain, ache; regret, sorrow

doméstico domestic; **animal doméstico** pet

dominador dominating

dominante dominating

dominar to dominate, control, rule

el **dominio** domination

el **domingo** Sunday

dominicano Dominican; of the Dominican Republic

don, doña titles of respect or affection used before a first name

donde where, in which

¿dónde? where?; **¿de dónde?** from where?

dondequiera wherever

dormido asleep

dormir (ue) to sleep; **dormirse** to fall asleep

el **dormitorio** bedroom

dramático dramatic

drástico drastic

la **droga** drug(s)

la **ducha** shower

la **duda** doubt

dudar to doubt

dudoso doubtful, dubious

el **dueño** (la **dueña**) owner, proprietor

el **dulce** sweet, piece of candy; *adj.* sweet; fresh

durante for, during; **¿durante cuánto tiempo?** for how long?

durar to last, take a long time

duro hard; difficult

E

e and (replaces **y** before words beginning with **i** or **hi**)

echar to throw (out);

echar una siesta to take a nap

la **ecología** ecology

la **economía** economics; economy

económico economic

el, la **economista** economist

el **ecuador** equator

ecuestre horseback (riding)

la **edad** age; **la Edad Media** Middle Ages; **¿Qué edad tienes?** How old are you?; **tener... años de edad** to be . . . years old

el **edificio** building

editar to publish

la **educación** upbringing; education

educado brought up; educated; **bien educado** well brought up; **mal educado** badly brought up, rude, spoiled

educar to bring up; to educate

efectivo actual, real; **dinero en efectivo** cash

el **efecto** effect

eficaz efficacious, effective

eficiente efficient

el **egoísmo** selfishness

egoísta selfish

ejecutivo executive

el **ejemplo** example; **por ejemplo** for example

ejercer to exercise

el **ejercicio** exercise;

hacer ejercicio to exercise

el **ejército** army

el the; **el que** he who, the one who

él *subj.* he; *obj. of prep.* him, it; **de él** (of) his

la **elección** election; choice

la **electricidad** electricity

eléctrico electric

la **elegancia** elegance

elegante elegant, stylish

elegir (i) to elect; to choose

elemental essential, basic

el **elemento** element

eliminar to eliminate

ella *subj.* she; *obj. of prep.* her, it; **de ella** her, (of) hers

ellos, ellas *subj.* they; *obj. of prep.* them; **de ellos (ellas)** their, (of) theirs

embarazada pregnant

embargo: sin embargo however

la **emergencia** emergency

el, la **emigrante** emigrant

emigrar to emigrate

emocional emotional

emocionante exciting, moving

emotivo emotional

la **empanada** stuffed pastry, meat pie

empeorarse to become worse

empezar (ie) to begin, start, initiate

el **empleado** (la **empleada**) employee

emplear to use; to employ, hire

el **empleo** employment, job; **la agencia de empleos** employment agency; **dar empleo** to employ, hire

la **empresa** company; **administración de empresas** business administration

en in; into; at; on; **en bastardilla** in italics; **en cambio** on the other hand, in contrast; **en casa** at home; **en caso (de) que** in case; **en cuanto** as soon as; **en cuanto a** as far as . . . is concerned; **en la gloria** in seventh heaven; **en la luna** daydreaming; **en punto** on the dot; **en realidad** in reality; **en resumen** in summary; **en seguida** at once; **en serio** seriously; **en síntesis** in short; **en vez de** instead of; **pensar en** to think about

enamorado (de) in love (with)

enamorarse (de) to fall in love (with)

encantar to delight, enchant; **Encantado.** I'd be delighted; Glad to meet you.; **Me encanta...** I love . . .

encargarse de to be in charge of

encerrado closed in

la **enchilada** enchilada (a tortilla stuffed with meat or cheese and served with a rich sauce)

la **enciclopedia** encyclopedia

encima (de) above, on top (of)

encontrar (ue) to find, encounter; **encontrarse con** to meet, run across

la **encuesta** poll

enemigo hostile; *n.* enemy

la **energía** energy

enfermarse to become ill, get sick

la **enfermedad** illness

el **enfermero** (la **enfermera**) nurse

el **enfermo** (la **enferma**) sick person; *adj.* sick, ill

enfrente de in front of

engañar to deceive, trick, fool

el **engaño** deceit, cheating

engañoso tricky

enojado angry

enojar to anger; **enojarse** to become angry

enorme enormous

enriquecer (zc) to enrich; **enriquecerse** to be enriched la **ensalada** salad

ensartarse de to get
into

el **ensayo** essay

la **enseñanza** teaching;
education;
instruction

enseñar to teach; to
show

entender (ie) to un-
derstand, to hear

enterarse (de) (ie) to
find out (about)

entero whole, entire

el **entierro** funeral,
burial

entonces then; and so

la **entrada** entrance,
entry; **el salón de
entrada** lobby

**entrado: entrado en
años** getting on in
years

**entrante: la semana
entrante** coming
week

entrar to enter, go
into, come in

entre between;
among; **entre tanto**
in the meantime

el **entremés** appetizer

entresemana
weekday

entretener (ie) to entertain

el **entretenimiento**
entertainment

la **entrevista** interview

entrevistar to
interview

entusiasmado (con)
excited, enthusiastic
(about)

entusiasmarse por to

be (get) enthusiastic
about

el **entusiasmo**
enthusiasm

la **envidia** envy

la **epidemia** epidemic

el **episodio** episode

la **época** age, time

el **equipaje** luggage;
equipment

el **equipo** team

la **equivalencia**
equivalence

equivalente
equivalent

equivocar to mistake,
get wrong; **equivo-
carse** to be mis-
taken, be wrong; to
make a mistake

el **erizo** sea urchin

la **escalera** stairs; ladder

el **escándalo** scandal

escaparse de to es-
cape from, get out of

el **escape** exhaust pipe

la **escena** scene, episode

el **escenario** stage, set

el **esclavo** (la **esclava**)
slave

escoger to choose; to
select

esconder to hide

escribir to write; **la
máquina de es-
cribir** typewriter

escrito p. part of
escribir written

el **escritor** (la **escritora**)
writer

la **escritura** writing

el **escuadrón** squad;
**escuadrón de la
muerte** death squad

escuchar to listen to

la **escuela** school; **escuela primaria** ele-
mentary school;
escuela secundaria
high school

el **escultor** (la **escultora**)
sculptor

la **escultura** sculpture

ese, esa adj. that; **ése,
ésa** pron. that (one)

el **esfuerzo** effort

la **esgrima** fencing

la **esmeralda** emerald

eso pron. that; **a eso
de** at around (time
of day); **Eso es.**
That's right.; **por eso**
that's why, for that
reason

esos, esas adj. those;
ésos, ésas pron.
those

el **espacio** space; delay;
espacio en blanco
blank; **por espacio
de un minuto** for a
minute's time

la **espalda** back

espantoso frightening

español Spanish

especial special

la **especialidad** spe-
cialty; major

especializarse en to
major in; to special-
ize in

especialmente espe-
cially

la **especie** species; type,
kind

específico specific

el **espectáculo** show

el **espejo** mirror

la **esperanza** hope

esperar to wait for; to

hope; to expect; **Es de esperar.** It's to be expected.; **¡No esperaba esto!** I didn't expect this!

el **espíritu** spirit, soul

espiritual spiritual

espléndido splendid

espontáneo spontaneous

la **esposa** wife

el **esposo** husband; *pl.* husband and wife

el **esquí** ski

esquiar to ski

la **esquina** corner

estable stable

establecer (zc) to establish

el **establecimiento** establishment

la **estación** season; station

el **estadio** stadium

la **estadística** statistic

el **estado** state, government status; **estado libre asociado** free associated state; **Estados Unidos** United States; **golpe de estado** coup d'état

estadounidense (citizen) of the U.S.

la **estampilla** stamp

el **estante** shelf

la **estatua** statue

estar to be; **¿Está bien que** + *subjunc.* ...? Is it okay to . . .?; **estar cansado** to be tired; **estar de acuerdo con** to be in agreement with;

estar de buen (mal) humor to be in a good (bad) mood; **estar de visita** to be visiting; **estar despierto** to be alert, awake; **estar en la luna** to be daydreaming

este, esta *adj.* this; **éste, ésta** *pron.* this (one)

el **este** east

el **estereotipo** stereotype

el **estilo** style; **estilo de vida** life style

estimado esteemed; dear

estimulante stimulating

el **estímulo** stimulant

la **estirpe** stock, lineage

esto *pron.* this (one)

el **estómago** stomach

estrecho narrow, closed in; *n.m.* straits

la **estrella** star; **estrella errante** falling star

el **estrés** stress (Anglicism)

estricto strict

la **estructura** structure

estructurado structured

el, la **estudiante** student

estudiantil *adj.* student; **la residencia estudiantil** dorm

estudiar to study

el **estudio** study; survey

la **estufa** stove

estupendo wonderful, great

étnico ethnic

europeo European

el **evento** event, happening

evidente evident, obvious

evitar to avoid, keep away from

exacto exact; Right!, Precisely!

exagerar to exaggerate

el **examen** examination, test; **fracasar en un examen** to fail an exam; **hacer (dar, sufrir, pasar) un examen** to take an exam

examinar to examine

la **excelencia** excellence

excelente excellent

excepto except

exclamar to exclaim

exclusivamente exclusively

la **excusa** excuse

el **excusado** bathroom

exigente demanding

exigir to demand

existente existing

existir to exist, be

el **éxito** success; **tener éxito** to be successful

exitoso successful

exótico exotic

la **experiencia** experience

experimentar to experience

el **experto** (la **experta**) expert

la **explicación** explanation

explicar to explain

el **explorador** (la **explo-**

radora) explorer
explorar to explore
exponer to exhibit
la **exportación** exportation, export
exportar to export
la **exposición** exhibit
expresar(se) to express (oneself)
extender (ie) to extend
extenso extended
externo foreign
el **extranjero** (la **extranjera**) foreigner; *adj.* foreign; **en el extranjero** abroad
extrañar to miss
extraño strange, odd
extraordinario extraordinary
extremo extreme
extrovertido extroverted

F

la **fábrica** factory
fabricar to manufacture
fácil easy, simple
la **facilidad** ease
la **facultad** school (of a university), department; faculty (capacity)
la **falda** skirt
fallar to fail
falso false
la **falta** lack
faltar to be lacking; **Me falta...** I need...; **¡No faltaba más!** That's all we need!

la **fama** fame
la **familia** family
familiar *adj.* family; *n.* family member
la **familiaridad** familiarity
famoso famous
la **fantasía** fantasy
fantástico fantastic, unreal
la **farmacia** pharmacy; pharmacology
el **fascismo** fascism
fascista fascist
la **fatiga** fatigue
el **favor** favor; **por favor** please; **favor de...** please . . .
favorito favorite
la **fe** faith
febrero February
la **fecha** date
la **felicidad** happiness; *pl.* congratulations
las **felicitaciones** congratulations
feliz happy; **Feliz fin de semana.** Have a nice weekend.
femenino feminine
feminista feminist
fenicio Phoenician
fenomenal phenomenal, terrific
el **fenómeno** phenomenon
feo ugly
feroz ferocious; terrible
la **fidelidad** loyalty
la **fiebre** fever
fiel faithful
la **fiesta** party; **día de fiesta** holiday; **hacer una fiesta**

to have a party
figurar to figure; be present
fijar to affix; **fijarse (en)** to notice
fijo fixed, set
filosofar to philosophize
la **filosofía** philosophy
el **filósofo** (la **filósofa**) philosopher
el **fin** end; **a fin de cuentas** in the final analysis; **a fines de** at the end of; **al fin** finally; **al fin y al cabo** in the end (to make a long story short); **fin de semana** weekend; **poner fin a** to put an end to; **por fin** finally
el **final: al final (de)** at the end (of)
finalmente finally
financiero financial
las **finanzas** finances
firmar to sign
firme firm; hard
la **física** physics
el **físico** (la **física**) physicist; *adj.* physical
flamenco pertaining to Gypsy music
el **flan** dessert somewhat like a custard
la **flor** flower
flotar to float
fluorescente fluorescent
folklórico folk (music), folkloric
la **forma** form; type; shape

la **formalidad** formality
formar to form, make
formidable terrific
el **formulario** form
forzado forcibly, by
necessity
la **fotocopiadora** photo-
copy machine
la **foto(grafía)**
photo(graph); pho-
tography; **sacar
fotos** to take
pictures
el **fotógrafo** (la **fotógrafa**) photographer
fracasar (en) to fail
francamente frankly
francés French
la **frase** sentence, phrase
fraudulento
fraudulent
la **frecuencia: con fre-
cuencia** frequently
frecuente frequent
frente a opposite,
facing
la **fresa** strawberry
fresco fresh; cool;
hace fresco the
weather is cool
el **frijol** bean
el **frío** cold; **hace frío**
the weather is cold;
tener frío to be cold
frito fried
la **frontera** border;
frontier
la **fruta** fruit
el **fuego** fire
la **fuente** source;
fountain
fuera (de) outside (of)
fuerte strong; loud;
plato fuerte main
course

la **fuerza** force, power
fulano so-and-so
el **fumador** (la **fu-
madora**) smoker
fumar to smoke
funcionar to function;
Esto no funciona.
This doesn't work (is
out of order).
el **funcionario**
functionary
fundar to found,
establish
furioso furious
el **fútbol** soccer; **fútbol
americano** football
el **futuro** future

G

el **galanteo** courtship,
wooing
la **galaxia** galaxy
la **gallina** chicken
el **gallo** rooster
el **galón** gallon
el **ganador** (la
ganadora) winner
ganar to earn; to win
las **ganas: tener ganas
de**+*inf.* to feel like
(doing something)
la **garantía** warranty
la **garganta** throat
la **gaseosa** carbonated
drink
la **gasolina** gasoline
gastar to spend
(money, etc.)
el **gasto** expenditure,
expense
gastronómico gastro-
nomic, related to
food

el **gato** cat
el **gazpacho** cold veg-
etable soup
generador generative
general general;
usual; **por lo ge-
neral** in general,
generally
generalizar to
generalize
el **género** gender
generoso generous
genial congenial; brilliant (having genius)
el **genio** genius
la **gente** people
la **geografía** geography
geográfico geographic
el, la **gerente** manager
el **gesto** gesture,
expression
el **gigante** giant
el **gimnasio** gym
la **gira** tour
gitano Gypsy
la **gloria: estar en la gloria** to be in seventh
heaven
gobernar (ie) to
govern
el **gobierno** government
el **golpe** blow
gordo fat
gozar (de) to enjoy;
**gozar de buena
salud** to enjoy good
health
la **grabadora** tape
recorder
la **gracia** grace, charm;
humor, quality of
being funny or
amusing; **hacerle
gracia a uno** to
strike someone as

funny; *pl.* thanks;
Día de Acción de Gracias Thanksgiving Day; **¡Gracias!**
Thank you!,
Thanks!; **Gracias por llamar (venir).**
Thanks for calling (coming).

gracioso funny, amusing

el **grado** degree; grade
graduarse to graduate

el **gráfico** graphic

la **gramática** grammar
gran (*apocope of* **grande**) great, large;
gran parte a great part
grande big, large; great
gratis free of charge
gratuito free of charge
grave grave, serious
Grecia Greece
griego Greek

la **gripe** flu
gritar to shout

el **grupo** group

el **guacamole** avocado dip
guapo good-looking
guaraní Guaraní (Indian group of Paraguay)
guardar to keep; to put away

la **guardería infantil** day-care center
guatemalteco Guatemalan
güero fair (complexion)

la **guerra** war

el, la **guía** guide; **la guía** guidebook

el **guión** script

la **guitarra** guitar

el **gusano** worm
gustar to please, be pleasing to; **Me gusta...** I like . . .

el **gusto** pleasure; taste;
¡Cuánto gusto de verte! How nice to see you!; **El gusto es mío.** The pleasure is mine.; **Mucho (Tanto) gusto.**
Pleased to meet you.;
No he tenido el gusto. I haven't had the pleasure.; **¡Qué gusto!** What a pleasure!; **Sobre gustos no hay nada escrito.** To each his (her) own.

H

haber to have (*auxiliary verb to form compound tenses*); to be (*impersonal*);
haber de + *inf.* to be supposed to, be expected to; **había** there was (were);
habrá there will be;
hay there is (are);
hay que + *inf.*
it is necessary to,
one must (should);
No hay de qué.
You're welcome.,
Don't mention it.;
No hay pena.

No need to be embarrassed.; **¿Qué hay?** How are you?,
What's new?; What's the matter?; **¿Qué hay de nuevo?**
What's new?

la **habitación** room

la **habilidad** ability

el, la **habitante** inhabitant
habitar to inhabit, live

el **hábito** habit

el **habla: de habla hispana** Spanish speaking
hablador talkative
hablar to talk, speak;
hablando de todo un poco to change the subject; **¡Ni hablar!** Don't even mention it!
hace (*with a verb in the past tense*) ago;
hace dos años two years ago; **¿cuánto tiempo hace que...?**
how long has . . . ?;
hace... que + *pres*
something has been going on for + *time period*
hacer to make, to do;
hacer + *inf.* to have something done;
hacer buen (mal) tiempo to be good (bad) weather; **hacer calor (frío, sol, viento)** to be hot (cold, sunny, windy);
hacer cola to stand in line; **hacer deportes** to play

sports; **hacer ejercicios** to do exercises; **hacer una fiesta** to have a party; **hacerle gracia a uno** to strike someone as funny; **hacer mal a alguien** to harm someone; **hacer un papel** to play a role; **hacer una pregunta** to ask a question; **hacer trampas** to cheat; **hacer uso de** to make use of; **hacer un viaje** to take a trip; **hacerse** +*noun* (or *adj*) to become; **Eso no se hace.** That's not allowed (done).

hacia toward

hacía: hacía... que (+*imperf.*) something had been going on for+*time period*

el **hambre** *f.* hunger; **tener hambre** to be hungry

la **hamburguesa** hamburger

hasta until; as far as; up to; even; **desde... hasta** from . . . to; **¡Hasta luego!** See you later!; **hasta que** *conj.* until

hecho made; *m. n.* event; fact

el **helado** ice cream

la **herencia** heritage; inheritance

la **hermana** sister

el **hermano** brother, *pl.* brothers or brothers

and sisters

hermoso beautiful, handsome

el **héroe** hero

la **heroína** heroine

el **hidalgo** (la **hidalga**) nobleman, noblewoman

el **hielo** ice

la **hierba** herb; grass

el **hierro** iron

la **hija** daughter

el **hijo** son; *pl.* children, sons and daughters

hipocondríaco *adj.* hypochondriac

hispánico Hispanic

hispano Hispanic

hispanoamericano Hispanic American

la **historia** story; history

histórico historic

el **hogar** home

la **hoja** leaf

¡Hola! Hello! Hi!

holandés Dutch

el **hombre** man; **¡Hombre!** Wow!

el **hombro** shoulder

homogéneo homogeneous, similar

hondo deep

la **honestidad** honesty

honesto honest

honrado honest

honrar to honor

la **hora** hour; time; **durante una hora** for an hour; **Es hora de...** It's time to . . .; **hora de partida** time of departure; **No veo la hora.** I can't wait.; **¿Qué hora es?** What time

is it?

el **horario** schedule, timetable

la **horchata** almond-flavored beverage

el **horóscopo** horoscope

horrendo awful

el **hotel** hotel; **el hotel de lujo** luxury hotel

hoy today; **hoy (en) día** these days, nowadays; **hoy mismo** this very day

el **hueco** hole

la **huelga** strike; **hacer huelga** to be on strike

el **hueso** bone

el, la **huésped** (also la **huéspeda**) guest

el **huevo** egg

humanitario humanitarian

humano human

humilde humble

el **humo** smoke

el **humor** humor; mood; **estar de buen (mal) humor** to be in a good (bad) mood

humorístico humorous

hundirse to sink

el **huracán** hurricane

¡Huy! Ow!

I

ibérico Iberian

el **ibero** (la **ibera**) Iberian (Spanish or Portuguese)

iberoamericano Iberian American

la **ida: de ida y vuelta** roundtrip
idealista idealistic
la **identidad** identidy; **cédula de identidad** I.D.
identificarse con to identify with
ideográfico ideographic, using symbols
la **ideología** ideology
ideológico ideological
el **idioma** language
idiota idiotic
la **iglesia** church
ignorar to ignore, not know
igual the same; equal; **igual que** the same as
la **igualdad** equality
igualmente equally; **Igualmente.** Same to you.
ilegal illegal
iluminar to illuminate
ilustrar to illustrate
la **imagen** image, picture
imaginar to imagine
imaginativo imaginative
imitar to imitate
impedir (i) to impede, hinder
el **imperio** empire
el **impermeable** raincoat
impertinente impertinent
implicar to imply
imponer to impose
la **importación** importation, import

la **importancia** importance; **dar importancia a** to consider (something) important; **¿Qué importancia tiene?** So what?
importante important
importar to matter, be important; **No importa.** It doesn't matter.
imposible impossible
impresionante impressive
impresionar to impress
impresionista impressionist
impreso printed
la **impresora** printer
el **impuesto** tax
el **impulso** impulse
inaugurar to inaugurate, open
inca Inca; **Inca** m. supreme ruler of the Incas
la **incapacidad** incapacity
el **incendio** fire
incitar to incite, encourage
incluir to include
incluso including; even
incómodo uncomfortable
incompleto incomplete
inconstante inconstant
la **incredulidad** disbelief
increíble incredible; **¡Qué increíble!**

How amazing!
indeciso indecisive
indefinido indefinite
la **independencia** independence
independiente independent
indicar to indicate; note
el **indicativo** indicative
el **indicio** clue word
indígena native; indigenous
indio Indian
indirecto indirect
el **individuo** individual
indocumentado undocumented
inducir (zc) to induce
la **industria** industry
industrializar to industrialize
la **infancia** childhood
infantil children's
infeliz unhappy
el **infierno** hell
el **infinitivo** infinitive
la **influencia** influence
influir to influence
informarse to get information
la **informática** computer science
informativo informative
el **informe** report
la **ingeniería** engineering
el **ingeniero** (la **ingeniera**) engineer
ingenioso ingenious
Inglaterra England
inglés English
ingrediente ingredient

los **ingresos** income
iniciar to initiate, strike up
la **injusticia** injustice
injusto unfair, unjust
inmediato immediate
el, la **inmigrante** immigrant
la **inmunología** immunology
innovar to innovate
inocente innocent
inolvidable unforgettable
insatisfecho dissatisfied
la **inseguridad** insecurity
insistir en to insist on
insolente insolent
el **insomnio** insomnia
insoportable unbearable
inspirar to inspire
el **instrumento** instrument
el **insulto** insult
intelectual intellectual
la **inteligencia** intelligence
inteligente intelligent
la **intensidad** intensity
intensivo intensive
intenso intense
intercambiar to exchange
el **interés** interest; **con gran interés en** greatly interested in
interesante interesting
interesar to interest
internacional international

el, la **internista** specialist in internal medicine
interno domestic
interpretar to interpret
intervenir (ie) to intervene
interrogar to interrogate, question
interrumpir to interrupt
intolerante intolerant
introducir (zc) to introduce
introvertido introverted
intuitivo intuitive
la **inundación** flood
inútil useless
invadir to invade
inventar to invent
el **invento** invention
la **inversión** investment
invertir (ie) to invest
la **investigación** research; investigation
investigar to research
el **invierno** winter
el **invitado** (la **invitada**) guest
invitar to invite; to treat
la **inyección** injection
ir to go; **ir a**+*inf.* to be going to+*inf.;* **ir a pie** to go by foot; **ir en avión (tren, barco,** etc.) to go by plane (train, boat, etc.); **ir de campamento** to go camping; **ir de compras** to go shopping; **irse** to go (away), leave; **¡Qué va!, ¡Vaya!**

Come on now!
irlandés Irish
la **ironía** irony
irónico ironic
irracional irrational
irresponsable irresponsible
la **irritabilidad** irritability
la **isla** island
el **istmo** isthmus
italiano Italian
el **itinerario** schedule
izquierdo left; **a la izquierda** on (to) the left

J

el **jai alai** jai alai (game of Basque origin)
jamás never, (not) ever
el **jamón** ham
japonés Japanese
el **jarabe** syrup
el **jardín** garden
la **jardinería** gardening
el **jardinero** (la **jardinera**) gardener
el, la **jefe** (also, la **jefa**) boss, leader
el, la **joven** young person; *adj.* young
judío Jewish
el **juego** (type of) game
el **jueves** Thursday
el **juez** judge
el **jugador** (la **jugadora**) player
jugar (ue) (a) to play (sports, games); to gamble; **jugar a los naipes** to play cards

el **jugo** juice

la **juguería** juice bar or stand

el **juguete** toy

julio July

junio June

la **junta** junta

junto together, near

el **jurado** jury

la **justicia** justice

justificar to justify

justo fair, just

la **juventud** youth

K

el **kilo(gramo)** kilo(gram)

el **kilómetro** kilometer

L

la the (*f. sing.*); *dir. obj.* her, it , you **(Ud.)**; **la de** that of; **la que** the one that

laboral work

laboralmente in terms of work

el **lado** side; **al lado de** next to, next door to; **al otro lado** on the other side; **de al lado** next door; **del lado de** on the side of; **por todos lados** everywhere

el **ladrón** thief

el **lagarto** alligator

el **lago** lake

el **lamento** lament

el **lápiz** pencil

largo long; **a lo largo**

de along

las the (*f. pl*); *dir. obj.* them, you **(Uds.)**; **las de** those of; **las que** the ones (those) that

la **lástima** pity **¡Qué lástima!** What a pity!

lastimar to hurt, injure; **lastimarse** to hurt oneself

la **lata** tin (can)

el **latín** Latin (language)

latino Latin

latinoamericano Latin American

lavar to wash; **lavarse las manos** to wash one's hands

le *indir. obj.* (to, for, from) him, her, it, you **(Ud.)**

la **lección** lesson

el **lector** (la **lectora**) reader

la **lectura** reading

la **leche** milk

leer to read

legalizar to legalize

la **legumbre** vegetable, legume

lejos far; far away; **lo más lejos posible** as far away as possible

la **lengua** language; tongue; **lengua materna** native language; **las malas lenguas** gossips

el **lenguaje** language, terminology

lento slow

la **leña** wood; firewood

el **león** lion

les *indir. obj.* (to, for, from) them, you **(Uds.)**

la **letra** letter; lyrics; *pl.* letters; literature

el **letrero** sign (incorporating written information, such as a shop sign, billboard, poster), label

la **leucemia** leukemia

levantar to raise; to lift up; **levantarse** to get up; to stand up

la **ley** law

la **leyenda** legend

libanés Lebanese

liberado liberated

la **libertad** liberty; freedom

el **libertador** liberator

libertar to free; to liberate

la **libra** pound

libre free, at liberty; unoccupied, not in use; **al aire libre** in the open air

la **librería** bookstore

el **libro** book; **libro de consulta** reference book

el **liceo** high school

el **líder** leader

el **lienzo** canvas

ligero light

limitar to limit

el **limón** lemon

la **limonada** lemonade

limpiar to clean (up)

limpio clean

lindo pretty

la **línea** line

el **lío** mess, confusion

el **líquido** liquid

la **lista** list

listo ready; clever; **estar listo** to be ready; **ser listo** to be clever; to be quick

literario literary

la **literatura** literature

el **litro** liter

la **llamada** call; **llamada de larga distancia** long-distance call

llamar to call; **llamarse** to be called; **¿Cómo se llama Ud.?** What is your name?

la **llave** key; **cerrar con llave** to lock

la **llegada** arrival

llegar to arrive; **llegar a ser** to become

llenar to fill, fill out

lleno (de) full; filled (with)

llevar to carry; to take; to wear; **llevar una vida feliz** to have a happy life

llorar to cry

llover (ue) to rain

la **lluvia** rain

lo *dir. obj.* him, it, you *(Ud.)*; the *(neuter):* **lo antes posible** as soon as possible; **lo cual** which; **lo mejor** the best thing; **lo mismo** the same thing; **lo que** what, that which

loco mad; crazy; **estar loco por** to be crazy about; **volverse loco** to go crazy

la **locura** craziness, madness; weakness

lógico logical, reasonable

lograr to get; to achieve; to obtain; to manage to

la **longevidad** longevity

los the *(m. pl.); dir. obj.* them, you *(Uds.);* **los de** those of; **los que** the ones (those) that (who)

la **lotería** lottery

la **lucha** struggle, fight

luchar to fight; to struggle

luego then; afterwards; **luego que** *conj.* as soon as

el **lugar** place; **fuera de lugar** out of place; **tener lugar** to take place

el **lujo** luxury; **el hotel de lujo** luxury hotel

la **luna** moon; **estar en la luna** to be daydreaming

el **lunes** Monday

la **luz** light; traffic light

M

machista (male) chauvinistic

el **macho** male

la **madera** wood

la **madre** mother

la **madrina** godmother

maduro ripe

el **maestro** (la **maestra**) teacher, master

mágico magic, magical

magnífico magnificent

el **mago** magician; **los (Reyes) Magos** Three Kings, Wise Men

el **maíz** corn, maize

mal *adv.* badly, poorly; **acabar mal** to have an unhappy ending; **mal educado** rude, spoiled

el **mal** evil; **Nunca hizo mal a nadie.** He never harmed anyone

mal, malo *adj.* bad, naughty; **estar de mal humor** to be in a bad mood; **hace mal tiempo** the weather is bad; **¡Menos mal!** That's a relief! Just as well!

la **maleta** suitcase

malgastar to waste

la **malicia** malice

mandar to order; to send; to command; **¿Mande?** *(Mexico)* Pardon?, Sorry?

el **mandato** order, command

la **mandioca** manioc

el **mando** command; authority

manejar to drive

la **manera** way; **de alguna manera** somehow; **de esta manera** in this way; **de ninguna manera** (in) no way; **¡De**

ninguna manera! No way!; **¿De qué manera?** In what way? How?

el **mango** mango (fruit)

la **manifestación** demonstration

la **mano** hand; **darse la mano** to shake hands; **hecho a mano** handmade

la **manta** blanket

la **manteca** lard

mantener (ie) to maintain; to support; to keep

la **mantequilla** butter

la **manzana** apple; *(Spain)* block

la **mañana** morning; *adv.* tomorrow; **de la mañana** A.M.; **por la mañana** in the morning

el **mapa** map

la **máquina** machine; **escribir a máquina** to type; **máquina de escribir** typewriter

el **mar** sea; ocean; **la orilla del mar** seashore

maravilloso wonderful

la **marca** brand

marcharse to leave, depart

el **marido** husband

el **marisco** shellfish

marítimo maritime; **la costa marítima** seacoast

el **mármol** marble

la **marmota** marmot

el **martes** Tuesday

el **marxismo** Marxism

marzo March

más *adv.* more; any more; most; *prep* plus; **ahora más que nunca** now more than ever; **con más razón** all the more reason; **más adelante** farther on; **más bien** rather; **más de** +*number* more than; **más que** more than; **más o menos** more or less; okay; **más tarde** later; **más vale** it is better; **no tener más remedio** to have no other recourse; **¡Qué ciudad más bonita!** What a lovely city!; **¿Qué más da?** So what?

el **masaje** massage

el, la **masajista** masseur (masseuse)

la **máscara** mask

matar to kill

las **matemáticas** mathematics

el, la **matemático** mathematician

la **materia** subject, field of study

materno maternal; **lengua materna** native language

la **maternidad** maternity; **en estado de maternidad** pregnant

la **matrícula** registration; tuition; **la oficina de matrícu-**

las office of student registration

matricularse to register

el **matrimonio** married couple; matrimony; marriage

maya Maya

mayo May

mayor greater; older; **el (la) mayor** the greatest; the oldest; **la mayor parte de** most of

la **mayoría** majority

me (to, for, from) me; myself

la **medalla** medal

la **medianoche** midnight

mediante by means of

las **medias** stockings

el **medicamento** medicine

la **medicina** medicine

el, la **médico** (*also* la **médica**) physician; *adj.* medical

la **medida** measure; measurement

medio half; middle; average; **la clase media** middle class; **la Edad Media** Middle Ages; **media mañana** in the late morning; **el Medio Oriente** Middle East

el **medio** medium; mean(s); **por medio de** by means of

el **mediodía** noon

mediterráneo Mediterranean

la **mejilla** cheek
mejor better; best;
   lo mejor the best
   part or thing
mejorar to improve;
   mejorarse to get
   better
la **memoria** memory;
   remembrance
mencionar to men-
   tion, tell
menor smaller,
   younger; smallest;
   youngest
menos less; least; except; **a menos que**
   unless; **al menos** at
   least; **más o menos**
   more or less; okay;
   menos de less than;
   ¡Menos mal! That's
   a relief! Just as well!;
   por lo menos at
   least
el **mensaje** message
el **mensajero (la men-**
   sajera) messenger
la **mente** mind
mentir (ie) to lie
la **mentira** lie
menudo: a menudo
   often
el **mercado** market
la **mercancía**
   merchandise
merecer (zc) to
   deserve
el **mes** month; **hace un**
   mes a month ago;
   el mes pasado last
   month; **por mes**
   monthly
la **mesa** table
el **mestizaje** crossing of
   races

mestizo mestizo, In-
   dian and European
la **meta** goal, aim
meter to put; to in-
   sert; **meter la pata**
   to put one's foot in
   one's mouth, blunder
el **método** method
el **metro** meter
mexicano Mexican
mexicoamericano
   Mexican American
la **mezcla** mixture
mezclar(se) to mix
mi, mis my
mí *obj. of prep.* me;
   myself
el **miedo** fear; **tener**
   (sentir) miedo to be
   afraid
la **miel** honey
el **miembro** member
mientras (que) while;
   mientras tanto in
   the meantime
el **miércoles** Wednesday
mil thousand; one
   thousand
el **milagro** miracle
militar military; *n.*
   soldier
la **milla** mile
millón million
el **millonario (la millo-**
   naria) millionaire
mínimo minimal
el **ministro (la ministra)**
   minister
la **minoría** minority
minoritario minority
el **Minotauro** Minotaur
   (monster with the
   head of a bull)
el **minuto** minute
mío(s), mía(s) *adj.* my,

(of) mine; **el mío (la**
   mía, los míos, las
   mías) *pron.* mine;
   ¡Dios mío! My
   goodness!
mirar to watch, look
   (at)
la **misa** mass *(religious)*
miserable poor;
   miserable
la **miseria** extreme
   poverty; pittance;
   villa miseria slum
mismo same; very;
   just right; **ahora**
   mismo right now,
   immediately; **hoy**
   mismo this very
   day; **lo mismo** the
   same (thing)
el **misterio** mystery
misterioso mysterious
la **mitad** half
el **mito** myth
la **mitología** mythology
la **mochila** backpack
la **moda** fashion
el **modelo** model, style
moderado moderate
moderno modern
modesto modest
modificar to change,
   modify
el **modismo** idiom
el **modo** style; way;
   mood *(grammar)*;
   de todos modos
   anyway
mojado wet
el **mole** *(Mexico)* a sauce
   made from dried red
   chile, nuts, choco-
   late, and spices
molestar to bother,
   annoy; **¿En qué te**

molesta? What's wrong? How does it bother you?

la **molestia** bother, trouble; **¡Qué molestia!** What a pain!

molesto upset

el **molino** mill; **molino de viento** windmill

el **momento** moment

la **monarquía** monarchy

la **moneda** coin

monetario monetary

el **monje** monk

el **monólogo** monolog

el **monstruo** monster

montado: montado a caballo on horseback

el **montaje** setting up

la **montaña** mountain

morir (ue) to die

moro Moorish

el **mosaico** mosaic

la **mosca** fly

mostrar (ue) to show

el **motivo** reason; **por algún motivo** for some reason

la **motocicleta** motorcycle

mover (ue) to move

la **movilidad** mobility

el **movimiento** movement

la **moza** waitress

el **mozo** waiter

la **muchacha** girl

el **muchacho** boy; *pl.* children

mucho *adj.* much; a lot; a great deal; very; *pl.* many; *adv.* very much; **muchas gracias** thanks;

muchas veces many times, often; **Mucho gusto.** Nice to meet you.; **mucho tiempo** a long time

mudarse to move

el **mueble** piece of furniture

la **muerte** death

muerto dead; deceased

la **muestra** sign; sample

la **mujer** woman

mulato mulatto

la **multa** fine

mundial *adj.* world; **Segunda Guerra Mundial** Second World War

el **mundo** world; **todo el mundo** everybody

la **muralla** wall

el **músculo** muscle

el **museo** museum

la **música** music

el, la **músico** musician; *adj.* musical

mutuo mutual

muy very

N

nacer (zc) to be born

el **nacimiento** birth

la **nacionalidad** nationality

nada nothing; (not) anything; *adv.* not at all; **De nada.** You're welcome., Don't mention it.

nadar to swim

nadie nobody; no one; (not) anybody

el **naipe** card; **jugar a los naipes** to play cards

la **naranja** orange

el **narcotraficante** drug dealer

la **nariz** nose

narrar to relate; narrate

la **natación** swimming

natal of birth, native

nativo native

la **naturaleza** nature

natural natural; illegitimate

la **Navidad** Christmas, Nativity; *pl.* Christmas

necesario necessary

la **necesidad** need; necessity

necesitar to need

negar (ie) to deny

negativo negative

el **negocio** business

la **negrilla** bold type

negro black; *n.* black person

el **nervio** nerve

nervioso nervous

nevar (ie) to snow

ni nor; not even; **¡Ni hablar!** Don't even mention it!; **ni... ni** neither . . . nor; **¡Ni por todo el dinero del mundo!** Not (even) for all the money in the world!

la **niebla** fog; **haber niebla** to be foggy

la **nieta** granddaughter

el **nieto** grandson; *pl.* grandchildren

la **nieve** snow

ningún, ninguno not one; not any; none, no, neither (of them); **de ninguna manera** by no means, (in) no way; **¡De ninguna manera!** No way!

la **niña** girl

la **niñez** childhood

el **niño** boy; *pl.* children; **de niño** as a child

el **nivel** level; **nivel de vida** standard of living

no no; not; **¿no?** right

la **noche** night; evening; **buenas noches** good night, good evening; **de la noche** P.M.; **de noche** at night; **esta noche** tonight; **por la noche** at night; **toda la noche** all night

la **Nochebuena** Christmas Eve

la **Nochevieja** New Year's Eve

nocturno nocturnal

nombrar to name

el **nombre** name

el **norte** north

norteamericano North American

nos (to, for, from) us, ourselves

nosotros, nosotras *subj. pron.* we; *obj. of prep.* us, ourselves

la **nota** note; grade; **sacar buenas (malas) notas** to get good (bad) grades

notar to note; to observe

la **noticia** news, notice; **mirar las noticias** to watch the news; **¿Qué buena noticia!** What good news!

la **novedad** (piece of) news

la **novela** novel; **novela de misterio** mystery

el, la **novelista** novelist

el **novenario** nine-day period of mourning

noveno ninth

la **novia** girlfriend; fiancée; bride

noviembre November

el **novio** boyfriend; fiancé; bridegroom

la **nube** cloud

nublado cloudy

nuestro *adj.* our, of ours; **el nuestro** *pron.* ours

nuevamente again

nuevo new; **de nuevo** again; **¿Qué hay de nuevo?** What's new?

el **número** number

numeroso numerous

nunca never, (not) ever

nutritivo nutritious

O

o or; **o... o** either . . . or

obedecer (zc) to obey

el **obispo** bishop

el **objetivo** objective

el **objeto** object

obligar to obligate; to compel

obligatorio obligatory

la **obra** work

el **obrero** (la **obrera**) worker

observar to observe

el **observatorio** observatory

obtener to obtain

obvio obvious; evident

la **ocasión** occasion

occidental occidental; western

el **océano** ocean

el, la **oculista** oculist

ocupado busy; occupied

ocurrente witty, humorous

ocurrir to occur, happen; to take place

odiar to hate

el **odio** hatred

el **oeste** west

ofender (ie) to offend

ofensivo offensive

la **oferta** offer; **oferta de trabajo** job offer

oficial official

la **oficina** office, bureau

el **oficio** skill; trade

ofrecer (zc) to offer; to present

el **oído** sense of hearing

oír to hear; **¡Oiga!** word used to get someone's attention

¡Ojalá (que)...! I wish (that) . . ., I hope that . . .; **¡Ojalá que nos veamos pronto!** I hope (that) we see each other soon.

el **ojo** eye; **¡Ojo!** Take notice!

el **óleo** oil (painting)

olímpico olympic

la **oliva** olive

olvidar(se) de to forget

la **opción** option; choice

opinar to give an opinion, to think or have an opinion

oponer(se) to oppose

la **oportunidad** opportunity

la **oposición** opposition

la **opresión** oppression

el **optimismo** optimism

el, la **optimista** optimist; *adj.* optimistic

opuesto opposite

la **oración** sentence; prayer

el **orden** order; sequence

la **orden** order, command

ordenado neat

ordenar to order, command

la **oreja** ear

orgánico organic

organizar to organize

el **órgano** organ (part of the body)

el **orgullo** pride

orgulloso proud

el **oriente** orient, east

el **origen** origin, source

originar to originate

la **orilla** edge; border; margin; **orilla del mar** seashore

el **oro** gold

os (to, for, from) you, yourselves

oscuro obscure; dark

el **otoño** autumn; fall

otorgar to grant, give

otro another; other; **en otras palabras** in other words; **otra vez** again

P

la **paciencia** patience

el, la **paciente** patient; *adj.* patient

pacífico peaceful

padecer (zc) to suffer

el **padre** father; *pl.* parents

el **padrino** godfather; *pl.* godparents

la **paella** paella; Spanish dish of seafood, chicken, and saffroned rice

pagar to pay, pay for

la **página** page

el **país** country

el **pájaro** bird

la **palabra** word; **en otras palabras** in other words

la **palabrota** swearword

el **palacio** palace

pálido pale

la **palmada** clap

la **palmera** palm tree

el **palo** stick

la **paloma** dove

el **pan** bread

la **panadería** bakery

panameño Panamanian

el **panecillo** roll (bread)

los **pantalones** pants, trousers

la **pantalla** screen

el **pañuelo** handkerchief

la **papa** potato

el **papá** dad; papa

el **papel** paper; role; **hacer (tener) un papel** to play a role

el **paquete** package

el **paquidermo** pachiderm

el **par** pair, couple

para for; for the purpose of; in order to; by (a certain time); toward, in the direction of; **estar para** to be about to, to be in the mood for; **para mí** as far as I'm concerned; **para que** so that; **¿para qué?** why?; **para siempre** forever

la **parada** stop

el **parador** government-operated hotel in Spain

el **paraguas** umbrella

paraguayo Paraguayan

el **paraíso** paradise

parar to stop

parecer (zc) to appear; to seem, look like; **¿Qué te parece?** What do you think (about it)?

parecido similar

la **pared** wall

la **pareja** couple

el **parentesco** relationship, kinship

el **paréntesis** parenthesis

el **pariente (la parienta)** relative

la **parodia** parody

el **parque** park

la **parte** part; place; **¿De parte de quién?** On whose behalf? Who is calling?; **en alguna parte** somewhere; **en algunas partes** in some places; **en otra parte** somewhere else; **en, por todas partes** everywhere; **la mayor parte de** most of; **por otra parte** on the other hand; **la tercera parte** one-third

participar to participate

particular (a) special (to)

la **partida** departure; **la hora de partida** time of departure

el **partido** political party; game, match

partir to part; to leave, depart

el **párrafo** paragraph

la **parrilla** grill

la **parrillada** *(Argentina)* barbecued meat

el **pasado** past; last; *adj.* past; **pasado mañana** the day after tomorrow; **el tiempo pasado** past tense, past

el **pasaje** passage; fare, ticket

el **pasajero** (la **pasajera**) passenger

el **pasaporte** passport

pasar to pass; to pass along; to spend (time); to happen; **pasarlo bien** to have a good time

la **Pascua** Passover; Easter

pasear to take a walk; to stroll

el **paseo** walk, stroll; drive, ride; **dar un paseo** to take a walk, ride

el **pasillo** passage; corridor

pasivo passive

el **paso** step; pace; **dar un paso** to take a step

el **pastel** pie

la **pastilla** pill; drop (candy)

la **pata** foot, leg (of animal); **meter la pata** to put one's foot in one's mouth, blunder

la **patata** potato

patinar to skate

la **patria** homeland

el **patrón** patron; protector; boss

la **paz** peace

el **pedazo** piece

el **pedido** request

pedir (i) to ask (someone to do something), ask for, request; to order (in a restaurant); **pedir prestado** to borrow

la **pelea** fight; quarrel

la **película** film; movie

el **peligro** danger

peligroso dangerous

el **pelo** hair; **tomarle el pelo a uno** to put

someone on, pull someone's leg

la **pena** punishment; penalty; sorrow; embarrassment; **No tanga(s) pena.** No need to be embarrassed.; **¡Qué pena!** What a shame!

la **penicilina** penicillin

el **pensador** (la **pensadora**) thinker

el **pensamiento** thought; idea

pensar (ie) to think; to plan; **pensar en** to think about

la **pensión** small hotel that generally provides at least one meal a day; **pensión completa** room with three meals a day included

penúltimo next-to-the-last

la **peña** meeting of people to sing, dance, listen to or play music

peor worse; worst; **lo peor** the worst thing or part; **Tanto peor.** So much the worse.

pequeño small; little

perder (ie) to lose; **¡No se puede perder!** You can't miss it (get lost)!; **perder (el) tiempo** to waste time

la **pérdida** loss

el **perdón** pardon; forgiveness; **Perdón.**

Pardon.; I'm sorry.

perdonar to pardon; to forgive

el **peregrino** (la **peregrina**) pilgrim

la **pereza** laziness

perezoso lazy

perfecto perfect

el **periódico** newspaper

el, la **periodista** journalist

el **permiso** permission; **Con permiso.** Excuse me.

permitir to permit; to allow; **¿Me permite...?** May I . . .?, Will you permit me to . . .?

pero but

perseguir (i) to pursue; to persecute; to follow

la **persona** person; **toda persona** everyone

el **personaje** character (in a film or literary work)

la **personalidad** personality

la **perspectiva** perspective

pertenecer (zc) to belong

peruano Peruvian

el **perro** dog

pesado heavy; tiresome

pesar to weigh

pesar: a pesar de (que) in spite of (the fact that)

la **pesca** fishing

el **pescado** fish

el **pescador** (la **pescadora**) fisher-

man (fisherwoman)

pescar to fish

la **peseta** peseta (unit of money in Spain)

el, la **pesimista** pessimist

el **peso** weight; peso (unit of money); **bajar de peso** to lose weight

la **petición** petition; request

el **petróleo** oil; petroleum

picante highly seasoned, hot

picar to mince

pictórico pictorial

el **pie** foot; **con el pie izquierdo** with (on) the left foot, left foot first; **ir a pie** to walk; **ponerse de pie** to stand up; **tener... pies de altura** to be . . . feet tall (high)

la **piedra** rock, stone

la **piel** skin; fur; **quemarse la piel** to sunburn

la **pierna** leg

la **pieza** room; part

la **píldora** pill

la **pimienta** pepper

el **pincel** paintbrush

pintar to paint

el **pintor** (la **pintora**) painter

pintoresco picturesque

la **pintura** painting

la **piña** pineapple

la **piñata** a decorated papier-mâché figure filled with candies,

fruits, and gifts and hung from the ceiling to be broken by a blindfolded person with a stick

la **pirámide** pyramid

el **pirata** pirate

la **piscina** swimming pool

el **piso** floor, story

la **pizarra** blackboard

plagiar to plagiarize, copy

planear to plan

el **planeta** planet

la **planta** plant

plantar to plant; **dejar plantado** to stand up (for a date)

el **plástico** plastic

la **plata** silver; money

el **plátano** banana

el **plato** dish; plate; **plato fuerte** main course

la **playa** beach

la **plaza** plaza, square; **plaza principal** main square; **plaza de toros** bullring

el **pluscuamperfecto** past perfect (tense)

la **población** population

pobre poor; **¡Pobre de ti!** Poor you!

la **pobreza** poverty

poco little (in amount); *pl.* few; *adv.* not very; **en poco tiempo** in a short while; **poco después** shortly afterwards; **un poco** a little (bit)

poder (ue) to be able,

can; **Podría ser.** Could be.; **Querer es poder.** Where there's a will there's a way.

el **poder** power; authority; **subir al poder** to rise to power; **tomar el poder** to take power

poderoso powerful

podrido rotten

el **poema** poem

la **poesía** poetry

el, la **poeta** (la **poetisa**) poet

poético poetic

el **policía** policeman; *f.* policewoman; police force; police station

el **poliéster** polyester

la **política** politics; policy

el, la **político** politician; *adj.* political; in-law

el **pollo** chicken

el **polo** pole; **polo norte (sur)** North (South) Pole

poner to put, place; **poner la mesa** to set the table; **ponerse** to put on (clothing); **ponerse de acuerdo** to come to an agreement, agree; **ponerse**+*adj.* to become

poquísimo (superlative of **poco**) very little; *pl.* very few

por for; because of, on account of; for the sake of; by; per; through; through-

out; along; around; in place of; in exchange for; during; in; **darse por vencido** to give up, surrender; **estar loco por** to be crazy about; **estar por** to be in favor of; **por algún motivo** for some reason; **por ciento** percent; **por completo** completely; **por el contrario** on the contrary, however; **por debajo de** underneath; **por Dios** for goodness sake; **por ejemplo** for example; **por eso** for that reason; **por favor** please; **por fin** finally; **por lo general** generally; **por la mañana (tarde, noche)** in the morning (afternoon, evening); **por medio de** through, by means of; **por lo menos** at least; **por otra parte** on the other hand; **por primera vez** for the first time; **¿por qué?** why?; **por si acaso** just in case; **por suerte** luckily; **por supuesto** of course; **por lo tanto** therefore; **por todas partes (todos lados)** everywhere; **por lo visto** evidently

el **porcentaje** percentage

pornográfico pornographic

porque because; **porqué** *n.* reason

portarse to behave

porteño of Buenos Aires

portugués Portuguese

el **porvenir** future

la **posada** inn; *pl.* Mexican Christmas celebration

la **posesión: tomar posesión de** to take possession of, take over

la **posibilidad** possibility

posible possible; **todo lo posible** everything possible

la **posición** position; status; stance

positivo positive

postal: tarjeta postal postcard

el **postre** dessert

potente strong

la **práctica** practice

practicar to practice; to perform

práctico practical

pragmático pragmatic, practical

el **precio** price; **a precio más bajo** at a lower price; **a precio reducido** on sale; **precio fijo** fixed price

precioso precious

preciso precise, exact; **es preciso que...** It's necessary (essential) that. . . .

precolombino pre-Columbian

precoz precocious

predecir to predict, foretell

predominar to predominate

la **preferencia** preference

preferible preferable

preferido favorite

preferir (ie) to prefer

el **prefijo** prefix

la **pregunta** question; **hacer una pregunta** to ask a question

preguntar to ask; **preguntarse** to wonder

el **prejuicio** prejudice

prematuro premature

el **premio** prize

la **prensa** press

la **preocupación** worry

preocupar to worry, concern, preoccupy; **preocuparse** to worry, be concerned

preparar to prepare

la **presencia** presence

la **presentación** presentation; introduction

presentar to present; to introduce; **Déjeme presentarme.** Allow me to introduce myself.

presente present

preservar to preserve

el **preservativo** preservative

presidencial presidential

el, la **presidente** (la **presidenta**) president

la **presión** pressure; **presión arterial** blood pressure; **presión atmosférica** air pressure

el **préstamo** loan

prestar to borrow; **pedir (tomar) prestado** to borrow; **prestar atención** to pay attention

el **prestigio** prestige

el **presupuesto** budget

el **pretérito** preterit

preventivo preventive

prevenir (ie) to prevent

la **prima ballerina** the leading female dancer in a ballet company

primaria: escuela primaria elementary school

la **primavera** spring

primer, primero first; **lo primero** the first thing

el **primo** (la **prima**) cousin

principal main

principio: a principios de at the beginning of; **al principio** at the beginning

el **prioste** fiesta host

la **prisa** haste; **darse prisa** to hurry; **tener prisa** to be in a hurry

la **prisión** prison

el **prisionero** (la **prisionera**) prisoner; **hacer prisionero** to take prisoner

privado private

el **privilegio** privilege

pro pro; **en pro o en contra** for or against

probable probable, likely; **Es probable que no.** That's probably not so. **Es probable que sí.** That's most likely true.

probablemente probably, in all likelihood; **Probablemente no.** Probably not. **Probablemente sí.** Probably.

la **probabilidad** probability

probar (ue) to try, taste; **probarse** to try on or out

el **problema** problem

el **proceso** process; trial

proclamar to proclaim

producir (zc) to produce

el **producto** product

el **productor** producer

el **profesor** (la **profesora**) teacher, instructor, professor

profundo deep, profound

el **programa** program

la **programación** software

programar to program

progresivo progressive

el **progreso** progress

prohibir to forbid, prohibit

prolongar to prolong

la **promesa** promise
prometer to promise
promocionar to promote
el **pronombre** pronoun
pronto soon; fast; **tan pronto como** as soon as
pronunciar to make (a speech); to pronounce
propicio propitious, favorable
la **propiedad** property
la **propina** tip
propio own
el **propósito: a propósito** by the way; **a propósito de...** regarding . . ., talking about
la **prosa** prose
prosperar to prosper
la **prosperidad** prosperity
próspero prosperous
proteger to protect
la **protesta** protest
protestar to protest
el **prototipo** prototype
el **provecho: ¡Buen provecho!** Enjoy your meal!
el **proverbio** proverb
la **provincia** province
provocar to provoke
próximo next, coming
proyectar to project
el **proyecto** project
prudente prudent, cautious
la **prueba** test, trial; proof
el, la **psicoanalista** psychoanalyst

la **psicología** psychology
el **psicólogo** (la **psicóloga**) psychologist
psíquico psychic
publicar to publish
la **publicidad** publicity, advertising
el **público** public; *adj.* public
el **pueblo** town; people
el **puente** bridge
el **puerco** pork
la **puerta** door
el **puerto** port
puertorriqueño Puerto Rican
pues well; because
puesto *p. part. of* **poner** put, positioned
el **puesto** job, position
el **pulmón** lung
el **punto** point; **punto de vista** point of view
puntual punctual
el, la **purista** purist
puro pure; total; mere

Q

que *rel. pron.* that, which, who, whom; *adv.* than; **algo que hacer** something to do; **de lo que** than; **del (de la, de los, de las) que** than; **el (la, los, las) que** that, which, who, the one(s), that, he (she, those) who; **lo que** what, that which; *indirect command* may, let, have; **no... más**

que only
¿qué? what? which?; **¿para qué?** why? for what purpose?; **¿por qué?** why; **¿Qué hay?** How are you?, What's new?, What's up?, What's the matter?; **¿Qué hay de nuevo?** What's new?; **¿Qué importancia tiene?** So what?; **¿Qué más da?** So what; **¿Qué tal?** How's it going?; **¿Qué tal el viaje?** How was the trip?; **¿Y qué?** So what?; **¡Qué...!** What (a) . . .! How . . .!; **¡Qué barbaridad!** Good grief!; **¡Qué buena noticia!** What good news!; **¡Qué ciudad más bonita!** What a lovely city!; **¡Qué gusto!** What a pleasure!; **¡Qué va!** Come on now!
quebrar (ie) to break; **quebrarse la pierna** to break one's leg
quedar to remain, be left; to fit; to go with; **quedar grande (pequeño)** to be big (small); **quedarse** to stay, remain; to be left (in a state or condition)
el **quehacer** chore
la **queja** complaint
quejarse to complain
quemar to burn; **quemarse** to burn one-

self; **quemarse la piel** to sunburn

querer (ie) to want, wish; to love; **como quieras** as you like; **querer decir** to mean

querido dear; *m.* dear one

el **queso** cheese

quien, quienes who, whom; he (she, they) who, the one(s) who, those who

¿quién?, ¿quiénes? who? whom?; **¿de quién?** whose?

la **química** chemistry

quinto fifth

el **quiropráctico** (la **quiropráctica**) chiropractor

quirúrgico surgical

quitar to take away; **quitarse** to take off

quizás perhaps, maybe

R

el **rabino** rabbi

racional rational

racista racist

el **radiólogo** (la **radióloga**) radiologist

la **raíz** (*pl.* **raíces**) root

el **rancho** ranch

rápido quick, fast, rapid

raro rare, strange

el **rato** short time or while; **un buen rato** quite a while; **un largo rato** (for) a

long time; **los ratos libres** free time

la **raza** race; **de raza** purebred; **el Día de la Raza** Columbus Day

la **razón** reason; **con más razón** all the more reason; **tener razón** to be right

razonable reasonable

reaccionar to react

real real, actual; royal

la **realidad** reality; **en realidad** actually, really, in reality

realista realistic

realizar to realize, bring about (a plan, project)

el, la **rebelde** rebel

la **recepción** hotel registration desk

el, la **recepcionista** receptionist, desk clerk

la **receta** recipe; prescription

recetar to prescribe

recibir to receive, get

el **recibo** receipt

el **reciclaje** recycling

reciente recent

la **reciprocidad** reciprocity, give and take

recitar to recite

recoger to gather, pick up

recomendar (ie) to recommend

reconocer (zc) to recognize

recordar (ue) to remember

el **recreo** recreation

el **recuerdo** memory; souvenir

recuperar(se) to recover

el **recurso** resource

reducido reduced; **a precio reducido** on sale

reducir (zc) to reduce

reemplazar to replace

la **referencia** reference

referirse (ie) a to refer to; to relate to, concern

reflejar to reflect

reflexionar to reflect, ponder

reflexivo reflexive

la **reforma** reform

reformar to reform

el **refrán** proverb

el **refresco** refreshment; drink

el **refugiado** (la **refugiada**) refugee

el **refrigerador** refrigerator

regalar to give as a gift

el **regalo** gift, present

regatear to bargain

el **régimen** regime

la **regla** rule

regresar to return, come back

regular regular; all right

rehusar to decline

la **reina** queen

reír (i) to laugh; **reírse de** to laugh at

la **relación** relationship

relacionado con related to

relacionar to relate

relajar to relax; **relajarse** to become relaxed

relatar to tell

relativo relative; **tener algo de relativo** to be somewhat relative

releer to reread

religioso religious

relleno stuffed

el **reloj** watch

el **remedio** remedy; recourse

renacer (zc) to be reborn

la **reparación** repair

el **repaso** review

repente: de repente suddenly

repetir (i) to repeat

el **reportaje** report

reportar to report

el **reportero** (la **reportera**) reporter

reposar to rest

el, la **representante** representative

representar to represent

la **república** republic

republicano republican

el **requisito** requirement

la **res** head of cattle; **carne de res** beef

reservar to reserve

el **resfriado** cold (illness)

la **residencia** residence; **residencia estudiantil** dorm

el, la **residente** resident

resolver (ue) to solve

respectivamente respectively

el **respecto** respect, reference; **con respecto a** with respect (regard) to

respetar to respect

el **respeto** respect, esteem

respetuoso respectful

la **respiración: tubo de respiración** snorkle

respirar to breathe

responder to respond, answer

la **responsabilidad** responsibility

responsable responsible

la **respuesta** answer

el **restaurante** restaurant

el **resto** rest, remainder

resuelto (*p. part of* **resolver**) solved

el **resultado** result

resultar to result; to turn out

el **resumen** summary; **en resumen** in summary

resumir to summarize

retardar to slow down

retirarse de to retire from

retórico rhetorical

el **retrato** portrait, description

el **retrete** bathroom

la **reunión** meeting

reunir to bring together, unite; **reunirse** to meet

el **reverso** back, reverse

la **revista** magazine

revolucionar to revolutionize

el **revolucionario** (la **revolucionaria**) revolutionary; *adj.* revolutionary

revuelto scrambled

el **rey** king; *pl.* king and queen; kings

rezar to pray

rico rich; delicious

ridículo ridiculous

la **rima** rhyme

el **río** river

la **riqueza** wealth

la **risa** laughter

rítmico rhythmic

el **ritmo** rhythm

robar to rob, steal

la **rodilla** knee

rogar (ue) to beg, plead, entreat; to request

rojo red

romano Roman

el **romanticismo** romanticism

romántico romantic

romper con to break (up) with

el **ron** rum

la **ronda** circle

la **ropa** clothing; **la ropa interior** underwear

la **rosa** rose

rosado rosé (wine)

el **rostro** face

roto broken

el **ruido** noise

la **ruina** ruin

la **rumba** rhumba

ruso Russian

la **rutina** routine, daily grind

S

el **sábado** Saturday
saber to know; **saber +***inf.* to know how to; *preterit* to find out; **¿Qué sé yo?** What do I know?
el **sabor** taste; flavor
sabroso delicious
sacar to take out; **sacar una A** to get an A; **sacar buenas (malas) notas** to get good (bad) grades; **sacar fotos** to take photos
el **sacerdote** priest
el **sacrificio** sacrifice
sagrado holy
la **sal** salt
la **sala** living room; large room; **sala de espera** waiting room
salado salty
el **salame** salami
el **salario** salary
la **salchicha** sausage
la **salida** exit, way out
salir to go out, leave (a place); to come out or up (as sun, moon, stars); **salir de** to go out of; **salir para** to leave for
el **salón** large room, salon; **salón de entrada** lobby; **salón de té** tea room
la **salsa** sauce; salsa music
saltar to jump
la **salud** health; **gozar de buena salud** to enjoy good health;

¡Salud! Cheers!; Gesundheit!
saludar to greet, say hello
el **saludo** greeting, salutation; **¡Saludos a la familia!** Regards to the family!
la **salvación** rescue, salvation
salvar to save, rescue
san (*apocope* of **santo**) saint
la **sandalia** sandal
sangrante bloody
la **sangre** blood
la **sangría** sangría (cold drink made from wine and fruit)
sano healthy
el **santo** (la **santa**) saint; **santo patrón** patron saint
el **sarampión** measles
la **sátira** satire
satirizar to satirize
satisfacer to satisfy
satisfecho satisfied
se *indir. obj.* (to, for, from) him, her, it, you (**Ud., Uds.**), them; *refl. pron.* (to, for, from) himself, herself, itself, yourself (**Ud.**), themselves, yourselves (**Uds.**), oneself; *recip. refl.* each other, one another
secar to dry
seco dry; unconcerned
el **secretario** (la **secretaria**) secretary
el **secreto** secret; *adj.*

secret
secundario secondary; **efecto secundario** side effect; **escuela secundaria** high school
la **sed** thirst; **tener sed** to be thirsty
la **seda** silk
el **sedante** sedative
el **seductor** (la **seductora**) seducer
sefardí Sephardic
seguido in a row, consecutive; **en seguida** right away
seguir (i) to follow; to continue, keep on; **seguir adelante, seguir derecho** to proceed straight ahead; **seguir un curso** to take a course
según according to; depending on; **según dicen** as people say; **según su opinión** in your opinion
el **segundo** second; second one; *adj.* second
la **seguridad** security; certainty
seguro sure, certain; secure, safe; *adv.* certainly, that's for sure
seleccionar to choose
el **sello** (*Spain*) stamp
la **selva** forest, jungle
la **semana** week; **el fin de semana** weekend; **la semana que viene** next week; **Semana Santa**

Holy Week
semejante similar, such (a)
el **semestre** semester
el **senador** (la **senadora**) senator
sencillo simple; plain; **el cuarto sencillo** single room
el **sensacionalismo** sensationalism
sensible sensitive
sentarse (ie) to sit down, be seated
el **sentido** sense; direction
el **sentimiento** feeling, sentiment
sentir (ie) to feel, sense; to be sorry (for); **¡Cuánto lo siento!** How sorry I am!, I'm very sorry!; **sentir miedo** to be afraid; **sentir que** to be sorry that; **sentirse** to feel
la **señal** sign (usually containing no writing, such as a road sign); signal; gesture
señalar to mark; to point out; to gesture
el **señor** (*abbr.* **Sr.**) man, gentleman; sir; mister; Mr.; **los señores** (*abbr.* **Sres.**) Mr. and Mrs.
la **señora** (*abbr.* **Sra.**) lady, wife; ma'am; Mrs.
la **señoría** lordship
la **señorita** (*abbr.* **Srta.**) young lady; miss; Miss

separar to separate; **separarse de** to be separated from
septiembre September
la **sequía** drought
el **ser** being; **ser humano** human being
ser to be; **es que** that's because; **llegar a ser** to become; **ser de** to be made of; to be from
el **sereno** night watchman
la **serie** series
serio serious; **en serio** seriously
el **servicio** service
servir (i) to serve; **servirse** to help oneself (to something); **¿En qué puedo servirles?** How can I help you?; **¿Para qué sirven?** What are they good for?; **para servirle** at your service; **servir de** to serve as
el **sexo** sex
si if; whether; **como si** as if
sí yes; *reflex. pron.* himself, herself, etc. (*after prep.*)
el **SIDA** AIDS
siempre always
la **siesta** midday break for rest, nap; **echar una siesta** to take a nap
el **siglo** century
el **significado** meaning
significar to mean,

signify, indicate
significativo significant
siguiente following; **al día siguiente** on the following day
el **silencio** silence
silencioso silent
la **silla** chair
el **sillón** armchair
simbolizar to symbolize
el **símbolo** symbol
la **simpatía** empathy
simpático nice, congenial
sin with; **sin embargo** however, nevertheless; **sin igual** unparalleled; **sin que** *conj.* without
sincero sincere
el **sindicato** labor union
el **síndrome** syndrome
sino but, but rather; **sino que** + *clause* but rather
el **sinónimo** synonym
la **síntesis** synthesis; **en síntesis** in short
el **síntoma** symptom
sirio Syrian
el **sistema** system
el **sitio** place, spot; site, location; **los sitios** sights
sobre about; over; on top of; **sobre todo** especially
sobrehumano superhuman
sobrevivir to survive; to outlive
el **sobrino** (la **sobrina**) nephew (niece)

la **sociabilidad** sociability

el **socialismo** socialism

socialista socialist

socializado socialized

la **sociedad** society

el **socorro** help

sofisticado sophisticated

el **sol** sun; **al salir el sol** when the sun rises; **haber sol** to be sunny; **tomar sol** to sunbathe

solamente only

el **soldado** soldier

la **soledad** loneliness; isolation; solitude

solicitar to seek out

solitario solitary; lone

solo alone; lone; single

sólo only; **no sólo... sino también** not only . . . but also

soltero unmarried

solucionar to solve

la **sombra** shadow

el **sombrero** hat; **Se quitan el sombrero.** They take off their hats.

la **somnolencia** drowsiness

sonar to ring

sonreír to smile

soñar (ue) (con) to dream (about)

el **sondeo** poll

la **sopa** soup

soportar to put up with, stand; to support

sor (before the name of a nun) sister

sordo deaf

sorprendente surprising

sorprender to surprise

la **sorpresa** surprise

sospechoso suspicious

sostener to support, maintain

su, sus his, her, its, their, your (**Ud., Uds.**)

suave soft; mild

subestimar to underestimate

la **subida** ascent; rise

subir to go up, climb; **subir a** to get in or on; **subir al poder** to rise to power

el **subjuntivo** subjunctive

la **substancia** substance

subversivo subversive

suceder to succeed, follow in order

sucesivo successive

sucio dirty

el **sucursal** branch

Sudamérica South America

sudamericano South American

el **sueldo** salary

el **suelo** floor

el **sueño** dream; sleep; **¡Es un sueño!** It's terrific (a dream)!; **tener sueño** to be sleepy

la **suerte** fortune, luck; **por suerte** luckily; **¡Qué suerte!** What luck!

el **suéter** sweater

suficiente sufficient, enough

el **sufrimiento** suffering

sufrir (de) to suffer (from)

sugerir (ie) to suggest

el **suicidio** suicide

el **sujeto** subject

la **suma** sum

el **superhombre** superman

superlativo superlative

el **supermercado** supermarket

la **superpoblación** overpopulation

supersticioso superstitious

suponer to suppose, assume

supuesto supposed; **por supuesto** of course

sur south; **América del Sur** South America

sureste southeast

suroeste southwest

suspender to suspend

la **sustancia** substance

el **sustantivo** noun

la **sustitución** substitution

sutil subtle

suyo(s), suya(s) *adj.* (of) his, her, of hers, your, of yours (**Ud., Uds.**), their, of theirs; **el suyo (la suya, los suyos, las suyas)** *pron.* his, hers, yours (**Ud., Uds.**), theirs

T

el **tabaco** tobacco

el **taco** taco, corn tortilla stuffed with cheese, beans, etc.

tal such (a); **con tal (de) que** provided that; **¿qué tal?** How are things?; **¿Qué tal el viaje?** How was the trip?; **tal como** such as; **tal vez** perhaps

el **talento** talent

la **talla** size

el **tamal** tamale

el **tamarindo** tamarind (tropical fruit)

también too, also

el **tambor** drum

tampoco neither, (not) either

tan so, such; **tan... como** as . . . as; **tan pronto como** as soon as

tanto(a, os, as) *adj. and pron.* so much (many), as much (many); *adv.* as (so) much; **mientras tanto** in the meantime; **por lo tanto** however; **tanto como** as much (many) as; **Tanto gusto.** Nice to meet you.; **¡Tanto mejor!** So much the better!; **¡Tanto peor!** So much the worse!

tardar en + *inf.* to take (+ time period) to

la **tarde** afternoon or early evening; **Buenas tardes.** (used from noon until sundown) Good afternoon.; Good evening.; **de la tarde** P.M.; **por la tarde** in the afternoon

tarde *adv.* late

la **tarea** homework; **tareas del hogar** housework

la **tarjeta** card; **tarjeta de crédito** credit card; **tarjeta postal** postcard

la **tasa** rate; **tasa de cambio** exchange rate

el, la **taxista** taxi driver

la **taza** cup

te *obj. pron.* (to, for, from) you, yourself *(fam. sing.)*

el **té** tea

teatral theatrical

el **teatro** theater

el **techo** roof

la **técnica** technique

la **tecnología** technology

tejer to knit

el **tejido** weaving, textile

la **tela** fabric

telefónico *adj.* telephone, of the telephone

el **teléfono** telephone; **número de teléfono** telephone number

la **telepatía** telepathy, mind reading

el **televisor** television set

el **tema** theme, topic, subject; composition; **Cambiando de tema...** To change the subject . . .

temer to fear

el **temor** fear

el **temperamento** temperament

la **temperatura** temperature

la **tempestad** tempest; storm

el **templo** temple

temporal temporary

temprano early

la **tendencia** tendency

tender (ie) (a) to tend (to); to hang up

el **tenedor** fork

tener (ie) to have; **Aquí tienes.** Here you are; **¿Qué edad tienes?** How old are you?; **¿Qué importancia tiene?** So what?; **tener alternativa** to have a choice; **tener... años** to be . . . years old; **tener buena (mala) suerte** to have good (bad) luck; **tener calor** to be hot; **tener celos** to be jealous; **tener cuidado** to be careful; **tener la culpa** to be guilty; **tener derecho a** to have the right to; **tener dolor de cabeza (estómago)** to have a headache (stomachache); **tener éxito** to be successful; **tener frío** to be cold; **tener ganas**

de+*inf.* to feel like (doing something); **tener gracia** to be funny; **tener hambre** to be hungry; **tener lugar** to take place; **tener miedo (de) que** to be afraid that; **tener pena** to be embarrassed; **tener prisa** to be in a hurry; **tener que**+*inf.* to have to (do something); **tener razón** to be right; **tener sed** to be thirsty; **tener sueño** to be sleepy; **tener vergüenza** to be ashamed

el **tenis** tennis

el **tentempié** snack

la **teoría** theory

terapeútico therapeutic

tercer(o) third

el **tercio** third

terco stubborn

la **terminación** ending

terminar to end, finish

el **término** term

la **terminología** terminology

la **ternera** veal

el **terremoto** earthquake

el **terreno** terrain; land; ground

terrorífico terrifying

el **terrorismo** terrorism

el **tesoro** treasure

el **texto** text; **libro de texto** textbook

ti *obj. of prep.* you,

yourself *(fam. sing.)*

la **tía** aunt

el **tiburón** shark

el **tiempo** weather; time; tense (grammatical); **a tiempo** on time; **al mismo tiempo** at the same time; **¿Cuánto tiempo hace que...** How long . . .?; **en poco tiempo** in a short while; **en tiempos pasados** in times past; **hace buen (mal) tiempo** the weather is good (bad); **los buenos viejos tiempos** the good old days; **mucho tiempo** a long time, a great deal of time; **perder (el) tiempo** to waste time; **¿Qué tiempo hace?** What's the weather like?; **tiempo pasado** past tense, past; **todo el tiempo** all the time

la **tienda** shop, store

la **tierra** land; earth, soil; **por tierras hispánicas** in Hispanic countries

tímido shy

la **tinta** ink

tinto red (wine)

el **tío** uncle; *pl.* aunt and uncle, uncles

típico typical

el **tipo** type, kind; guy

la **tira cómica** cartoon, comic strip

tirar to throw; to pull

el **tiro al vuelo** shooting

el **tiro con arco** archery

el **título** title, degree

la **toalla** towel

tocar to touch; to play (a musical instrument); to knock

todavía still, yet

todo *adj.* all, entire, whole; complete; every; *m. n.* everything; **después de todo** in the end; after all; **por todas partes (todos lados)** everywhere; **sobre todo** especially; **todo el día** all day; **todo el mundo** everyone; **toda persona** everyone; *pl.* all, every; *n.* everyone; **todos los días** every day

la **tolerancia** tolerance

tomar to take; to drink; **tomar asiento** to take a seat; **tomar una copa** to have a drink; **tomar una decisión** to make a decision; **tomar el desayuno** to have breakfast; **tomarle el pelo a uno** to pull someone's leg, put someone on; **tomar el poder** to take power; **tomar prestado** to borrow; **tomar sol** to sunbathe

el **tomate** tomato

la **tontería** foolishness; **¡Qué tonterías!** What nonsense!

tonto silly, foolish

el **torero** bullfighter

el **toro** bull; **la corrida de toros** bullfight; **la plaza de toros** bullring

la **torta** cake

la **tortilla** corn or wheat pancake or flat bread *(Mexico)*; omelette *(Spain)*

la **tortuga** turtle

la **tortura** torture

el **torturador** (la **torturadora**) torturer

la **torre** tower

la **tos** cough

toser (ue) to cough

total total, complete; **Total (que)...** So . . .

la **totalidad** totality; whole

el **trabajador** (la **trabajadora**) worker; *adj.* hard-working

trabajar to work; **¡A trabajar!** Get to work!

el **trabajo** work, job; **cambiar de trabajo** to change jobs; **el Día del Trabajo** Labor Day; **la oferta de trabajo** job offer

la **traducción** translation

traducir (zc) to translate

el **traductor** (la **traductora**) translator

traer to bring; to carry

el **tráfico** traffic

trágico tragic

el **traje** costume; suit; outfit

trampas: hacer trampas to cheat

tranquilamente quietly, peacefully

la **tranquilidad** tranquility

el **tranquilizante** tranquilizer

tranquilo quiet

transformar to change, transform; **se han ido transformando** they have gradually changed

transmitir to transmit

transportar to transport

el **transporte** transportation; el **transporte público** public transportation

el **tratamiento** treatment

tratar to treat; **tratar de** to try to, attempt to; to deal with, be concerned with

el **trato** interchange

traumático traumatic

través: a través de across, through

la **travesía** crossing

trazar to trace; to draw

treintañero about thirty years old

tremendo tremendous

el **tren** train; **en tren** by train

el **tribunal** court of law

el **trigo** wheat

el **trimestre** quarter (of

the scholastic year)

la **trinidad** trinity

triste sad

la **tristeza** sadness

triunfar to triumph, win, succeed

el **triunfo** triumph, victory

tropezar (ie) to stumble; **tropezar con** to bump into

tu, tus your *(fam. sing.)*

tú you *(fam. sing.)*

el **tubo** tube; **tubo de respiración** snorkle

la **tumba** tomb

el **turismo** tourism

el, la **turista** tourist

turístico *adj.* tourist

tuyo(s), tuya(s) *adj.* your, of yours; **el tuyo (la tuya, los tuyos, las tuyas)** *pron.* yours *(fam. sing.)*

U

u or (used instead of **o** before a word beginning with **o** or **ho**)

Ud., Uds. *abbr.* for **usted** or **ustedes**

la **úlcera** ulcer

último last; most recent; latest

único unique; only

la **unidad** unit

unido united; close; **Estados Unidos** United States

unir to unite

la **universidad** univer-

sity, college
universitario *adj.* university, college
el **universo** universe
uno (un), una one; a, an
unos, unas some; a few; several; **unos +** *a number* about
urbano urban
urgente urgent
uruguayo Uruguayan
usar to use; to wear
el **uso** use; **hace uso** makes use
usted (*abbr.* **Ud., Vd.**) you (*formal); pl.* **ustedes** (*abbr.* **Uds., Vds.**) you (*fam. + formal*)
usualmente usually
el **utensilio** utensil
útil useful
la **utilidad** usefulness, utility
utilizar to use
la **uva** grape

V

la **vaca** cow; **la carne de vaca** beef
las **vacaciones** vacation(s); **estar de vacaciones** to be on vacation
la **vacilación** hesitation
vacío empty
la **vacuna** innoculation, vaccination
la **valentía** courage
valer to be worth; **más vale** it is better
válido valid, true

valientemente bravely, valiantly
la **valija** suitcase
el **valle** valley
el **valor** value; courage; **la bolsa de valores** stock market
el **vals** waltz
el **vapor** steam
variado varied
variar to vary; **variar según** to vary with or according to
la **variedad** variety
varios several; various
vasco Basque
el **vaso** glass
¡Vaya! Come on now!; **¡Que le vaya bien!** May all go well with you!
el **vecindario** neighborhood
el **vecino** (la **vecina**) neighbor
la **vega** fertile lowland
vegetar to vegetate, sit idle
el **vegetariano** (la **vegetariana**) vegetarian
el **vehículo** vehicle
la **vejez** old age
la **vela** candle; sail(boat)
la **velocidad** speed
el **velorio** wake, vigil
vencer (z) to overcome, triumph, conquer; **darse por vencido** to give up, surrender
el **vendedor** (la **vendedora**) seller, trader, salesperson
vender to sell

venezolano Venezuelan
venir to come; **el año que viene** next year; **Ven acá.** Come here.
la **venta** sale; **en venta** for sale
la **ventaja** advantage
la **ventana** window
ver to see; **A ver.** Let's see; **Bueno, nos vemos.** Well, see you.; **No veo la hora.** I can't wait,; **Ojalá que nos veamos pronto.** I hope we see each other soon.; **¡Qué alegría verte!** How nice to see you!; **Te veo pronto.** See you soon.; **tener algo que ver con** to have something to do with
el **verano** summer
veras: ¿de veras? really?
el **verbo** verb
la **verdad** truth; **en verdad** in fact; **¿verdad?** right? isn't that so?
verdadero true, real
verde green; unripe; **chiste verde** dirty joke
la **verdura** vegetable
la **vergüenza** shame; **tener vergüenza** to be ashamed
verificar to verify
el **verso** verse
el **vestido** dress; **estar**

vestido de to be dressed as

vestir (i) to dress; **vestirse** to get dressed

el **veterinario** (la **veterinaria**) veterinarian

la **vez** (*pl.* **veces**) time, instance, occasion; **a la vez** at the same time; **a veces** sometimes; **alguna vez** ever, at some time; **algunas veces** sometimes; **de vez en cuando** from time to time; **en vez de** instead of; **muchas veces** often, many times; **otra vez** again, once more; **otra vez más** one more time; **por primera vez** for the first time; **tal vez** perhaps, maybe; **una vez** once

viajar to travel; **viajar en primera clase** to travel first class

el **viaje** trip; **agente de viajes** travel agent; **¡Buen viaje!** Have a good trip!; **hacer un viaje** to take a trip

el **viajero** (la **viajera**) traveler; **el cheque de viajero** traveler's check

la **víbora** viper, snake

la **víctima** victim

la **victoria** victory

la **vida** life; **el costo de la vida** the cost of living; **gozar de la vida** to enjoy life;

llevar una vida feliz to have a happy life; **el nivel de vida** standard of living; **la vida familiar** family life

el **video** (also, **vídeo**) videotape

el **vidrio** glass

viejo old, elderly; *n.* old person

el **viento** wind; **hacer viento** to be windy

el **viernes** Friday; **Viernes Santo** Good Friday

la **vigilancia** vigilance

vigilar to keep watch over

la **villa: villa miseria** slum

el **vinagre** vinegar

el **vino** wine

la **violencia** violence

violento violent

la **virtud** virtue

el **virrey** viceroy

la **visita** visit; **estar de visita** to be visiting

el, la **visitante** visitor

visitar to visit

la **vista** view; eyesight; **punto de vista** point of view

visualizar to visualize

la **vitalidad** vitality

la **vitamina** vitamin

el **viudo** (la **viuda**) widower (widow)

¡Viva...! Hoorray for...! Long live . . .!

la **vivienda** housing

vivir to live; **vivir de** to live from

vivo alive; bright

el **vocabulario** vocabulary

volar (ue) to fly, be in flight

el **volcán** volcano

el **vólibol** volleyball

el **voluntario** (la **voluntaria**) volunteer

volver (ue) to return; **volver a** + *inf.* to do something again; **volverse loco** to go crazy

vosotros (**vosotras**) *subj. pron.* you (*fam. pl.*); *obj. of prep.* you, yourselves

votar (**por, contra**) to vote (for, against)

el **voto** vote; **el derecho al voto** the right to vote

la **voz** (*pl.* **voces**) voice

el **vuelo** flight

la **vuelta** change (money); **de ida y vuelta** roundtrip; **pegar la vuelta** to turn back

vuelto *p. part.* of **volver** returned

vuestro *adj.* your; **el vuestro** *pron.* your, (of) yours (*fam. pl.*)

Y

y and; **¿Y qué?** So what?

ya already; now; **ya no** no longer; **¡Ya lo creo!** I believe it!

la **yerba** grass

yo (*subj. pron.*) I

Z

la **zanahoria** carrot

la **zapatería** shoe store
el **zapatero** (la **zapatera**) shoemaker

el **zapato** shoe
la **zona** zone
el **zorro** fox

ÍNDICE

INDEX TO GRAMMAR AND FUNCTIONS

Photo Credits

Peter Menzel/Stock, Boston; Robert Frerck/Odyssey Productions; Peter Menzel; Edward Faith; Ulrike Welsch; Mary McVey Gill; P. F. Gero/SYGMA; Reuters/Bettmann; R. Roth/Gamma-Liaison; Daniel Beltra/Gamma-Liaison; Andre Weinfeld/SYGMA; Stuart Cohen/COMSTOCK; Robert Frerck/Odyssey Productions; David Brownell; (top), Peter Menzel; (bottom), Robert Frerck/Odyssey Productions; (top), Jean Speiser/Monkmeyer Photo Service; (bottom), Peter Menzel; Victor Englebert; Fujihira/Monkmeyer Press; Stuart Cohen/COMSTOCK; Robert Frerck/Odyssey Productions; Charles Walton/Photo Researchers Inc.; Mike Mazzaschi/Stock, Boston; Magnum; (top), Magnum; (bottom), Peter Menzel; Barbara Alper/Stock, Boston; Beryl Goldberg; Rogers/Monkmeyer Press; SYGMA; *Museo del Prado*; (top), AP/Wide World Photos; (bottom), Martha Swope.

Cartoon Credits (permission to use the cartoons included in the text is gratefully acknowledged to the following):

D. Antonio Mingote; Pablo San José; Quino, Mafaldo (Ediciones de la Flor); José Luis Martín (Ediciones B, S.A., Barcelona, Spain).

Literary Credits:

George Hadley-Garcia, "HISPANIC HOLLYWOOD: The Latins in Motion Pictures" (© 1990, 1993); and "HOLLYWOOD HISPANIO: Los Latinos en las Películas" (© 1991); both by Carol Publishing Group. Hotel Residencia Lisboa, advertisement. Restaurante El Pescador/The Fisherman, advertisement. Pepe San Martin, from Revista DEBATE (Lima, February/March 1990, March/May 1993).